本书受国家社会科学基金重点项目（17AZD009）

东北地区创新要素流动、集聚与结构优化效应研究

Study on the Effect of Flow, Agglomeration and Structure Optimization of Innovation Factors in Northeast China

王林辉　董直庆　等著

经济管理出版社
ECONOMY & MANAGEMENT PUBLISHING HOUSE

图书在版编目（CIP）数据

东北地区创新要素流动、集聚与结构优化效应研究/王林辉等著.—北京：经济管理出版社，2022.8

ISBN 978-7-5096-8686-7

Ⅰ.①东… Ⅱ.①王… Ⅲ.①区域经济发展—研究—东北地区 Ⅳ.①F127.3

中国版本图书馆 CIP 数据核字（2022）第 156718 号

组稿编辑：高　娅
责任编辑：高　娅
责任印制：黄章平
责任校对：陈　颖

出版发行：经济管理出版社
　　　　　（北京市海淀区北蜂窝 8 号中雅大厦 A 座 11 层　100038）
网　　址：www.E-mp.com.cn
电　　话：（010）51915602
印　　刷：唐山玺诚印务有限公司
经　　销：新华书店
开　　本：720mm×1000mm/16
印　　张：13.5
字　　数：235 千字
版　　次：2022 年 10 月第 1 版　　2022 年 10 月第 1 次印刷
书　　号：ISBN 978-7-5096-8686-7
定　　价：98.00 元

序 言

    自中国经济进入新常态以来，东北地区经济出现"板块塌陷"和"断崖式下跌"特征，经济持续下行的压力不断增大。创新要素是驱动经济增长的根本动力，也是实现经济转型的重要因素。基于此，本书从创新要素视角，立足于东北地区经济转型和经济发展的现实需求，针对已有文献研究的不足，将创新要素流动与集聚纳入研究框架，分析东北地区创新要素流动的趋势，考察创新要素流动和集聚的经济效应，探索东北地区创新要素结构优化的路径，评价政策对东北老工业基地创新效率的影响；探索东北地区实现创新发展的路径，设计创新要素结构优化和创新效率提升策略，提出激励创新主体和优化创新环境的政策建议，多维度和全方位探究东北地区创新驱动经济增长的路径，为老工业基地经济转型寻找突破口，为推动经济再次振兴提供理论指导。

    本书可能在以下方面存在创新之处：第一，现有文献多从创新要素投入的静态角度，研究创新要素对区域创新效率的影响。当然，也有部分文献从动态视角，考察要素流动对全要素生产率的影响，却较少关注创新要素流动载体的作用。创新要素往往借助载体在地区间实现流动，进而产生创新集聚效应。对于不同类型的创新要素，其流动载体通常表现出明显差异。对于创新资本而言，可通过机器设备等物质载体实现区域间的流动；而对于创新人员而言，日益完善的交通网络成为其跨地区流动的载体。基于此，本书检验机器设备投资在创新资本流动中的载体作用，并进一步考察创新资本流动是否会通过蕴含在设备投资中的物化型技术进步，提升区域创新集聚的质量；对于研发人员流动，探究不同类型和等级交通网络密度在研发人员流动中的作用。第二，当前国际技术竞争趋向白热化，加之新冠肺炎疫情冲击下外部技术环境不确定性加剧，如何提高创新水平和创新效率愈加迫切。既有文献主要关注国际间、地区或行业间技术流动对创新的影响，较少考察行业间技术势差和技术相似度对创新效率的影响，普遍忽视不同技术创新地的技术属性差异是否会改变技术流动偏好。基于此，有别于以往文献仅评价技术流动的创新溢出效应，本书构建地区技术势差和技术相似度关联权重矩阵，重点考察技术流动创新效应的存在性及其偏好特征，检验不同技术势差和技术相似度对技术流动创新效应的影响差异，识别技术流动创新效应的最优区间，以及深入讨论不同技术流动方式、流动方向的技术创新效应。第三，伴随经济高质量增长目标的提出，创新驱动发展开始纳入地区考核目标。现有的相关文献主要关注政府政策的创新激励作用，却普遍忽视政府创新关注对企业创新的影响。基于此，本书采用 R 语言文本分析方法构建政府创新关注指标，探究政府创新关注对企业创新的作用，检验不同创新政策与创新关注强度下企业创新效率的变化，对比分析异质性企业与不同外部创新环境下政策绩效的差异。

本书由王林辉教授领导的团队成员共同参与完成，参与本书写作的有董直庆教授、赵景讲师、杨博助理研究员、赵星讲师、刘备讲师、王辉讲师、胡晟明博士生、谭玉松博士生、杨洒洒博士生、曹章露博士生、赵贺博士生、罗雯雯硕士、钱圆圆博士生、姜昊博士生。本书每一部分内容都包含了团队成员的贡献，其中王林辉教授负责全书所有章节研究内容的构思、写作和框架安排，并组织每一部分内容的写作研讨。相关的章节写作具体分工如下：第一章，王林辉教授、杨洒洒博士生、赵星讲师、刘备讲师、胡晟明博士生、谭玉松博士生、罗雯雯硕士；第二章，杨洒洒博士生、王林辉教授、钱圆圆博士生、姜昊博士生；第三章，王林辉教授、刘备讲师、曹章露博士生、赵星讲师、胡晟明博士生、罗雯雯硕士；第四章，赵星讲师、赵贺博士生、董直庆教授；第五章，谭玉松博士生、刘备讲师、王林辉教授；第六章，杨博助理研究员、王辉讲师、赵景讲师；第七章，赵景讲师、董直庆教授。

目　录

第一章　文献综述

改革开放以来，中国经济蓬勃发展被誉为"增长奇迹"，但经济产出"数量型"增长的背后，表现出不可持续的粗放型发展特征。为此，转变经济发展方式实现经济发展由"数量型"增长转向"质量型"增长，创新驱动的作用尤显突出。党的十九大报告明确强调坚决贯彻"创新、协调、绿色、开放、共享"的五大发展理念，把创新放在五大发展理念的首要位置。党的十九届五中全会通过的《中共中央关于制定国民经济和社会发展第十四个五年规划和二〇三五年远景目标的建议》（以下简称《建议》）强调："坚持创新在我国现代化建设全局中的核心地位，把科技自立自强作为国家发展的战略支撑。"当前，创新驱动已经成为新时期国家面向未来的重大发展战略，创新能力是一国能否拥有国家核心竞争力的关键，也是保障高质量发展的重要基石。

第一节　创新要素空间流动及其创新效应的相关文献

现阶段，"创新"在《政府工作报告》中成为高频词汇，各地区政府竞相搭建创新平台，完善创新所需的硬件设施与出台创新人才新政，吸引更多的创新要素流入。创新要素流动能够促进要素在区域间的合理配置，并通过知识与技术的传播，形成空间扩散与溢出效应，提高区域创新效率。为此，创新要素空间流动与创新效率问题引发越来越多学者的关注。

一、创新要素流动的成因

已有文献研究认为，创新要素流动的根源既在于要素空间分布的不均衡，也受制于区域间工资、房价和资本回报率等的差异。王兵等（2021）认为，工资对劳动力流动起到引力作用，而房价的作用则相反，即形成一种推力，而近年来的交通运输技术与信息技术发展为研发人员流动提供了便利的条件，促进了研发人员在省际之间的流动。类似地，卓乘风和邓峰（2018）认为，互联网与即时通信工具的普及都会加速创新要素在区域间流动，若地区间实现差异化的创新发展战略，在有效加速创新要素流动的同时，也能缓解当前区域经济发展的不平衡。同时，学者们也关注到研发人员或人力资本在区域间流动，可能受到工资与房价等因素的影响。黄臻等（2013）构建了包含资本与劳动两种要素流动在内的理论模型，认为劳动会从低工资区域流动到高工资区域，由此造成的人口规模扩大会改变高工资区域的市场均衡状况，市场需求增加与商品价格上升引致资本回报率的提高，进一步吸引资本的流入。白俊红和王钺（2015）构建引力模型考察研发要素区际流动时，认为流入地 GDP 水平会对研发人员流动产生吸引，而对研发资本的吸引力主要取决于金融发展程度，通常金融系统越发达，研发资本流入与流出越便捷。

关于地区间技术的流动，技术流动表现出类似于现实世界中液体物质的流动状态，技术势差是地区间技术流动的原动力，即地区间技术流动往往借助于技术势差（张玉杰，1999；孔翔，2003），其类似于不同地区技术势能的差距，技术势能则可以类比于物理学中"重力势能"概念，指地区在某时刻技术水平相对于基准值的大小。不同地区的技术势能往往存在差异，这就使技术总有从势能较高处向势能较低处运动的倾向，暗示技术流动往往发生在存在势能差的地区之间。余泳泽和武鹏（2010）基于中国 1995～2007 年 13 个高技术产业面板数据，考察外商直接投资（FDI）的技术溢出效应及可能引发的经济后果，检验结果发现，FDI 流向和流量受到内外资企业技术势差的影响，跨国技术势差可以促进中国内资企业技术效率的提高。江志鹏等（2018）基于中国制药企业 1995～2012 年产学研联合发明专利数据，研究证明低势能企业与高势能学校及研究机构间的技术势差可提升企业创新能力，而高势能企业与低势能学校及研究机构间的技术势差则显著抑制创新能力提升。吉亚辉和祝凤文（2011）以中美研发经费投入强度之差度量技术差距，通过定量分析发现中美技术差距对中国技术进步具有负向影响。当然，国际技术流动不仅发生在技术势差明显的国家如发达国家与发展中国家之间，而且在技术势差不明显或存在明显技术相似度的国家如发达国家之间同样频繁。这是因为技术属性相近或相似地区的技术流动，可能会形成规模或集聚效应。陈颂和卢晨（2019）基于中国投入产出表数据测算技术相似度，实证结果表明，提高行业内或行业间技术相似度可以显著增强 FDI 的技术溢出效应。

二、创新要素空间流动的创新效应

1. 创新人员与创新资本流动的创新效应

关于创新要素流动效应问题，已有文献主要关注创新要素在流动过程中所形成的知识溢出效应，及其对区域生产率和经济增长的作用。Almeida 和 Kogut（1999）指出，创新要素在流动的过程中，不仅可以促进新知识的产生，还推动了区域间交流与合作，从而加速了技术进步。这是因为创新要素有别于传统要素，在区域间流动中可以传递知识与技术，进而形成知识的空间溢出效应。Kaiser 等（2015）研究丹麦企业间创新人员流动对全要素生产率的影响，结果表明，创新人员流动通过知识溢出促进地区全要素生产率的提高。国内学者对此也进行了深入研究，赵勇和白永秀（2009）、陈傲等（2011）发现，空间知识溢出效应主要与知识在区域不同主体间的交流活动相关，最终会促进区域创新产出和经济增长。王钺和刘秉镰（2017）采用 2000~2013 年中国 30 个省级面板数据，研究创新要素流动对全要素生产率的作用，发现中国各地区的 R&D 资本流动有助于提高全要素生产率，而 R&D 人员流动的作用有限。但若周边地区创新要素流动性不足，使本地的创新活动无法有效开展，进而对创新能力产生抑制作用（范欣，2021）。白俊红等（2017）在探讨创新要素空间流动对经济增长作用机制的基础上，进一步利用空间计量模型分析创新要素流动、知识溢出以及经济增长之间的关系，发现创新要素在区域间流动不仅具有本地增长效应，且通过知识溢出效应推动其他地区的经济增长，因此应破除地区间壁垒，促进要素跨区流动。

创新要素的空间流动不仅会产生知识溢出效应，也会通过资源优化整合和再配置，优化要素空间结构而提高区域创新效率。Noni 等（2018）认为创新要素在不同部门的跨区域流动，可以使不同区域创新主体产生嵌入式合作效应，不同创新主体的优劣势技术实现错位互补，在各创新主体之间形成创新网络促使异质性知识嵌入，进而创造出新的技术轨迹和避免技术的低端锁定。李小平和陈勇（2007）基于中国省际层面的面板数据，研究工业间劳动力流动和资本转移对生产率的影响，结果发现要素从低生产率部门流向高生产率部门时，会提高经济整体生产率，资本流动对生产率增长发挥了积极的促进作用，但劳动力流动作用不显著。白俊红和蒋伏心（2015）基于1998~2012年中国省级面板数据，研究区域间创新要素流动所形成的协同创新能力是否会对区域创新绩效产生影响，结果发现，创新要素流动通过激励知识的空间溢出水平提高区域创新绩效。王建民和杨力（2020）考察长三角地区创新要素配置效率对创新绩效的影响，发现在长三角地区R&D人员与R&D资本配置效率的改善显著提高创新绩效，但对于不同创新要素，技术创新R&D人员偏向性明显即R&D人员在创新产出中占据决定性地位。同时，创新要素的空间流动会提高研发要素的配置效率，改变原有的创新要素结构，并会对本地创新要素存量形成"鲇鱼效应"。黄先海等（2017）通过构建两部门的生产函数模型，研究要素流动对全要素生产率的影响，结果发现部门内和部门间要素流动通过提高资源配置效率促进全要素生产率水平的提升。当然，也有学者认为创新要素空间流动可能引致拥挤效应，无法有效提高创新效率，这主要源于创新要素空间流动与区域创新能力存在非线性关系（卓乘风和邓峰，2018）。类似地，邵汉华和钟琪（2018）认为研发资本与研发人员流动的创新效应受制于研发投入强度，且存在非线性的门槛效应，即过高的研发投入强度不利于发挥研发要素流动的创新协同效应，但高水平的金融支持与之作用相反。

2. 技术流动的创新效应

关于技术流动与技术创新的关联性问题，第一类文献主要关注跨国技术流动或技术转移的技术溢出效应。20世纪90年代以来，技术进步愈加表现出与资本相耦合趋势，技术进步主要借助于软件机器设备类资本品投资作用于经济增长。Coe等（1997）认为，发展中国家通过进口工业化国家中间品和资本化设备的方式获取先进技术，基于1971~1990年77个发展中国家数据的实证检验结果表明，工业化国家对发展中国家的技术溢出效应巨大。Keller（2004）在构建国际技术扩散理论框架的基础上，总结已有文献经验研究结果，发现国外技术转入对于90%以上国家的生产率提升均有显著促进作用，且越贫穷的国家受到的影响越大。事实上，国际技术流动对后发国家技术创新产生两种截然不同的后果：一是通过国际技术流动可以为后发地区传递先进技术和管理经验，二是发达国家的核心技术封锁往往使发展中国家始终处于追赶地位（林毅夫和张鹏飞，2006；Acemoglu和Zilibotti，2001）。在技术流动过程中，国别的技术差距对国际技术流动的创新溢出效应存在重要影响。王华等（2012）引入内外资企业技术差距拓展质量阶梯模型，并基于中国 14474 家微观企业数据进行实证检验，结果表明存在最优的技术差距可使外资企业的技术溢出效应最大。同时，一些研究也关注不同国际技术转移方式下的创新效应，主要包括外商直接投资（FDI）、国际贸易、专利申请与引用以及海归人才等（Grossman 和 Helpman，1991；McCallum，1995；Xu，2000；李平，2006；Tour 等，2011）。王华等（2010）基于 1998~2000 年中国 1548 家企业数据，比较不同国际技术转移方式与技术创新的关系，发现国际贸易是促进企业自主创新能力提升最有效的技术转移方式，国际技术许可也发挥了积极的作用。罗思平和于永达（2012）采用中国 1998~2008 年 806 家光伏领域的企业数据，对比海归人才这一特殊技术载体与 FDI 和国际贸易等传统技术转移方式的创新效应差异。结果表明，海归人才能够显著促进企业技术创新。孙玉涛等（2015）选择英美等七个发达国家为研究对象，以技术国际收支表征国际技术流动，基于神经网络模型的分析结果表明，国际技术流动能够提升一国的技术创新能力。

技术流动的第二类文献聚焦一国范围内地区或部门间技术流动或技术属性的技术创新效应。早期研究重点分析一国行业或企业间技术流动的技术创新后果，相关研究普遍认为行业内技术流动有利于生产率的提升（Scherer，1982，1993）。基于 OECD 公布的投入产出表数据，During 和 Schnabel（2000）采用 Subsystem-MFA 方法分析行业间技术流动模式，发现行业间技术流动存在显著的技术溢出效应。基于中国 2001 年 30 个省份和 20 个制造业行业的截面数据，尹静和平新乔（2006）分类检验地区间和行业间技术溢出效应，结果发现地区和行业间技术溢出能够正向激励创新产出效应。林原等（2018）采用各地区专利交易和专利引用数量表征技术流动规模，基于中国 30 个省份面板数据检验结果表明，地区间技术流动有利于推动地区技术专业化。基于中国制药企业 1995~2012 年产学研联合发明专利数据，潘文卿等（2011）利用中国投入产出表数据测算行业间技术溢出对劳动生产率的影响，发现行业间技术溢出的生产率弹性高达 0.348，行业间相似度越高则技术溢出越明显。刘志迎和单洁含（2013）以 13 所高校和 191 家企业的联合申请发明专利数来度量协同创新绩效，基于负二项式的回归结果表明技术相似度对协同创新绩效产生正向作用。易靖韬等（2017）基于中国 2008~2011 年创新企业面板数据的实证结果表明，企业间技术相似度对外部 R&D 的创新效应存在积极的调节作用，企业间的技术结构越相似，外部 R&D 的创新效应越大。

三、创新要素流动载体及其创新效应

创新要素在区域间的流动需要载体和工具，在过去的 20 年间，中国交通基础设施发展迅猛，交通网络空间不断延展，铁路营业里程由 1999 年的 6.74 万千米增加到 2017 年的 12.7 万千米，公路里程由 135.2 万千米增加至 2017 年的 477.4 万千米，一张密集的交通网络正逐渐覆盖中国各城市。自 2008 年中国开始修建首条高速铁路，之后的这一段时期高铁在全国各地飞速发展。迄今为止，中国高铁营业里程已接近 3 万千米，建成世界上密度最大的高铁运输网络。高铁和高速公路正成为中国居民以及劳动力的首要出行方式。作为创新要素流动的载体，日益延伸的交通基础设施给创新要素流动提供了方便快捷的渠道，不断改变创新要素的流动方向和流动规模，促进了劳动力在区域间的快速流动。

中国快速发展的交通网络为创新要素空间流动提供了便利的条件，近年来成为国内学术界研究的热点。张在冉（2018）采用 2001～2015 年中国 276 个地级城市数据，研究城市交通基础设施对劳动力流入的空间溢出效应，结果发现本城市交通基础设施的建设引致劳动力流出，相邻城市交通基础设施的完善有助于本城市劳动力流入。任晓红和张宗益（2013）基于运输成本、流动成本及空间成本的新经济地理学模型，研究交通基础设施、要素流动与城市收入差距之间的关系，结果表明交通基础设施的建设能够显著促进生产要素流动进而缩小城乡收入差距。马伟等（2012）利用 1987 年、1995 年和 2005 年三次全国 1%人口抽样调查迁移数据，研究交通基础设施对人口迁移的影响，结果发现交通基础设施通过缩减人口迁移成本，促进人口区域内和跨区域大规模迁移。杨茜和石大千（2019）基于 1990～2006 年地级市面板数据，采用双重差分法研究交通基础设施对收入差距的影响，机制分析结果发现铁路提速有助于劳动力、资本和技术等要素在地区间流动。

由于日益完善的交通网络正大规模诱发劳动力等要素在地区间的自由流动，人员流动带动知识和技术在交通网络空间范围内的快速扩散，正逐渐改变地区的全要素生产率水平。一些研究关注了交通网络对全要素生产率的作用，大部分文献主要集中考察交通基础设施对全要素生产率的影响，并且更多从铁路或公路基础设施考察其对全要素生产率的影响。例如，刘秉镰等（2010）基于 1997～2007 年中国 29 个省域面板数据，研究交通基础设施对全要素生产率的影响，结果发现交通基础设施能够显著提高全要素生产率，铁路和公路占 TFP 总增长的 60%，高速公路和二级公路的作用效果较其他交通基础设施更为显著。Fernald（1999）利用1953~1989年美国29个经济部门的投入和产出数据，研究公路基础设施对全要素生产率的影响，检验结果发现公路基础设施投资显著促进全要素生产率的提高。Hulten等（2006）基于1972~1992年印度公路基础设施和制造业数据，验证公路基础设施对制造业全要素生产率的影响，结果表明，公路基础设施的增加有助于提高制造业的全要素生产率。刘生龙和胡鞍钢（2010）采用1988~2007年中国省级面板数据，研究基础设施对全要素生产率的影响，发现以公路、铁路和内河航道加总表征的交通基础设施，显著正向促进全要生产率。张浩然和衣保中（2012）以2003~2009年中国266个地级市面板数据为研究样本，结合空间杜宾模型实证研究基础设施对全要素生产率的空间影响，发现交通基础设施显著提升属地的全要素生产率，对邻近城市的作用效果并不显著。Farhadi（2015）采用1870~2009年18个OECD国家面板数据，实证检验公共基础设施对全要素生产率的影响，结果表明基础设施显著正向影响全要素生产率和劳动生产率。李谷成等（2015）利用1999~2011年中国的省级面板数据，使用差分广义矩估计方法，研究不同种类农村基础设施对全要素生产率的作用效果，结果表明，公路有助于提升全要素生产率，而其他设施的作用效果无影响或显著降低。Zhang和Ji（2019）基于1986~2012年中国28个省级地区的面板数据，验证电力、公路和铁路基础设施对全要素生产率的影响，研究发现，除铁路外，电力和公路基础设施对全要素生产率存在显著空间溢出效应。

第二节　创新要素集聚及其创新效应的相关文献

一、创新要素集聚的空间演化特征

新经济地理学认为，要素集聚能够带动地区技术创新与技术升级，是推动区域经济发展的核心动力。现有相关领域文献重点关注了要素集聚的空间演化特征，高丽娜和蒋伏心（2011）运用2009年江苏省宁镇扬地区数据，研究创新要素集聚和扩散对经济增长的影响，结果显示宁镇扬地区创新要素空间分布特征表现出显著差异，具有不对称集聚特征，人力资本集聚和地区间创新要素扩散有助于地区经济发展水平提升。迟景明和任祺（2016）利用 2009~2014 年省级高校创新要素数据，结合赫芬达尔指数，研究中国高校创新要素集聚水平，结果表明东部地区高校创新要素集聚水平较高，而中西部地区高校创新要素集聚水平相对较低。张宓之等（2016）基于 2003 年、2008 年和 2011 年浙江省数据，研究创新要素空间集聚模式演进机制，结果显示浙江省创新要素全局分布具有正向空间关联，这种相关程度不断增加，且空间综合多种效应促使局域创新要素集聚模式表现出高和高、低和低的空间分布特征。郭庆宾和张中华（2017）运用 1995~2014 年长江中游城市群数据，考察要素集聚能力的空间演变趋势，发现长江中游城市群整体要素集聚能力表现出稳步上升的趋势，并逐渐形成以武汉、长沙和南昌为核心的多中心分布结构。田俊峰等（2017）利用 1990 年、2002 年和 2014 年哈大城市带 18 个地级市数据，研究城市要素集聚程度和空间极化特征，结果表明哈大城市内部要素集聚程度差异显著，沈阳、大连、哈尔滨和长春要素集聚程度明显提升，城市工业生产总值、投资强度和经济发展水平等变量在其中发挥了关键作用。周璇和陶长琪（2019）采用中国 1997~2016 年省级面板数据，结合空间计量模型研究要素集聚、制度质量对全要素生产率的影响，结果发现我国要素空间集聚水平具有显著的地区差异，表现出东部、中部、东北和西部地区逐渐减小的趋势，东部、中部、西部和东北地区集聚中心位于广东、湖北、四川和辽宁，要素集聚和制度质量能够显著促进全要素生产率提升，且存在互补作用。谭皓方等（2019）依据 2000~2017 年河南省 18 个地级市面板数据，构建要素集聚指数，考察地区经济发展的空间演化趋势，结果表明河南省地级市要素集聚水平存在明显差异，表现出以郑州为中心的态势，且随着时间推移逐渐强化。

二、创新要素集聚的创新效应

1. 创新人员与创新资本集聚的创新效应

一部分文献研究认为创新要素集聚与地区创新能力或生产率之间存在正向作用关系。Tappeiner 等（2008）基于 1997 年、1999 年和 2001 年欧洲 51 个地区数据，研究创新要素集聚的空间分布与技术创新之间的关系，结果发现，地区研发投入和人力资本集聚表现出正向空间关联趋势，引致地区间技术创新水平存在显著差异。为对比新兴产业与传统产业的差异，马文聪等（2013）发现，在新兴产业中，R&D 经费与 R&D 人员的投入强度发挥着重要的作用，能够提升企业的创新能力，而传统产业中 R&D 人员薪酬激励作用更明显。方远平和谢蔓（2012）

采用 2000~2010 年中国 31 个省（市、自治区）面板数据，研究创新要素空间分布特征以及对地区创新产生的作用，结果表明创新要素整体表现出显著空间正相关，环渤海和长三角地区为高高集聚地区，大部分西南地区为低低集聚地区，研发经费投入对创新产出作用显著。齐亚伟和陶长琪（2014）基于 2009 年 30 个省级地区样本数据，研究要素集聚与地区创新能力之间的关系，发现物质资本集聚对地区创新能力未表现出显著作用，而人力资本集聚有助于提升地区创新能力，主要依赖于溢出效应提高知识创造和获取水平。Vandenbussche 等（2006）采用 1960~2000 年 19 个 OECD 国家数据，研究人力资本集聚与技术进步之间的关系，也得出人力资本集聚存在溢出效应，能够有助于提升地区技术进步水平的结论。Fu 和 Gabriel（2012）结合 1995 年中国 30 个省级地区人口调查数据，研究劳动力流动、人力资本集聚与区域发展之间的关系，结果发现人力资本集聚有助于吸引技术人才流入城市，通过技术溢出效应进而提升地区经济增长。

但也有研究发现，创新要素集聚对区域创新能力并非总是呈现正向作用。Yang 等（2013）利用 2005~2007 年中国企业数据，研究制造业生产和研发集聚对生产率的作用，认为企业生产集聚对生产率具有积极的影响，但研发集聚的作用相反，可能是由于拥挤效应或"搭便车"行为降低了知识溢出的作用。与之相类似，周锐波等（2020）运用 2004~2017 年中国 285 个地级市面板数据，考察要素集聚与城市技术进步之间的关系。研究发现，物质资本和人力资本集聚有助于提升城市技术进步水平，而劳动力集聚表现出负向作用，门槛回归结果发现要素集聚与技术进步之间具有显著非线性关系。卓乘风等（2017）采用 2005~2015 年中国 30 个省级地区面板数据，研究创新要素集聚与创新绩效之间的关系，发现创新要素集聚与创新绩效之间呈现先升后降的倒"U"形关系，即创新资本和创新人员的最优集聚规模表现出下降特征。同样地，邹文杰（2015）从空间异质性视角考察研发要素集聚对于区域创新效率的影响，认为二者并非存在线性关系，而是表现出倒"U"形关系特征，当研发要素集聚度小于阈值时，才能发挥积极的作用。

创新要素集聚除了对本地技术创新具有显著影响外，可能会对空间关联地区创新产出或生产率产生影响。Tappeiner 等（2008）尝试使用创新要素之间的空间相关性解释区域间技术创新分布失衡的现象，发现 R&D 人员与 R&D 资本均存在空间依赖性，且二者均会产生空间集聚效应。余泳泽和刘大勇（2013）采用 2002~2009 年 29 个省级地区面板数据，通过空间面板方法检验创新要素集聚对不同创新主体的创新效率影响。结果发现，企业创新要素集聚对创新效率的空间溢出效应显著，但空间范围超过 800 千米后明显下降，研发机构和高校创新要素集聚对创新效率的空间溢出效应不明显。史安娜等（2018）依据 2006~2015 年长江经济带 11 个省（市）高技术产业数据，考察创新要素集聚空间分布特征以及对高技术产业的空间溢出效应，研究发现创新要素的空间集聚存在显著差异，其中江浙沪和四川、湖北地区集聚程度较高，创新要素集聚表现出明显的空间溢出效应。张斯琴和张璞（2017）基于 2003~2014 年北京、天津、河北和内蒙古四省份 21 个地级市面板数据，研究创新要素集聚与城市生产率之间的关系。结果表明，创新要素集聚有助于提高本地和周边地区劳动生产率。吴卫红等（2020）利用 2007~2017 年中国 30 个省级地区面板数据，研究创新要素集聚效应，发现创新要素集聚对地区创新绩效的溢出效应存在倒"U"形关系，不同创新要素集聚水平下溢出效应的门槛值表现出显著差异。

2. 技术集聚的创新效应

关于技术集聚与区域创新产出的理论研究，大多从企业微观层面入手，研究在知识与技术层面具有异质性的劳动力，通过合作实现新知识与技术的创造。Audretsch 和 Feldman（2003）认为对创新产出的研究不能脱离地理区位因素，除研发投入带来创新产出这一传统创新模式之外，企业所拥有的知识、技术的空间集聚效应会对创新产出效率产生重大影响。Berliant 等（2006）基于匹配理论，对传统的知识创造与交换的一般均衡理论模型进行拓宽研究，认为劳动个体会寻找与自己拥有不同知识技术的差异个体，通过合作实现知识与技能的交换，从而形成集聚并带来劳动生产率的大幅提升。Ottaviano 和 Peri（2006）以城市居民为研究对象，认为拥有不同知识背景的城市居民，对这一城市整体的区域创新会产生正向影响。Berliant 和 Fujita（2011，2012）在已有研究基础上，利用一般均衡模型做深入研究，发现具有多样化知识和技术背景的工人集合进行生产，比单一知识和技术背景的工人集合更具有生产效率。赵勇和白永秀（2009）对集聚、知识溢出与创新之间的理论逻辑关系进行了较全面的梳理，并将促进知识溢出的渠道归结为人力资本流动、研发创新、企业家创业创新和贸易投资。张萃（2010）阐释了产业集聚影响企业产出创新的微观机制，认为产业集聚主要通过知识溢出、知识特有属性以及集聚企业间的互动三种机制影响技术创新。齐讴歌（2012）着重阐述了城市经济集聚创新效应产生的微观机制，认为城市经济集聚过程中通过知识分工协作、结构匹配与循环累积机制促进知识创新。

关于技术集聚创新效应的实证研究，一些文献认为技术集聚对创新产出具有正向作用。Lee 和 Nathan（2011）实证证实了员工间知识技能异质性越大的企业具有更高的创新能力，具体表现为新产品更新换代的速度较快及规模较大。Beule 和 Beveren（2011）以低技术制造业、高技术制造业和服务业为研究对象，发现专业化集聚对低技术制造业和服务业创新产生正向影响，而多样化集聚对高技术制造业和服务业创新发挥积极作用，即集聚的多样化更有利于高技术产业间的知识创新。也有研究认为技术集聚对于创新产出的作用不确定，可能是集聚区域内的企业会引发过度竞争，对企业创新产生消极影响（彭向等，2011）。陈劲等（2013）以中国高新技术产业为研究对象，将产业集聚分为多样化集聚和专业化集聚，分别探讨集聚对创新产出的影响，研究发现聚集水平较低时，多样化集聚负向作用于产业创新；集聚水平较高时，专业化集聚负向作用于产业创新。同样地，原毅军等（2018）实证研究发现，产业集聚对创新绩效的提升作用具有门槛效应，当产业集聚程度超过某一阈值时，集聚带来的拥挤效应大于集聚效应，反而不利于企业创新绩效的提升。技术集聚创新效应可能与产业集聚类似，Hornych 和 Schwartz（2009）用专利申请数衡量技术集聚，选择德国东部 22 个制造业为研究样本，发现技术集聚与企业创新之间并非存在线性关系，而是呈现先升后降的倒"U"形关系。而知识产权保护可能在其中发挥着重要作用，会激励企业大胆地进行创新投入，对企业创新产出产生正向影响（Liu，2016）。

第三节 创新激励政策及其创新效应的相关文献

创新作为中国经济高质量转型的重要引擎，向来是学术界与产业界高度关注的热点问题（Fleisher 和 Zhou，2010；张杰和郑文平，2018；寇宗来和刘学悦，2020），特别是如何激励研发主体增加研发投入与提高创新质量更成为前沿研究的焦点。自创新驱动发展战略实施以来，中央和地方各级政府针对地区创新制定了一系列政策规划，提出通过引导企业增加研发投入，加强关键核心技术攻关，表明政府对于创新驱动发展的关注上升到一定高度。但中国长期唯 GDP 论的考核机制致使地方政府广泛存在"标尺竞争"现象（周黎安，2007；Landry 和 Duan，2017）。地方政府的经济发展目标转嫁给企业，加之企业研发有着高风险、长效投资、收益见效慢等天然劣势，企业往往为完成经济产出任务形成短期化经营目标，加剧了企业研发的难度（张嘉望等，2019）。随着经济高质量增长目标的提出，传统绩效考核模式逐步转变（吴非等，2018），创新驱动发展开始纳入地区考核目标，学术界对政府行为和创新激励政策与技术创新的关注度逐渐提升。

关于政府政策能否激励技术创新，相关的文献主要有两类：一是从政府角度探究不同的创新激励政策对技术创新的影响；二是从政府法律制度环境的视角出发探究制度环境和创新环境变迁对技术创新的影响。

一、创新激励政策的创新效应

关于创新政策的作用，已有文献普遍认为创新政策能够激励创新产出。由于研发的高风险、滞后性收益以及技术"搭便车"等问题，往往导致企业研发投入不足，也缺乏研发积极性，而政府研发补贴、研发税收减免等政策能够降低企业研发风险进而激励创新（Sissoko，2013；陈强远等，2020）。Mamuneas 和 Nadiri（1996）发现政府对创新企业实施税收优惠政策可以降低研发的风险，显著增加了企业研发创新投入。Hall 和 Harhoff（2012）的研究发现研发信贷支持与专利资助政策能够增加企业的研发投入，提高企业技术创新水平。Sissoko（2013）以企业全要素生产率表征企业的技术生产能力，探究法国制造业研发补贴对创新的作用，发现政府补贴对企业创新能够发挥积极的作用。陈强远等（2020）结合中国专利数据库，探究研发费用加计扣除、高新技术企业认定以及政府科技活动资金投入等政策对企业技术创新的作用，结果发现不同类型的政策对企业技术创新存在差异化的作用，但研发费用加计扣除以及高新技术企业认定能够显著提高企业技术创新水平。寇宗来和刘学悦（2020）进一步研究发现，国家战略性创新政策《国家中长期科学和技术发展规划纲要（2006～2020 年）》的提出对企业技术创新亦起到显著的激励作用。康志勇（2018）综合使用文本解读法与知识宽度法测算企业单个专利有效信息，再进行汇总得到企业层面创新质量数据，发现 2001～2007 年，政府补贴政策持续有效促进了企业专利质量提升，创新激励政策是中国经济增长方式由要素主导向创新主导转型的关键，但是受企业规模与知识产权保护制度等因素的影响，政策作用效果可能存在一定的滞后性。

也有研究认为，面对研发激励政策，企业可能会为获取资助产生"寻扶持"的策略性创新行为，追求创新"数量"而非质量，致使政府创新政策对创新产出形成挤出效应。黎文靖和郑曼妮（2016）用发明专利来衡量企业创新质量，认为选择性创新激励政策作用效果可能有限，往往有利于增加企业创新数量，而无法有效提升企业创新质量，尤其是国有企业与非高新技术企业为获得政府补贴与税收优惠会进行策略性创新，申请大量非发明专利。申宇等（2018）使用发明专利创新占比表征创新质量，发现中国企业在科技创新方面呈现出"强数量与弱质量"特征。相关法律监管的漏洞也不能有效约束企业的机会主义行为（Gilliam等，2015），因此政府研发扶持可能并未提升企业的实质性创新能力，甚至形成对实质性创新的挤出效应。Catozzlee 和 Vivarelli（2011）以意大利企业调查数据为研究对象，探究政府补助对企业生产率的影响，结果发现政府补贴政策并未提升企业生产率。Bernini 和 Pellegrini（2011）通过倍差法的研究也得出一致的结论，即获得补贴的企业生产率反而更低。许治等（2012）认为政府创新激励政策可以有效提高产学研合作紧密度，但若政府创新补贴过多，将会使企业对政府资金形成依赖，不利于自主创新。这种现象也发生在战略性新兴产业，即政府补助无法有效提高战略性新兴产业的生产效率（任优生和邱晓东，2017）。张杰和郑文平（2018）指出当前省级政府的研发激励政策无法有效推动技术创新，且政府创新补贴对中小企业研发投入的影响会受到知识产权保护制度的约束（张杰等，2015）。毛昊等（2018）认为创新激励政策可能并不会达到理想效果，企业为获得政府资助可能进行一些策略性创新行为，造成创新产出多而不强的"专利泡沫"现象，且由于政府难以掌握企业真实经营与创新信息，创新政策衍生出大量寻租行为（Gill 等，2007；余明桂等，2016）。

关于创新政策与创新产出的关系，也有研究发现二者可能呈现非线性关系。李苗苗等（2014）的研究发现，政府激励政策对战略性新兴产业创新存在显著的倒"U"形关系。胡春阳和余泳泽（2019）的研究进一步将影响企业创新的内外部因素纳入统一研究框架，分析政府补贴对企业生产率的影响，发现受到企业外部因素的影响，政府补贴对企业生产率的作用呈现"U"形变化趋势。陆铭和陈钊（1998）、李勇和郭丽丽（2015）认为，中国国有企业具有保障地区就业与维护社会安定的社会职能，因此其具有较强的风险规避偏好。与国有企业相比，民营企业对创新激励政策敏感度更高。陈钊和熊瑞祥（2015）使用倍差法考察国家级出口加工区政策实施效果，发现政策绩效具有较大区域异质性，当企业所在地区政府所确立的主导产业与当地比较优势相一致时，国家级出口加工区政策能够有效提升企业创新质量与出口潜力，而当政府不依据当地比较优势设立主导产业时，则该政策无效。同时，地区之间比较优势差异会造成产业政策的不同实施效果。李春涛和宋敏（2010）发现国有企业创新能力与创新质量较高，但国有企业所受政治干预强度越高，越易产生腐败，会减弱创新激励政策效果（Munari 和 Oriani，2005；Belloc，2014）。Francis 和 Smith（1995）发现企业股权结构会影响创新激励政策效果，管理层持股比重与企业科技创新水平正相关。梁彤缨等（2015）、Shleifer 和 Vishny（1997）则认为二者之间呈倒"U"形关系，股权集中度为某一特定门槛值时可以最大幅度提升企业科技创新水平，股权集中度过高或过低都难以发挥创新政策的作用。

二、创新环境对创新激励政策绩效的影响

从政府法律制度环境的视角出发探究制度环境变迁对技术创新的影响，近年来积累了丰富的研究成果（Lee 等，2017；王靖宇和张宏亮，2020）。顾元媛和沈坤荣（2012）从地方政府官员晋升竞争与财政分权的角度探究政府行为与研发的关系，结果发现关注 GDP 的官员考核机制会减少政府对企业的研发补贴，不利于企业研发创新。王晓珍等（2018）使用经济发展水平、高技术产业产值占比、外商直接投资数量等变量构建区域创新环境指标，发现创新环境质量异质性是区域产业政策绩效存在差异的原因。寇宗来和刘学悦（2020）的研究则发现《国家中长期科学和技术发展规划纲要（2006~2020 年）》的实施，能够同时提高企业专利数量和质量以及全要素生产率。李维安等（2016）认为制度环境会影响税收优惠政策对民营企业创新质量的作用效果，当企业处于强制度性环境中时，企业创新行为的目的更多是为迎合外部要求，而非基于企业自身发展目标。与政府关联度较高的企业申请认定高新技术企业之后，并未将税收优惠所节省资金投入创新活动中，仅将所得税优惠政策作为规避税收的"税盾"。逯东和朱丽（2018）研究发现，区域间市场化程度的差异会导致产业政策对创新产出的作用不同，产业政策对市场化程度较低区域的国有企业创新产出激励效果最大。杨震宁和赵红（2020）基于制造业企业数据，探究开放式创新对于创新绩效的影响，以及不同制度类型在其中所扮演的角色。结果发现，不同制度类型对开放式创新的作用效果差异明显，正式制度会扩大创新的广度效应，而限制创新的深度效应；而非正式制度会激励创新的深度效应，对于创新的广度效应作用有限。马凌远和李晓敏（2019）基于 2006~2016 年地级市数据，采用 PSM-DID 的方法考察"促进科技和金融结合"政策对于区域创新水平的影响及其作用机制。研究指出，科技金融政策可以通过影响地区的金融发展水平和政府的科技支出占比进而

促进区域创新水平提升，且政策的创新作用主要体现在地方政府效率和初始创新水平较高的地区。

作为技术研发主体的企业，既要面对高投入与高风险并存的创新，又要防止创新成果的溢出造成他人"搭便车"，自由环境中创新市场的频频失灵使政策干预显得尤为必要（邢斐和周泰云，2020）。知识产权保护作为行之有效的政策工具，一方面能够通过事后保护赋予研发主体独家使用权，并对侵权行为进行追究，维护企业的创新成果；另一方面知识产权保护的存在也使技术所有者能够通过所有权交易获得收益，增加创新主体的研发回报。吴超鹏和唐菂（2016）选择中国上市公司数据，研究知识产权保护对于企业创新能力的影响，认为提高知识产权保护力度会通过减少研发损失和缓解融资约束方式影响企业创新能力。鲍宗客等（2020）的研究发现，知识产权保护政策的实施能有效规制企业间的侵权行为，从而使研发企业更有创新的积极性，但并未对企业创新质量的提升发挥积极作用。Hall 和 Harhoff（2012）、张杰等（2015）发现，当企业所处地区知识产权保护制度不完善时，政府对创新活动提供贴息贷款或进行补贴能够有效弥补知识产权保护力度不足对企业创新积极性的损失，刺激企业进行技术创新。王靖宇和张宏亮（2020）则以物权法的颁布为准自然试验，探究《物权法》实施对企业创新的作用，结果指出《物权法》能够扩大企业债务融资抵押品范围进而缓解企业融资困境，从而提高企业创新效率。

第二章　东北地区创新要素的时空演变特征

东北地区是我国最早的重工业基地之一，在钢铁、机械、石油、化工等方面的工业生产长期处于全国领先水平，有"共和国长子"之美称。1990年以后，东北地区出现工业增加值快速下降、国有企业利税下跌和职工下岗等诸多问题。老工业城市面临传统产业衰落的威胁，经济下行特征明显，经济发展陷入瓶颈，被称为"东北现象"。为解决东北地区经济发展的困境，2003年国家实施东北振兴战略，老工业基地经济在短期内得到了恢复。可以说，2003~2013年是东北经济增长的黄金时期。但是，经济增长仍未摆脱传统要素驱动型模式，经济发展方式转型速度缓慢。自2014年以来，东北地区经济又进入低迷状态，三省增速集体跌破合理区间，表现为"板块塌陷"和"断崖式下跌"，称为"新东北现象"。为此，需要充分了解东北地区经济转型的新挑战和新要求，才能多维度和全方位探究东北地区创新驱动经济增长的路径，根据创新要素结构优化和经济增长提升过程中存在的问题，尝试为老工业基地经济转型寻找突破口。

第一节　东北地区创新人员流动与集聚特征

一、创新人员流动特征分析

1. R&D人员流动特征

研究与试验发展（R&D）人员折合全时当量能够综合衡量实际从事科研工

作的强度以及研发效率，可更加准确地反映各地区创新人员情况。为了更直观地展现研发人员的地区分布差异，根据 2005 年国务院发展研究中心的划分方法，将中国划分为八大区域，具体划分方式如表 2-1 所示。

表 2-1　八大区域划分方式

经济区域	省份
北部沿海地区	北京、天津、河北、山东
长江中游地区	湖北、安徽、江西、湖南
东北地区	辽宁、吉林、黑龙江
东部沿海地区	上海、江苏、浙江
西南地区	广西、重庆、贵州、云南、四川
黄河中游地区	陕西、山西、内蒙古、河南
西北地区	甘肃、青海、宁夏、新疆、西藏
南部沿海地区	广东、福建、海南

图 2-1 展现了 2000～2018 年东北地区创新人员的变化趋势、东北地区创新人员在全国所占比例的发展趋势，为更直观地分析东北地区创新人员在全国的相对水平，将东北地区创新人员与国内其他区域进行比较，识别东北地区创新人员的平均水平在八大区域中的排名，由于东部沿海地区和南部沿海地区均包含三个省份，因此，图中也展现了东部沿海地区和南部沿海地区创新人员的变化情况。

东北地区创新人员的绝对量总体呈现先上升后下降的变化趋势，峰值出现在 2014 年，总量为 212008 人。虽然 21 世纪以来，东北地区创新人员数量有明显的增长，但与东部沿海地区和南部沿海地区相比，情况却不容乐观。2000 年，东北地区创新人员与南部沿海地区基本持平，且三个区域的差距不大，但 2005 年之后，东部沿海地区和南部沿海地区吸引了大量的创新人员，数量大幅提高，而东北地区创新人员增长却显乏力，远远落后于东部沿海地区和南部沿海地区，地区差距逐渐拉大，2018 年东北地区创新人员总量仅为东部沿海地区的 14% 左右，南部沿海地区的 18%。根据折线图，东北地区创新人员在全国所占比例总体上呈急速下滑态势，且东北地区创新人员的平均水平在八大区域中的排名逐渐下降，从 2011 年开始，一直稳定在第六名，而到了 2017 年和 2018 年则降到第七名，表明东北地区对创新人才的吸引力逐渐下降，创新人员作为技术创新的基础和知识要素的载体，投入量不足将影响东北经济的转型升级。

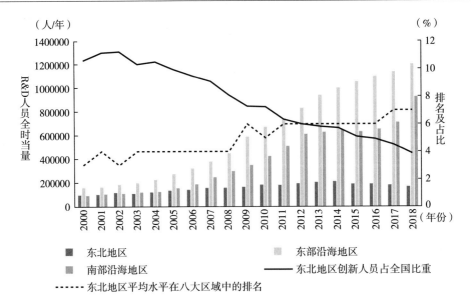

图 2-1　2000～2018 年东北地区 R&D 人员全时当量

资料来源：根据《中国科技统计年鉴》整理而得。

以 R&D 人员全时当量衡量创新人员数量，并计算各地区创新人员流动情况，具体计算公式为：

$$RL_{it} = R_{it} - R_{it-1} - R_{it-1} \times n_{it} \qquad (2-1)$$

其中，RL_{it} 表示 i 地区 t 年的创新人员流动量，R_{it} 表示 i 地区 t 年的创新人员，用 R&D 人员全时当量表示，n_{it} 表示 i 地区 t 年的人口自然增长率。

表 2-2 描述了 2001～2018 年中国八大区域创新人员流动情况。从表中可以看出，除东部沿海地区外，其他区域创新人员均有所流出，而东北地区创新人员流出量最高。但却并非一直如此，在 2011 年之前东北地区总体呈现创新人员流入趋势，而在 2015～2018 年一直处于流出状态，人才流失现象日趋严重。其中 2015 年流出量最大，达到 20706 人，2018 年创新人员流出量也高达 12841 人。这表明东北地区近年来创新人员流出现象较为严重，应采取人才引进措施，吸引人才流入，为技术创新提供人才支撑。

表 2-2　2001～2018 年八大区域创新人员流动特征　　　　　单位：人

年份 \ 地区	东北	北部沿海	东部沿海	南部沿海	黄河中游	长江中游	西南	西北
2001	4448	−5339	7404	9272	−4644	−4975	−13886	−961

续表

地区 年份	东北	北部沿海	东部沿海	南部沿海	黄河中游	长江中游	西南	西北
2002	15355	52008	18258	4587	9733	10913	17939	-1531
2003	-8505	4255	15310	10424	-6364	-3364	-4046	2034
2004	11062	35935	24188	3867	-1672	3443	7282	-890
2005	14373	48317	49110	29192	24130	24141	14848	3381
2006	6376	7573	45854	31276	26189	7045	6993	1131
2007	15010	46879	57124	58312	8712	17305	18076	4375
2008	1005	48608	68824	49604	15459	24206	15615	123
2009	6883	18482	139695	49333	30660	45943	8105	9148
2010	17931	38177	81156	72792	14625	20336	6731	606
2011	-2271	85759	68650	84141	19688	47184	10924	2141
2012	12089	61637	85847	96938	21871	43721	26673	3819
2013	11148	50623	106876	13886	41085	33124	22336	217
2014	6354	31163	59189	14978	10292	19159	17199	2746
2015	-20706	25885	48296	-18832	-12962	6877	4686	-1556
2016	-161	5063	42892	14814	10346	9223	16707	-664
2017	-9190	293	33336	51728	-5096	27764	36279	-1760
2018	-12841	-15743	61068	212782	-9919	59065	36431	-1865
总流动	68362	539575	1013077	789095	192131	391110	248890	20493

资料来源：根据《中国科技统计年鉴》整理而得。

　　为更直观地显示东北地区创新人员流动的变化趋势，图 2-2 展现了 2001~2018 年东北地区三个省份的创新人员流动情况。从图中可以看出，21 世纪初期，除了吉林和辽宁分别在 2001 年和 2003 年有流出外，三个省份总体表现出创新人才流入趋势。2003~2007 年，三省创新人员均呈流入趋势，主要得益于 2003 年国家实施的振兴东北地区战略。2008 年、2009 年和 2011 年，可能由于金融危机的影响，三省的创新人员有小幅流出，但 2014 年之后，只有辽宁的创新人员有所流入，其他两省的创新人员均有大量流出。表明东北三省对创新人员的吸引力不够，尤其是吉林和黑龙江，创新人员的大幅流出也间接导致了 2013 年以来东北地区经济增速低迷的"新东北现象"。

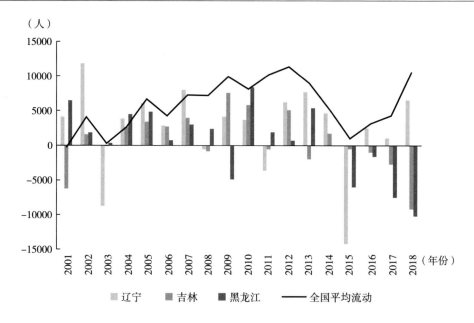

图 2-2　2001~2018 年东北三省创新人员流动特征

资料来源：根据《中国科技统计年鉴》整理而得。

2. 高技术产业创新人员流动特征

高新技术产业具有高知识、高技术密度和高产品附加值的特点，高技术产业的发展可以有效推动地区产业升级和经济稳定高速发展，具有强大的辐射作用。因此，在中国向创新型国家转型的趋势下，东北地区高技术产业创新人员的投入对加快东北地区生产模式转型、振兴东北经济具有重要作用。图 2-3 展示了2018 年全国八大区域高技术产业创新人员的分布特征，以及东北三省高技术产业创新人员现状。2018 年全国高技术产业创新人员共计 852415 人，其中南部沿海地区高技术产业创新人员最多，占全国比重高达 37.9%；其次是东部沿海地区，占比为 26.45%，西北地区高技术产业创新人员最少，仅有 3342 人，占全国比重为0.39%，东北地区高技术产业创新人员占比仅高出西南地区 1.3%，为 14423 人，比2017 年降低 8.29%，占全国比重仅为 1.69%。从东北三省高技术产业创新人员分布来看，辽宁数量最多，共计 9252 人，占全国比重为 1.09%，吉林和黑龙江分别为 2782 人和 2389 人，比重分别为 0.33% 和 0.28%。体现了东北地区高技术产业创新人员匮乏，且在三省内分布不均，东北地区高技术产业应积极引进与培育创新型人才，推动高技术产业的发展，以创新驱动实现产业转型升级。

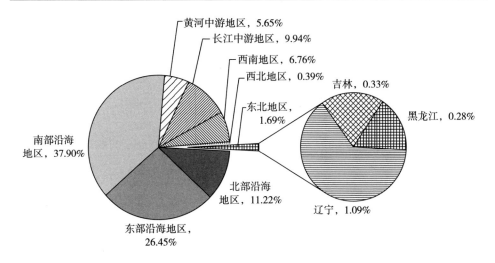

图 2-3　2018 年高技术产业创新人员全时当量分布

资料来源：根据《中国科技统计年鉴》整理而得。

表 2-3 列出了 2001～2018 年八大区域高技术产业创新人员的流动特征，可以看到东部沿海地区和南部沿海地区总体呈现创新人员大量流入的状态，黄河中游地区、长江中游地区和西南地区在大部分年份也整体呈创新人员流入趋势，仅有少数年份有小幅流出。而东北地区较多年份呈现创新人员流出状态，其中 2002～2004 年创新人员流出较严重。在提出振兴东北地区战略之后，2005 年、2009 年、2011 年和 2012 年高技术产业创新人员都呈现明显流入状态，但 2015 年之后高技术产业创新人员呈现明显流出状态。从 2001～2018 年总体流动来看，南部沿海地区和东部沿海地区流入量最大，均超过 20 万人，主要得益于广东、上海、浙江、江苏等地较高的经济发展水平及完善的产业链与丰富的资源，吸引了大量创新人员流入。东北地区高技术产业创新人员总流入仅为 7130 人，对于有雄厚产业发展基础的东北来说，想要摆脱当前瓶颈状态，需重视高技术产业的创新人员引进，建立现代工业集群，以创新引领经济增长。

表 2-3　2001～2018 年高技术产业创新人员流动特征　　　　　　单位：%

地区 年份	东北	北部沿海	东部沿海	南部沿海	黄河中游	长江中游	西南	西北
2001	5846	2819	-894	9651	-1490	45	2425	1145

年份\地区	东北	北部沿海	东部沿海	南部沿海	黄河中游	长江中游	西南	西北
2002	-1494	3080	2524	-522	-605	-4852	2580	-547
2003	-1827	-100	6930	6665	-356	925	1256	28
2004	-1388	528	2297	-3105	906	2926	-2410	-993
2005	3890	3568	11349	20453	689	7164	4143	407
2006	-716	-826	7819	7883	35	-2984	36	-604
2007	572	4826	5996	39616	260	2090	5231	-49
2008	334	4547	8164	23815	688	-543	1411	1243
2009	2629	13566	52255	15682	6149	8991	2181	-361
2010	-4524	-6633	-4476	27442	-3077	532	-1591	-376
2011	6310	26833	31910	30751	3258	12599	-3445	562
2012	3655	12419	19992	48335	3008	8060	10688	-281
2013	39	15278	21265	-14750	4906	5457	7929	223
2014	777	6533	10086	-654	1705	7386	-953	338
2015	-818	11166	11900	-10411	2363	9584	1844	223
2016	-3565	-5390	7183	-1982	2793	-2703	1297	1055
2017	-1298	-6360	4949	44027	1435	6996	8153	-93
2018	-1293	-6055	5052	43887	1458	7023	8128	-86
总流动	7130	79800	204301	286785	24125	68695	48903	1836

资料来源：根据《中国科技统计年鉴》整理而得。

3. 企业创新人员流动特征

采用规模以上工业企业 R&D 人员全时当量与规模以上工业企业数量的比值来衡量每家企业平均创新人员数。图 2-4 展现了 2009~2018 年东北三省规模以上工业企业平均创新人员数量和在全国的排名情况。从三省的工业企业平均创新人员总体发展趋势来看，黑龙江和吉林的波动较大，辽宁呈现稳步上升趋势；从工业企业平均创新人员数量来看，黑龙江在 2009~2016 年均位居首位，最多曾达到 11.75 人/年，即平均每个企业的创新人员约为 12 人/年，但 2017 年之后被辽宁超越，退居第二的位置，2018 年的值仅为 3.51 人/年。吉林平均每家企业创新人员数量均处于 5 人/年以下，2018 年仅为 1.87 人/年，每家工业企业的创新人员不足 2 人/年。而辽宁稳步上升，从 2009 年的 2.06 人/年增长至 2018 年的

8.02 人/年，平均每家工业企业的创新人员相对于其他两省更为丰富。从在全国的排名来看，辽宁排名位居全国第八，而黑龙江从 2009 年第二的位置降至 2018 年第 26 的位置，而吉林一直处于 20 名之后。这说明近年来东北三省中辽宁的工业创新人员要素较为丰富，吉林工业创新人员较为匮乏，而工业企业中创新人员的缺乏不利于工业发展和实现创新转型。

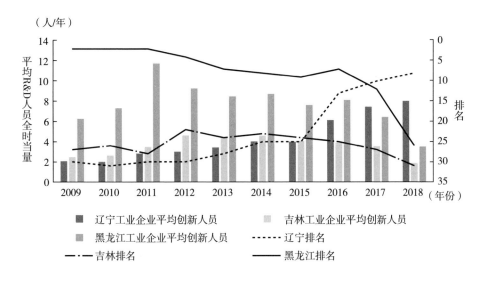

图 2-4　2009~2018 年规模以上工业企业平均创新人员特征

资料来源：根据《中国科技统计年鉴》整理而得。

表 2-4 呈现了 2010~2018 年八大区域规模以上工业企业创新人员流动特征，东部沿海地区和长江中游地区均呈现创新人员流入状态，南部沿海地区除了 2015 年有流出外，其余年份均呈现创新人员流入。相比于其他地区，东北地区近年来工业企业创新人员流出现象较为严重，2015 年、2017 年和 2018 年均有大量流出。从规模以上工业企业创新人员总流动量来看，东部沿海地区和南部沿海地区的流入量均超过 40 万人，其次为长江中游地区，有超过 20 万人的流入量，北部沿海地区和西南地区的流入量也超过 10 万人，东北地区和西北地区规模以上工业企业创新人员呈现净流出现象，且流出较为严重，东北地区净流失了 13165 人，体现出东北地区工业企业创新人才存在严重不足，人才主要流向北上广等城市以及南方经济发达地区，对振兴东北地区、摆脱传统产业发展困境、推动产业转型升级、消除"新东北现象"极为不利。

表 2-4   2010~2018 年规模以上工业企业创新人员流动特征   单位：人

地区 年份	东北	北部沿海	东部沿海	南部沿海	黄河中游	长江中游	西南	西北
2010	7213	44955	63584	71678	16501	30669	5085	387
2011	7291	44749	63540	71421	16442	30497	5021	380
2012	7589	42991	80762	91310	17016	33814	22362	1909
2013	7375	42351	94234	8663	38343	29297	15324	1945
2014	5124	21495	54923	6459	14772	16357	13413	2776
2015	−21176	11227	43343	−29468	−14808	3937	−5839	−2730
2016	907	−5162	16054	11194	2209	16507	6855	784
2017	−10348	−28701	2146	31373	−15670	17839	24004	−3109
2018	−17140	−25278	56594	175274	−13916	42920	15497	−2454
总流动	−13165	148628	475181	437904	60888	221838	101723	−111

资料来源：根据《中国科技统计年鉴》整理而得。

二、创新人员集聚特征分析

为度量创新要素集聚的情况，这一章采用区位熵方法测算创新人员集聚指数，具体计算公式如下：

$$IPA_{it} = \frac{RDP_{it} \ / \ \sum_i RDP_{it}}{EMP_{it} \ / \ \sum_i EMP_{it}} \tag{2-2}$$

其中，IPA_{it} 为 i 省份 t 时期的创新人员集聚指数，RDP_{it} 为 i 省份 t 时期的创新人员数量，具体采用各省 R&D 人员全时当量表征，EMP_{it} 为 i 省份 t 时期的总从业人数。

1. 总体创新人员集聚特征

基于区位熵方法测算 2000 年和 2018 年各省份创新人员集聚指数，如表 2-5 所示。从总体来看，2000 年创新人员主要集聚在北京、天津、上海和辽宁等地区，随着时间的推移，创新人员集聚范围逐渐转移和扩大，2018 年主要集中在北部沿海地区、东部沿海地区和南部沿海地区，具体为北京、天津、江苏、上海、浙江和广东。集聚水平较低的地区范围逐渐扩大，从 2000 年的西北地区和西南地区的部分省份扩大到 2018 年的西北地区、西南地区、东北地区和黄河中游地区。表明创新人员向经济发达地区集聚的特征更为明显，创新人员逐渐流向一线城市并形成集聚，导致其他省份创新人员相对缺乏。从东北地区创新人员集聚特征来看，2000 年东北地区集聚度较高，但 2018 年降为中低集聚水平，即创新人员呈现外流的状态。其中，辽宁创新人员集聚高于其他两省，在 2000 年位于中高集聚水平，指数为 1.710，但 2018 年集聚指数降为 0.750，下降到中低水平。吉林在 2000 年的集聚水平为 1.493，处于中等集聚水平，但 2018 年也有大幅下降，集聚指数为 0.474，处于低集聚水平。黑龙江在 2000 年的集聚度为 1.157，略低于辽宁和吉林两省，处于中低水平，而随着时间的推移，2018 年黑龙江创新人员集聚指数仅为 0.339，属于低集聚水平。说明东北地区创新人员外流现象较为严重，集聚度较低，创新人员是经济高质量发展的基础，创新人员在地区内的集聚会形成知识溢出效应，并促进资源有效整合，为集聚地技术进步和经济增长注入活力，而人才流失可能会引发相应地区经济增长动力弱化，这也是东北地区近年来遭遇经济发展瓶颈的主要原因。

表 2-5　2000 年和 2018 年总体创新人员集聚指数

地区	2000 年	2018 年	地区	2000 年	2018 年
北京	11.524	3.979	湖北	0.951	0.800
天津	3.449	2.074	湖南	0.584	0.709
河北	0.616	0.466	广东	1.288	2.202
山西	0.744	0.444	广西	0.367	0.269
内蒙古	0.576	0.329	海南	0.248	0.275
辽宁	1.710	0.750	重庆	0.704	1.072
吉林	1.493	0.474	四川	0.934	0.640
黑龙江	1.157	0.339	贵州	0.315	0.352
上海	5.505	2.577	云南	0.350	0.313
江苏	1.162	2.265	西藏	0.148	0.122
浙江	0.663	2.243	陕西	2.556	0.886
安徽	0.531	0.639	甘肃	0.902	0.286
福建	0.979	1.080	青海	0.553	0.259
江西	0.630	0.608	宁夏	0.681	0.574
山东	0.640	0.877	新疆	0.447	0.232
河南	0.449	0.483			

资料来源：根据《中国科技统计年鉴》整理而得。

2. 高技术产业创新人员集聚特征

基于区位熵方法测算 2000 年和 2018 年各省份高技术产业创新人员集聚指数，如表 2-6 所示。从总体来看，2000 年高技术产业创新人员集聚范围明显超过同期总创新人员集聚范围，北京、天津、上海、江西、广东和陕西均为高集聚地区；随着时间的推移，2018 年创新人员集聚范围逐渐缩小，主要集中在江苏、上海和广东。北京和天津集聚水平有所下降，属于中高集聚城市。集聚水平较低的省份范围逐渐扩大，2018 年，除了西北地区、西南地区和黄河中游地区的部分省份，东北地区部分省份也降为低集聚水平。从东北地区高技术产业创新人员集聚特征来看，2000 年东北地区集聚度较高，但 2018 年下降幅度较大，即高技术产业创新人员呈现流失的状态。其中，在 2000 年辽宁省高技术产业创新人员集聚度为 1.324，位于中高集聚水平，但 2018 年集聚指数降为 0.373，下降到中低水平。吉林在 2000 年的集聚水平为 0.712，为三省最低，在国内处于中低集聚水平，但 2018 年集聚度指数下降为 0.186，属于低集聚省份。黑龙江在 2000 年的集聚度为 1.023，处于中等位置，而 2018 年创新人员集聚指数大幅下降，仅为 0.112，即降到低集聚水平的行列。说明东北地区高技术产业创新人员流失严重，难以发挥集聚效应，也将严重阻碍产业结构的转型升级和创新发展战略的实施。

表 2-6　2000 年和 2018 年高技术产业创新人员集聚指数

地区	2000 年	2018 年	地区	2000 年	2018 年
北京	5.150	1.677	河南	0.159	0.374
天津	2.838	1.447	湖北	0.583	0.573
河北	0.381	0.242	湖南	0.423	0.503
山西	0.150	0.158	广东	3.092	4.232
内蒙古	0.014	0.090	广西	0.140	0.064
辽宁	1.324	0.373	海南	0.085	0.226
吉林	0.712	0.186	重庆	0.605	0.806
黑龙江	1.023	0.112	四川	0.380	0.684
上海	6.275	1.707	贵州	0.935	0.330
江苏	1.035	2.451	云南	0.037	0.097
浙江	0.461	2.079	陕西	7.063	0.874
安徽	0.240	0.490	甘肃	0.551	0.102
福建	0.701	1.231	青海	0.157	0.110

续表

地区	2000 年	2018 年	地区	2000 年	2018 年
江西	2.297	0.752	宁夏	0.225	0.252
山东	0.428	0.723			

资料来源：根据《中国科技统计年鉴》整理而得。

3. 企业创新人员集聚特征

基于区位熵方法测算 2009 年和 2018 年各省份规模以上工业企业创新人员集聚指数，如表 2-7 所示，从总体来看，2009 年工业企业创新人员主要集聚在天津、江苏、上海和浙江，随着时间的推移，2018 年工业企业创新人员集聚范围缩小，只有江苏、浙江和广东呈现高集聚特征，但低集聚范围逐渐扩大，除黄河中游地区、北部沿海地区、东部沿海地区和南部沿海地区以及东北地区的辽宁之外，其余省份均呈现低集聚特征。说明工业企业创新人员分布较为分散，主要流向东部沿海地区和南部沿海地区的经济发达城市，总体呈现难以集聚的特征。从东北地区工业企业创新人员集聚特征来看，2009 年东北地区总体呈现中低集聚特征，但 2018 年集聚度有所下降，呈现创新人员外流状态。具体来说，辽宁 2009 年的集聚度为 1.108，为中等集聚水平，2018 年集聚度下降至中低集聚水平，为 0.615；吉林和黑龙江在 2009 年均处于中低集聚水平，集聚度指数分别为 0.593 和 0.773，2018 年分别降为 0.213 和 0.176，呈现低集聚特征，表明东北地区工业企业创新人员流失较严重，各企业应建立人才引进战略，制定长期稳定高效的创新人才引进计划，政府也应在人才引进上给予户籍、住房等方面的优惠政策，高效高质量地引进人才，实现人才资源的合理配置。

表 2-7 2009 年和 2018 年规模以上工业企业创新人员集聚指数

地区	2009 年	2018 年	地区	2000 年	2018 年
北京	2.182	1.026	湖北	0.874	0.794
天津	2.329	1.632	湖南	0.507	0.729
河北	0.504	0.457	广东	2.124	2.639
山西	1.052	0.399	广西	0.221	0.171
内蒙古	0.565	0.306	海南	0.129	0.098
辽宁	1.108	0.615	重庆	0.807	1.062

续表

地区	2009 年	2018 年	地区	2000 年	2018 年
吉林	0.593	0.213	四川	0.489	0.461
黑龙江	0.773	0.176	贵州	0.206	0.311
上海	3.323	1.772	云南	0.130	0.223
江苏	2.469	2.707	西藏	0.117	0.037
浙江	2.200	2.837	陕西	0.660	0.529
安徽	0.495	0.681	甘肃	0.361	0.152
福建	1.123	1.191	青海	0.285	0.102
江西	0.428	0.707	宁夏	0.570	0.537
山东	1.082	0.988	新疆	0.304	0.132
河南	0.614	0.545			

资料来源：根据《中国科技统计年鉴》整理而得。

第二节　东北地区创新资本流动与集聚特征

一、创新资本的分布特征

创新资本投入是开展科研活动的物质保障，在此用 R&D 经费内部支出来表示。图 2-5 给出了 2018 年 R&D 经费内部支出在全国八大区域间的分布情况，以及东北三省创新资本的分布和在全国的占比。由图 2-5 可知，东北地区创新资本投入仅占据 3.61%，远远低于东部沿海地区和北部沿海地区，尚未达到其他区域的半数，仅比创新资本投入量最少的西北地区高出 2.45%。从东北地区三个省份创新资本投入相对量来看，辽宁的创新资本投入最高，但占全国总值的比重也仅为 2.34%，而吉林和黑龙江两省的创新资本投入量之和尚未超过辽宁。说明现阶段东北地区的创新资本投入仍处于落后地位，与其他地区仍然有较大的差距，且东北地区内部的创新资本投入量也呈现明显的差异性。

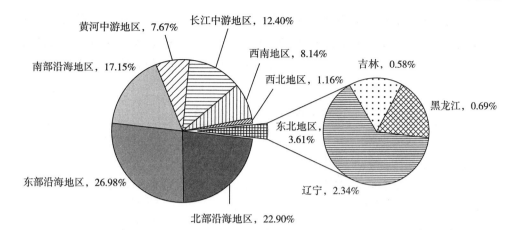

图 2-5 2018 年 R&D 经费内部支出分布

资料来源：根据《中国科技统计年鉴》整理而得。

图 2-6 给出了 2000~2018 年东北三省创新资本投入水平的变化趋势和全国创新资本投入平均水平的发展趋势。

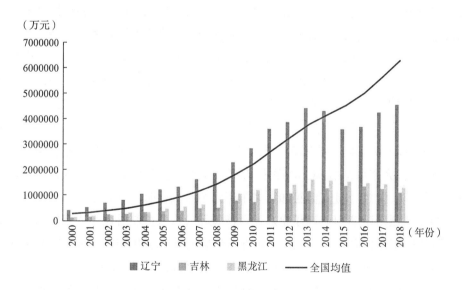

图 2-6 2000~2018 年东北地区各省份 R&D 经费内部支出特征

资料来源：根据《中国科技统计年鉴》整理而得。

由图 2-6 可知，2013 年之前，东北三省创新资本投入水平呈现上升趋势，且辽宁均处于全国平均水平之上，吉林和黑龙江的增速较为缓慢，但在2013年之后，东北地区的经济开始全面下滑，辽宁和黑龙江的创新资本投入出现下降趋势，东北地区的研发投入水平与全国平均水平的差距逐渐拉开。2014年国务院印发《关于近期支持东北振兴若干政策举措的意见》，从改革和创新角度出发，努力破解阻碍东北经济发展的难题，黑龙江和吉林的创新资本投入降速有所放缓，辽宁的创新资本投入在2017年逐渐回升到区域2013年之前的水平。但是同全国平均水平相比，东北地区的创新资本投入有待进一步提升。东北地区要想突破经济发展瓶颈，必须要依靠创新驱动发展战略，增加研发经费投入与积累创新资本，突破增长瓶颈。

对于各地区创新资本存量的测算，借鉴吴延兵（2006）、白俊红（2011）及白俊红等（2017）的方法，采用永续盘存法测算，具体测算方法如下：

$$CAP_{it} = (1-\delta) \times CAP_{it-1} + EX_{it-1} \qquad (2-3)$$

其中，CAP_{it} 与 CAP_{it-1} 分别表示 i 省份 t 时期和 $t-1$ 时期的创新资本存量，δ 为折旧率，取15%（吴延兵，2006），EX_{it-1} 表示 i 地区在 $t-1$ 时期的R&D经费实际支出，按照R&D价格指数进行平减。借鉴白俊红等（2017）的方法，将R&D经费支出分为日常性支出和资产性支出两类，因此R&D价格指数为消费价格指数和固定资产投资价格指数的加权和，具体为：R&D价格指数=消费价格指数×0.6+固定资产投资价格指数×0.4。基期资本存量 CAP_{i0} 的测算参照吴延兵（2006）、白俊红（2011）和白俊红等（2017）的方法，测算公式为：

$$CAP_{i0} = \frac{EX_{i0}}{g_i + \delta} \qquad (2-4)$$

其中，EX_{i0} 为基期 i 省份R&D经费投入量，g_i 为考察期内 i 省份实际R&D经费支出的几何增长率。本部分所计算的创新资本存量均以1998年为基期，数据主要来源于《中国统计年鉴》和《中国科技统计年鉴》。

图2-7展现了2018年全国八大区域创新资本存量的分布。从各地区R&D资本存量所占比例来看，东北地区创新资本存量仍落后于其他地区。从东北三省创新资本存量的相对量来看，辽宁仍占据首位，创新资本存量在全国所占比重为3.47%，黑龙江省和吉林省分别为1.26%和1.03%，均高于创新资本流量数据在全国的相对比重。表明东北地区具有雄厚的工业基础，但由于近年来老工业基地逐渐衰落，创新资本投入量相对较少，创新资本积累低于其他地区。东北地区应积极开展研发活动，依靠创新驱动，实现工业转型与升级。

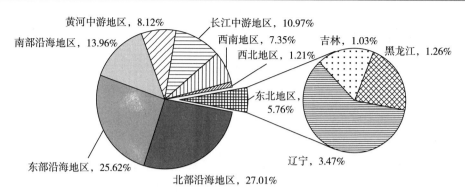

图 2-7 2018 年 R&D 资本存量分布

资料来源：根据《中国科技统计年鉴》整理而得。

图 2-8 是 2000～2018 年东北三省创新资本存量的发展趋势。从图中可知，三个省份均呈增长趋势，辽宁创新资本存量的增速较快，虽然 2015 年之后有所放缓，但仍高于全国平均水平。黑龙江创新资本存量位列其次，吉林的创新资本存量最低，21 世纪初期达到全国平均水平，但两省的增长速度较为缓慢，随着时间的推移，与全国平均水平的差异逐渐增加，与辽宁的差距也逐渐拉大。因此，吉林和黑龙江应鼓励各部门进行研发创新活动，实现技术突破，加快东北传统产业的转型与升级。

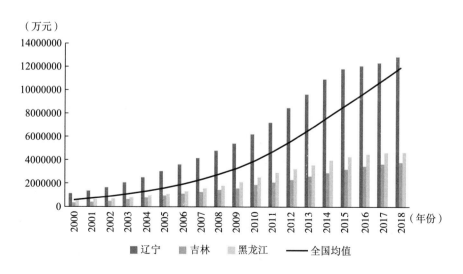

图 2-8 2000～2018 年东北三省 R&D 资本存量特征

资料来源：根据《中国科技统计年鉴》整理而得。

二、创新资本流动与集聚特征分析

关于创新资本流动量的计算，采用各地区前后两年各类创新资本存量的差值表征。表 2-8 展示了 2001~2018 年中国八大区域总体创新资本流动特征。可以看到北部沿海地区和东部沿海地区的创新资本流入量较高，其次为南部沿海地区和长江中游地区，主要原因是这些区域经济发展水平较高，产业链较完善，科技水平较发达，创新环境也较好，吸引了大量创新资本流入。东北地区创新资本流入量相对发达地区较低，2010~2015 年创新资本流入规模较大，但 2015 年之后创新资本流入量逐渐放缓，可能的原因是东北地区经济发展较缓慢，对创新资本的吸引力降低，导致创新资本向发达地区流入，呈现向经济发达地区聚集趋势。

表 2-8　2001~2018 年创新资本流动特征　　　　单位：万元

地区 年份	东北	北部沿海	东部沿海	南部沿海	黄河中游	长江中游	西南	西北
2001	378696	1559782	1224406	973633	558239	532120	462491	63599
2002	525640	1518874	1447327	1152041	533853	524784	521719	58219
2003	756724	2182121	1822755	1207988	597008	668767	552964	92866
2004	843245	2442529	2209421	1369683	632552	764082	721082	101537
2005	986002	3035930	3065674	1464115	782657	758099	622632	127124
2006	1136810	3890015	3844848	1572044	895529	987238	871415	154844
2007	1124856	4423448	4901589	2075907	1157355	1268328	911566	202973
2008	1283197	5115953	5527765	2597106	1416121	1484142	1101539	212030
2009	1329047	5649949	6236668	2937177	1531319	2004398	1222990	249658
2010	1931362	7097781	7473701	4240472	2397977	2988778	1864254	348294
2011	2035113	8744632	8317904	5011018	2550487	3320152	2240107	368336
2012	2237376	9685979	9447734	6142361	2856722	3696157	2405732	408349
2013	2297239	10973232	11026300	6901658	3157074	4435903	2836429	486661
2014	2500107	11806886	11939449	7559537	3521923	4995731	2972899	501932
2015	2051891	11820816	12222166	7714541	3407040	5254940	3096115	527680
2016	1268502	12379122	12803906	8210373	3289813	5495498	3471952	507023
2017	1068063	12461492	13837661	8976894	3407526	5716092	3997854	521557
2018	1075620	11599075	14276014	9944708	3493180	6685124	4555235	502746

地区 \ 年份	东北	北部沿海	东部沿海	南部沿海	黄河中游	长江中游	西南	西北
总流动	24829490	126387618	131625288	80051253	36186375	51580334	34428976	5435429

资料来源：根据《中国科技统计年鉴》整理而得。

图 2-9 展现了 2001~2018 年东北三省总体创新资本流动趋势，以及与全国平均流动量的对比，可以看到，辽宁在 2014 年及之前年份均有大量创新资本流入，且增长速度较高，但 2015 年开始呈现大幅下降，直至 2018 年才有所回升。吉林和黑龙江的创新资本流入量相对较少，且增长速度较缓慢，黑龙江在 2009~2014 年吸引创新资本流入，但 2015 年开始，创新资本流入量呈现下降趋势，到 2018 年达到最低，仅有 128143 万元的流入量。而吉林的创新资本流入量较为平稳，波动幅度相对较小。与全国平均流入量相比，辽宁在 2014 年及以前，创新资本流入量均处于全国平均水平之上，但 2015 年开始远远落后于全国平均水平，且差距逐渐拉大。吉林和黑龙江一直处在全国平均水平之下，且与辽宁和全国平均水平都存在较大的差距。创新资本作为技术进步和产业转型升级的重要推动因素，投入不足将严重阻碍东北地区的经济增长。

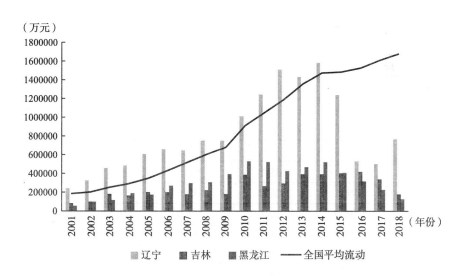

图 2-9　2001~2018 年东北三省创新资本流动特征

资料来源：根据《中国科技统计年鉴》整理而得。

采用区位熵方法测算创新资本集聚指数，具体计算公式如下：

$$IKA_{it} = \frac{CAP_{it} \ / \ \sum_i CAP_{it}}{K_{it} \ / \ \sum_i K_{it}} \tag{2-5}$$

其中，IKA_{it} 为 i 省份 t 时期的创新资本集聚指数，CAP_{it} 为 i 省份 t 时期的创新资本数量，采用上文计算的各省创新资本存量表征，K_{it} 为 i 省份 t 时期的物质资本存量。

基于区位熵方法测算 2000 年和 2018 年各省份创新资本集聚指数，如表 2-9 所示。从总体来看，2000 年创新资本主要集聚在北京、陕西、辽宁、吉林、天津、四川和甘肃等地区。随着时间的推移，2018 年创新资本集聚范围逐渐转移，主要集中在北部沿海地区、东部沿海地区和南部沿海地区，具体为北京、天津、山东、江苏、上海、浙江和广东，与创新人员集聚范围大体一致。低集聚水平省份范围逐渐扩大，从 2000 年的新疆、广西、海南和福建，扩大到 2018 年的西北地区和西南地区。表明创新资本向经济较发达地区集聚的特征更为明显，逐渐流向沿海城市并形成集聚。从东北地区创新资本集聚特征来看，2000 年东北地区集聚度较高，但 2018 年集聚度有所下降，即创新资本呈现外流的状态。其中，辽宁创新资本集聚度在 2000 年处于高集聚水平，集聚度指数为 1.826，但 2018 年辽宁集聚度指数降为 0.958，下降到中等水平。吉林的变化幅度更大，2000 年的集聚度为 1.133，处于中高水平，但 2018 年的集聚度仅为 0.426，降到中低集聚水平。黑龙江创新资本的集聚度由 2000 年的 0.927 下降至 2018 年的 0.566，由中等集聚水平降为中低集聚水平。说明东北地区创新资本外流现象较为严重，集聚度较低，其中吉林创新资本流失尤为突出。创新资本是各经济部门开展创新活动的基础，而创新资本流失和低集聚可能会导致地区经济增长动力弱化，不利于东北地区创新效率的提高和实施创新发展战略。

表 2-9 　2000 年和 2018 年创新资本集聚指数

地区	2000 年	2018 年	地区	2000 年	2018 年
北京	4.671	6.044	湖北	0.986	0.845
天津	1.133	1.527	湖南	0.619	0.681
河北	0.363	0.457	广东	0.815	1.999
山西	0.959	0.531	广西	0.153	0.264

续表

地区	2000 年	2018 年	地区	2000 年	2018 年
内蒙古	0.304	0.312	海南	0.213	0.142
辽宁	1.826	0.958	重庆	0.612	0.681
吉林	1.133	0.426	四川	1.381	0.754
黑龙江	0.927	0.566	贵州	0.449	0.241
上海	0.996	4.278	云南	0.382	0.310
江苏	0.903	1.518	西藏	0.349	0.072
浙江	0.300	1.403	陕西	3.423	0.840
安徽	0.737	0.673	甘肃	1.285	0.444
福建	0.282	0.719	青海	0.336	0.162
江西	0.714	0.420	宁夏	0.430	0.295
山东	0.822	1.152	新疆	0.193	0.192
河南	0.580	0.476			

资料来源：根据《中国科技统计年鉴》整理而得。

第三节　东北地区技术流动与集聚特征

一、技术流入特征分析

关于技术流动指标，采用各个地区每年技术市场流入和流出地域合同金额分别表征技术的流入和流出。表 2-10 列出了 2000~2018 年中国八大区域技术市场流入金额，总体来看，八大地区技术流入量均呈稳步增长趋势，从技术总流入量来看，排在第一梯度的是沿海地区，北部沿海地区和东部沿海地区技术流入量较大，总流入量分别为 22605 亿元和 15869 亿元，南部沿海地区流入量为 10634 亿元。

表 2-10　2000~2018 年技术流入特征　　　　　　　　　单位：万元

年份＼地区	东北	北部沿海	东部沿海	南部沿海	黄河中游	长江中游	西南	西北
2000	487132	1760754	1367561	877343	405107	556928	590736	135189

续表

地区 年份	东北	北部沿海	东部沿海	南部沿海	黄河中游	长江中游	西南	西北
2001	548822	2114656	1916813	954869	452574	703105	749804	213763
2002	597009	2244944	2141975	947435	562451	796492	813260	245449
2003	641080	2852347	2801452	1112888	615750	842692	991875	336701
2004	478230	4080514	3092438	1015012	617785	1081816	1156480	324007
2005	885584	4048356	3146387	1595058	855591	968638	954425	264499
2006	665311	4995314	3431291	1487096	976611	966659	1206244	283749
2007	749394	5401040	4281643	1505044	1073063	1086215	1052907	355428
2008	1267976	5793437	4542584	2159482	1458395	1103376	1076208	396355
2009	1096726	7538689	4581201	3160228	1396949	1416122	1318596	446673
2010	1764090	7790923	7058453	3008106	1514097	1981389	1942410	526391
2011	2937713	10030462	7156590	2809210	1764285	1511379	1936875	596361
2012	3076306	13717914	10880299	7029866	3320272	2796414	4188733	972488
2013	2220107	14476277	10933529	8886084	4421153	3889484	5409680	1691198
2014	2399397	20323960	12382185	9696996	4794566	4815683	5918040	1613064
2015	2485540	20168630	16488914	10698995	4886801	7118743	7199895	1911169
2016	2954563	29012711	15720997	11355969	6246951	8846002	10903259	2576066
2017	3905574	32008445	19732504	16705208	7068081	9707026	9565333	2341742
2018	5581381	37687864	27037747	21339219	8630242	11461594	16162576	3010300
总流入 （亿元）	3474	22605	15869	10634	5106	6165	7314	1824

资料来源：根据《中国科技统计年鉴》整理而得。

　　排在第二梯队的是西南地区、黄河中游地区和长江中游地区，总流入量均超过5000亿元；而东北地区和西北地区技术总流入量相对较少，分别为3474亿元和1824亿元。从技术流入量的年均增长率看，西南地区年均增长率最高，为20%；次之的是南部沿海地区，年均增长率为19%；而北部沿海地区、东部沿海地区、黄河中游地区、长江中游地区和西北地区的年均增长率均处于18%的水平。东北地区技术流入量从2000年的487132万元，增长至2018年的5581381万元，年均增长率为14%，小于其他地区。说明技术要素在地区间的分布不平衡，北部沿海和东部沿海等发达地区流入金额较大，东北地区技术流入金额与其他地区相比仍存在较大差距，且增长率较小。这也反映东北地区技术投入量不足，将制约东北地区转型和创新发展。

图 2-10 显示的是 2000~2018 年东北三省技术流入规模变化趋势和全国平均技术流入规模。2012 年之前，辽宁技术流入规模较大，呈现波动性上升趋势，基本处于全国平均水平之上，2011 年技术流入规模大幅增加，达到 245 亿元左右，比上年增长 102%；2013 年开始有所下降，基本维持在 160 亿元左右，但与全国技术流入平均水平的差距逐渐增加。吉林技术流入规模总体呈现指数增长趋势，在 2015 年及以前增长平稳，年均增长率为 12.39%，但从 2016 年起增长速度大幅提高，2016~2018 年的年均增长率约为 109%。黑龙江技术流入规模变化较平稳，由 2000 年的 117556 万元增至 2018 年的 638211 万元，年均增长率 9.85%，处于三省最低。综上而言，东北三省技术流入呈现地区内分布不均衡现象，近年来辽宁技术流入表现出乏力特征，而吉林技术流入增长势头较好，黑龙江技术流入规模较低，三个省份均落后于全国平均水平，反映东北地区近年来对技术要素的吸引力严重不足，技术溢出效应有限，难以对东北地区的创新转型发挥助力作用。

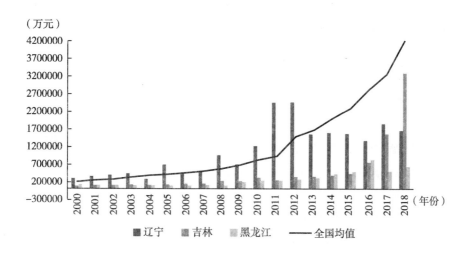

图 2-10　2000~2018 年东北三省技术流入规模

资料来源：根据《中国科技统计年鉴》整理而得。

二、技术流出特征分析

2000~2018 年中国八大区域技术流出特征如表 2-11 所示，技术流出采用技术市场流出地域合同金额进行衡量。总体来看，八大地区技术流出量均呈稳步增长趋势，但从技术总流出量来看，北部沿海地区技术流出量最大，具体值为 42952 亿元，东部沿海地区技术总流出量为 15532 亿元，排名第二，其次为长江中游地区和南部沿海地区，流出量均达到 7000 亿元，黄河中游地区和西南地区技术总流出量也超过 4400 亿元，东北地区和西北地区技术总流出量较少，分别为 3386 亿元和 1035 亿元。从技术流出量的年均增长率看，北部沿海地区年均增长率最高，为 21.51%，其次为黄河中游地区，实现了 19.04% 的年均增长率，南部沿海地区的年均增长率也达到 18%，东部沿海地区、长江中游地区和西南地区的年均增长率均处于 17% 左右，技术总流出量最少的西北地区年均增长率也接近 17%。东北地区技术流出量从 2000 年的 496720 万元，逐渐增加到 2018 年的 6136518 万元，年均增长率尚未达到 15%，远低于其他地区。

从各地区技术流入量与技术流出量对比来看，北部沿海地区和长江中游地区总体呈现技术净流入的状态，而其他地区总体呈现技术净流入状态。东部沿海地区和南部沿海地区自 2012 年起技术流出量维持在较高水平，东北地区、黄河中游地区、西南地区和西北地区总体呈现技术净流出的状态。2000~2009 年，东北地区基本呈现技术净流出状态，直到 2011 年技术流入量才大于技术流出量，表现出大量技术流入的现象，说明东北地区开始重视专利等技术引进与购买。但2015 年后，东北地区又呈现出技术净流出的状态。综上所述，东部沿海和北部沿海等发达地区既是技术的主要流入地，也是技术的输出地。东北地区无论是技术流入还是技术流出，与北部沿海和东部沿海等发达地区仍存在很大的差距。技术跨区流动的过程也是创新资源再整合的过程，有助于提高部门生产效率。因此，技术的缺失也是东北地区经济低迷的原因之一。

表 2-11　2000~2018 年技术流出特征　　　　单位：万元

地区 年份	东北	北部沿海	东部沿海	南部沿海	黄河中游	长江中游	西南	西北
2000	496720	2037557	1483682	663910	370321	698288	624463	92430
2001	545133	2600865	1976144	771000	373609	771081	731469	105578

续表

年份＼地区	东北	北部沿海	东部沿海	南部沿海	黄河中游	长江中游	西南	西北
2002	651724	3101536	2339906	861561	428190	833306	767729	157281
2003	728724	3732898	2871383	1036236	476086	950345	1023558	172865
2004	810606	5423554	3220097	740303	440336	980735	1080613	197488
2005	875937	6261325	3669927	1332487	496190	1040269	775101	186189
2006	828274	7824640	4115776	1200156	448479	1005831	877768	196076
2007	994022	9982494	4639163	1473191	549833	1105608	748589	233234
2008	987301	11315366	5074552	2150956	589740	1158591	998635	256305
2009	1239104	14390456	6004057	1965599	858710	1360407	948829	299738
2010	1224236	17804335	7006685	2688617	1097630	1526368	1345510	335332
2011	1408467	21084932	7991307	2948053	1740721	1853512	1333317	400403
2012	1983562	27875425	9183778	3940693	3002631	2634351	1766168	532000
2013	1726766	33308866	10563146	5530405	3962900	4773484	2481790	724454
2014	2066263	38330063	11516604	4389410	4560146	6757588	3617546	856384
2015	2596580	45149956	13150940	7167212	5624513	9007155	3550568	1192271
2016	3752841	52716147	16141045	8086304	6323250	10353240	4792401	1463962
2017	4805712	58592101	18206400	9895527	6913791	11739795	5133743	1432098
2018	6136518	67989919	26166278	13902044	8537212	13719510	11482897	1513169
总流出（亿元）	3386	42952	15532	7074	4679	7227	4408	1035

资料来源：根据《中国科技统计年鉴》整理而得。

2000～2018 年东北三省技术流出规模变化趋势和全国平均技术流出趋势如图 2-11 所示。总体来看，东北三省的技术流出规模呈稳步上升趋势，辽宁技术流出量最高，明显高于其他两省。吉林和黑龙江技术流出规模在 2008 年及之前无较大差异，自 2009 年起，吉林开始落后于黑龙江，但 2016 年起吉林技术流出规模开始大幅增长，超过黑龙江，且与辽宁的差距逐渐缩小。辽宁技术流出规模的增长可分为三个阶段：2000～2005 年为第一个阶段，辽宁技术流出规模领先于全国平均水平，呈稳步上升趋势，年均增长率为 17.21%；2006～2012 年为第二个阶段，在 2006 年出现小幅下降后，技术流出规模逐渐落后于全国平均水平，这一阶段的年均增长率为 14.89%；2013～2018 年为第三个阶段，辽宁的技术流出规模呈阶梯式增长状态，年均增长率达到21.54%，至2018年技术流出规模为2874385万元，但仍远远落后于全国平均水平。吉林技术流出量在2015年之前增长较缓慢，年均增长率仅为7.83%，但2016~2018年增长率大幅提升，年均增长率达到66.47%。黑龙江技术流出规模变化较平稳，由2000年的115446万元增至2018年的659011万元，年均增长率10.16%。

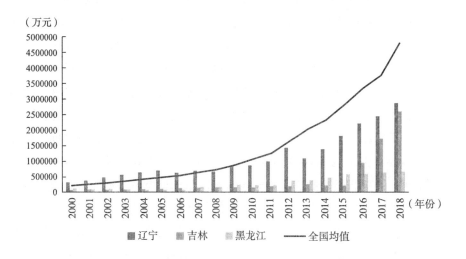

图2-11 2000~2018年东北三省技术流出规模

资料来源：根据《中国科技统计年鉴》整理而得。

　　从东北三省技术流入和技术流出的相对量来看，在21世纪初期，辽宁主要呈现技术净流出的特征，吉林和黑龙江为技术流入地。2010~2014年，辽宁和吉林技术流入规模大于技术流出规模成为技术流入地，而黑龙江主要为技术净流出。但2015年之后，辽宁和黑龙江技术流出规模较高，表现为技术大量输出特征。从2000~2018年技术流入与流出总量来看，辽宁和黑龙江技术流出总量高于技术流入总量，属于技术输出地，吉林总体表现为技术净流入。综上而言，在21世纪初期，东北三省的技术流动量较高，辽宁甚至高于全国平均水平，但现阶段与全国平均水平存在较大的差异。且东北三省技术流动态势不一致，辽宁的技术流动量较大，但近年来有下降趋势；吉林的技术流动量逐渐增加，而黑龙江的增长速度较为平缓，与其他两省存在较大的差异。当前，各地区技术创新速度逐渐加快，技术流动频率提高，东北地区应积极引进先进技术，利用技术流动过程中的技术溢出效应，增加创新产出和提高创新效率。

三、技术集聚特征分析

采用区位熵指数度量技术集聚度，主要计算公式如下：

$$TA_{it} = \frac{E_{it} \ / \ \sum_i E_{it}}{Y_{it} \ / \ \sum_i Y_{it}} \tag{2-6}$$

其中，TA_{it} 为 i 省份在 t 时期的技术集聚指数，E_{it} 为 i 省份 t 时期的技术流入地合同金额，Y_{it} 为 i 省份 t 时期的 GDP 水平。

基于区位熵方法测算 2000 年和 2018 年各省份技术集聚指数，如表 2-12 所示。从总体来看，2000 年技术主要集聚在北京、天津和上海，重庆和云南也处于中高集聚水平，随着时间的推移，中高技术集聚范围扩大，2018 年主要分布在西北地区、西南地区、黄河中游地区和东北地区的部分省份，高技术集聚范围缩小，只有北京属于高技术集聚度地区，集聚指数为 4.263。中低技术集聚水平和低技术集聚水平的省份数量减少，东部沿海地区的江苏、浙江技术集聚处于中低水平，南部沿海地区的福建由 2000 年的中低水平降为低水平，表明现阶段技术向经济发展较滞后的省份集聚更为明显。从东北地区技术集聚特征来看，2000 年东北地区集聚度总体处于中等及以下水平，辽宁技术集聚度最高，为 1.154，吉林和黑龙江分别为 0.664 和 0.520，均处于中低集聚水平。2018 年，辽宁技术集聚降为中低水平，指数为 0.621，技术流出相对较多，吉林集聚指数提高至 1.648，跻身中高水平，黑龙江技术集聚指数降为 0.565，但仍处于中低位置。综上所述，现阶段技术主要由经济发达地区向发展滞后地区进行扩散，东北地区技术集聚度有所提高，吉林主要表现为技术流入和集聚特征，而辽宁和黑龙江属于技术输出地区，集聚水平较低。技术集聚可形成技术溢出效应，对集聚地技术进步具有重要意义，东北地区应加强省份间的技术合作和交流，推动技术集聚区域间整体协同创新，促进经济增长方式转变。

表 2-12　2000 年和 2018 年技术集聚指数

地区	2000 年	2018 年	地区	2000 年	2018 年
北京	4.149	4.263	河南	0.515	0.446
天津	2.276	1.063	湖北	1.120	1.210

续表

地区	2000 年	2018 年	地区	2000 年	2018 年
河北	0.348	0.877	湖南	1.025	0.307
山西	0.693	0.859	广东	0.793	1.092
内蒙古	0.792	0.755	广西	0.395	0.543
辽宁	1.154	0.621	海南	0.550	0.943
吉林	0.664	1.648	重庆	2.219	1.463
黑龙江	0.520	0.565	四川	0.407	0.832
上海	2.658	1.458	贵州	0.462	1.994
江苏	0.744	0.894	云南	1.336	1.055
浙江	0.823	0.735	陕西	0.948	1.392
安徽	0.378	0.679	甘肃	0.965	1.279
福建	0.530	0.487	青海	1.075	1.531
江西	0.489	0.635	宁夏	0.963	1.497
山东	0.697	0.706	新疆	1.263	0.708

资料来源：根据《中国科技统计年鉴》整理而得。

第三章 东北地区创新要素
空间流动及其创新效应

当前，我国经济正处于新旧动能转换的关键阶段，依靠要素粗放型投入的发展模式已无法持续。经济若想从"高速增长"稳步转向"高质量发展"，确保良好的发展态势，必须通过创新来驱动经济增长，而创新要素是创新驱动战略得以顺利实施的重要资源。因此，创新要素能否自由流动，以及能否实现创新要素集聚效应对东北地区经济振兴意义突出（白俊红等，2017）。为此，本章从创新人员、创新资本和技术等创新要素视角，构建空间面板数据模型检验创新要素流动对区域创新效率的影响，探究不同区域创新资本流动的创新集聚效应，检验机器设备在其中的载体作用；对于创新人员流动的创新集聚效应，考察不同类型和等级交通网络密度在其中发挥作用的差异；从技术势差和技术相似度视角构建关联权重矩阵，探究技术流动创新效应的选性择偏好特征。

第一节 创新资本和创新人员的流动及其创新效应

一、空间计量模型的设定

通常要素禀赋分布的非均等性是区域发展不平衡的典型特征，而非均等的要素禀赋进一步加剧经济空间的非均质化，这是形成要素流动的基本前提（卓乘风和邓峰，2018）。就研发人员而言，研发人员会迁移到高报酬、高福利、高潜力区域，伴随高铁等基础设施建设的完善，发达快捷的交通网络有利于扩大研发人员活动的范围和缩短交通的时间,促进研发人员的交流与合作。而对于研发资本而言,通常倾向于流入高利润回报地区,投资人通过准确把控投资信息,降低非对称信息所造成的成本损失和投资风险,将研发资本引入优势地区。创新要素流动程度及流动方向,可能会对地区的创新能力产生深远影响。

不过,现有研究主要考察本地创新要素投入对于区域创新能力的影响,抑或是考察创新要素流动对于区域创新能力的作用。不可否认,无论是本地的创新要素还是跨区域流入的创新要素,二者并非相互隔离和孤立地发挥作用。然而,现有研究往往将二者分别独立,并未将两者同时纳入同一经济系统,考察地区创新能力与本地及跨区域流入的创新要素的关系,即创新要素对区域创新能力的影响,是否会表现出"本地依赖"还是会呈现出"外地吸引"特征?如果地区创新能力依赖于创新要素的空间流动,那么在研发人员流动过程中,基础设施和户籍制度会产生何种作用?在研发资本流动过程中,政府补贴和地区市场化程度是否具有同等激励效应?这些问题均有待于回答。

本节基于引力模型测量研发人员流动,"推力—拉力"理论经常被劳动经济学家用来解释人口迁移问题,认为人口迁移主要依赖于本地的推力和外地的拉力作用,借鉴白俊红和王钺(2015)的做法,构建 R&D 人员流动的引力模型:

$$pf_{ij} = \ln p_i \cdot \ln pgdp_j \cdot d_{ij}^{-2}, \; pf_i = \sum_{j=1}^{n} pf_{ij} \qquad (3-1)$$

其中,pf_{ij} 表示从 i 省流动到 j 省研发人员的流动数量,p_i 表示 i 省的研发人员数量,用各省市 R&D 人员的全时当量表征,$pgdp_j$ 表示 j 省人均 GDP,代表 j 省的经济吸引力,d_{ij} 代表两地中心位置距离,而 pf_i 代表 i 省研发人员的总流动量。

与研发人员流动不同,"推力—拉力"理论在资本流动时并不适用(卓乘风和邓峰;2017),因为资本流动具有风险性,流入地已有配套的 R&D 资本存量是研发资本流动需要考量的重要因素。借鉴蒋天颖等(2014)的做法,构建研发资本的引力模型:

$$cf_{ij} = \ln rdk_i \cdot \ln rdk_j \cdot d_{ij}^{-2}, \; cf_i = \sum_{j=1}^{n} cf_{ij} \qquad (3-2)$$

其中,cf_{ij} 表示从 i 省流动到 j 省研发资本的数量,rdk_i 表示 i 省的研发资本存量,rdk_j 表示 j 省已有的研发资本存量。cf_i 代表 i 省研发资本的总流动量。研发资本的存量数据,根据 $RDK_t = M_{t-1} + (1-\eta) RDK_{t-1}$ 计算,其中 M_{t-1} 代表前期的实际研发投资，η 为折旧率，根据吴延兵（2006）的做法，一般设为15%，而基期资本存量参考董直庆等（2020）的思路，$RDK_0 = M_0/(g+\eta)$；g 代表实际投资的年增长率均值，参考白俊红等（2017）的处理方式，构建研发投资指数并以2000年为基期对研发资本进行平减。

已有研究表明，创新要素的流动与创新区域能力具有较强的空间相关性（董直庆和赵星，2018），忽视创新要素流动与创新能力的空间依赖性易导致实证结果的偏误。而空间计量模型可以有效地检验和识别空间关联性，基于此，本节构建创新要素与区域创新能力的空间误差模型（SEM）和空间滞后模型（SLM），借以探究区域创新能力源于本地要素还是外地要素流动，以及在创新要素流动的过程中基础设施、户籍制度、政府资金支持以及市场化程度所发挥的作用。

基于此，构建空间滞后模型（SLM）和空间误差模型（SEM）如下：

$$innov_{it} = \delta_0 + \rho Winnov_{it} + \beta_1 pf_{it} + \beta_2 cf_{it} + \beta_3 \ln p_{it} + \beta_4 \ln rdk_{it} + \beta_5 X_{it} + \varepsilon_{it} \tag{3-3}$$

$$innov_{it} = \delta_0 + \beta_1 pf_{it} + \beta_2 cf_{it} + \beta_3 \ln p_{it} + \beta_4 \ln rdk_{it} + \beta_5 X_{it} + \varepsilon_{it}$$

$$\varepsilon_{it} = \lambda W \varepsilon_{it} + \mu_{it} \tag{3-4}$$

其中，被解释变量 $innov_{it}$ 为第 i 个省份在第 t 年的区域创新能力，而专利授权量是体现区域创新能力的重要指标（吴超鹏和唐茹，2016）。为此，本书选择区域专利授权量占全国整体授权量的比重表征区域创新能力。pf_{it} 为第 i 个省份在第 t 年研发人员流动量，cf_{it} 为第 i 个省份在第 t 年研发资本流动量。$\ln p_{it}$ 代表第 i 个省份在第 t 年的研发人员，$\ln rdk_{it}$ 代表第 i 个省份在第 t 年的研发资本。X_{it} 为控制变量的合集，δ_0 代表不随个体变化的截距项，β_i 代表各解释变量的估计系数，W 代表权重矩阵，μ_{it}、ε_{it} 代表随机误差项。

控制变量选取如下：①城镇化水平（ub）。杨维等（2019）认为城镇化会通过规模效应、技术溢出效应、节约交易费用等影响创新产出。为此，采用各地非农人口占总人口的比重表征（董直庆和王辉，2019）。②政府主导（gov）。由于区域创新能力具有空间外部性，政府主导将会发挥重要作用（Arrow，1971），但对于政府主导的作用并未得到一致结论（Mansfiled 和 Switzer；2017）。在此采用财政收入占GDP的比重表征（曾艺等，2019）。③贸易开放度（$open$）。黄凌云和张宽（2020）基于城市面板数据，检验贸易开放对于城市创新能力的影响，结果发现贸易开放通过产业结构升级，激励城市创新能力的提高。基于此，采用进出口贸易总额占GDP的比重表征（杨博等，2018）。

对于空间权重矩阵的选择，由于检验创新要素流动对于区域创新能力的影

响，参考董直庆等（2020）的做法，构建人力资本空间权重矩阵（$W1$）和研发投入空间权重矩阵（$W2$），构建方法如下：$W1 = W \times H$，$W2 = W \times R$，其中，W 代表空间邻接矩阵，$W1$ 和 $W2$ 同时考虑了地理和研发要素的空间相关性。其中，H、R 矩阵的主对角线元素均为 0，而 $H_{ij} = \dfrac{1}{|\overline{H}_i - \overline{H}_j|}$，$R_{ij} = \dfrac{1}{|\overline{R}_i - \overline{R}_j|}$，$\overline{H}_i = \sum\limits_{t=t_0}^{t_1} H_{it}/(t_1 - t_0 + 1)$，

$\overline{R}_i = \sum\limits_{t=t_0}^{t_1} R_{it}/(t_1 - t_0 + 1)$ 分别代表从 t_o 到 t_1 人力资本和研发投入的均值。H_{it} 为以受教育年限法测算的人力资本存量，而 R_{it} 代表研发投入。考虑到经济发展水平的空间相关性，参考邵帅等（2016）选择经济距离权重矩阵（$W3$）作为稳健性检验，其中非主对角线上的元素用样本期内 i 地区人均 GDP 的均值与 j 地区人均 GDP 的均值差值绝对值的倒数表征。

在运用空间计量模型之前，需要考察样本期内区域创新能力是否存在空间关联性。为此，首先采用莫兰指数进行相关性检验，其中莫兰指数的计算方法如下：

$$\text{Moran's I} = \frac{\sum_{i=1}^{n} \sum_{j=1}^{n} w_{ij}(x_i - \overline{x})(x_j - \overline{x})}{s^2 \sum_{i=1}^{n} \sum_{j=1}^{n} w_{ij}} \tag{3-5}$$

其中，n 是区域个数，w_{ij} 是为空间权重矩阵 W 中的元素。设定距离空间权重矩阵 W 主对角线上的元素为 0，非主对角线上的元素设置为 $1/d_{ij}^2$。x_i，x_j 分别是区域 i 和区域 j 变量的取值。s^2 表示 30 个省份 x 的方差，$\overline{x}$ 为 30 个省份 x 的均值。

表 3-1 结果显示，在样本期 2000~2017 年，区域创新能力的全局莫兰指数（Moran's I）均保持 1% 的显著性为正，区域创新能力呈现出显著正向空间相关性，表明忽视区域创新能力的空间相关性，可能会引致模型的偏误，采用空间计量模型具有合理性。

表 3-1　区域创新能力的全局空间莫兰指数

年份	Moran	Z	P	年份	Moran	Z	P
2000	0.257***	1.900	0.057	2009	0.293***	4.087	0.000
2001	0.209***	2.626	0.009	2010	0.293***	4.111	0.000
2002	0.188***	2.929	0.003	2011	0.303***	4.456	0.000

续表

年份	Moran	Z	P	年份	Moran	Z	P
2003	0.179***	5.111	0.000	2012	0.312***	4.642	0.000
2004	0.192***	3.210	0.001	2013	0.330***	4.667	0.000
2005	0.190***	3.269	0.001	2014	0.327***	4.512	0.000
2006	0.215***	3.167	0.002	2015	0.310***	4.283	0.000
2007	0.244***	2.926	0.003	2016	0.286***	3.985	0.000
2008	0.275***	3.865	0.000	2017	0.226***	3.387	0.001

注：括号内数字为统计的标准误差，***、**、*分别表示在1%、5%、10%的水平下显著。

二、本地依赖与外地吸引的检验：全国层面的分析

为考察不同类型创新要素的影响，首先在人力资本空间权重矩阵（$W1$）、研发投入空间权重矩阵（$W2$）、经济距离空间权重矩阵（$W3$）下，分别建立空间面板滞后模型（SLM）与空间面板误差模型（SEM），借以探究区域创新能力是依赖于本地创新要素还是靠外地吸引，检验结果如表3-2所示。

表3-2的结果显示，在空间面板模型 SLM、SEM 中，在三种权重矩阵下，研发资本流动（cf）、研发人员流动（pf）、研发人员（$\ln pi$）的系数为正且保持5%以上的显著性水平，但本地研发资本（$\ln rdk$）的系数为正却不显著。这表明创新要素空间流动对区域创新能力的影响显著性更高，外地吸引的效果甚至强于本地依赖。可能的原因是，研发人员的空间流动促进知识的传播和扩散，形成知识溢出效应，提升流入地的创新能力。同时，若创新要素能够在空间范围内自由与充分流动，会配置到更需要和更具生产力的地区，并与当地的创新要素错位互补形成协同创新效应，促进地区创新能力的提升。

在控制变量的作用方面，城镇化水平（ub）的系数保持1%的显著性水平，表明城镇化水平会增强区域创新能力。而贸易开放度（$open$）的系数在1%的显著性水平上为正，表明贸易开放会有助于吸收国外先进技术，在一定程度上激励区域创新能力，提升本国创新能力。政府主导（gov）的系数为正且并不显著，可能是源于在中国分权式体制下，政府主导可能会削弱经济活力，进而无法有效提升创新能力。上文研究表明，区域创新能力的提升不仅依赖于本地的研发人员，也依赖于外地研发人员与研发资本的流入。同时，基础设施、户籍制度、研

发补贴、市场化程度在要素流动的过程中扮演重要角色（余泳泽等，2019；夏怡然和陆铭，2015）。那么，一个自然的问题是，在创新要素流动的过程中，基础设施建设、户籍制度、研发补贴、市场化进程又是如何影响区域创新能力的？为此，构建各研发要素流动量与基础设施建设、户籍制度、研发补贴、市场化进程等的交互项，探究其在研发要素空间流动的区域创新效应中发挥的作用。

表 3-2　创新要素对区域创新能力的影响

	SLM	SLM	SLM	SEM	SEM	SEM
	W1	W2	W3	W1	W2	W3
pf	0. 1692 ***	0. 1574 ***	0. 1514 ***	0. 1642 ***	0. 1526 ***	0. 1781 ***
	（0. 0227）	（0. 0234）	（0. 0239）	（0. 0221）	（0. 0233）	（0. 0265）
cf	0. 3846 ***	0. 3899 ***	0. 3875 ***	0. 3811 ***	0. 3943 ***	0. 3842 ***
	（0. 0804）	（0. 0808）	（0. 0803）	（0. 0805）	（0. 0807）	（0. 0803）
lnpi	0. 0090 **	0. 0102 **	0. 0086 **	0. 0089 **	0. 0114 **	0. 0089 **
	（0. 0034）	（0. 0036）	（0. 0034）	（0. 0034）	（0. 0036）	（0. 0034）
lnrdk	0. 0020	0. 0009	0. 0021	0. 0018	0. 0001	0. 0017
	（0. 0034）	（0. 0035）	（0. 0034）	（0. 0034）	（0. 0035）	（0. 0034）
ub	0. 1419 ***	0. 1460 ***	0. 1467 ***	0. 1405 ***	0. 1469 ***	0. 1410 ***
	（0. 0245）	（0. 0247）	（0. 0246）	（0. 0246）	（0. 0247）	（0. 0245）
open	0. 0258 ***	0. 0253 ***	0. 0231 ***	0. 0257 ***	0. 0262 ***	0. 0267 ***
	（0. 0057）	（0. 0056）	（0. 0058）	（0. 0057）	（0. 0057）	（0. 0058）
gov	0. 0400	0. 0497	0. 0346	0. 0373	0. 0468	0. 0414
	（0. 0589）	（0. 0596）	（0. 0589）	（0. 0593）	（0. 0589）	（0. 0591）
sigma2_e	0. 0001 ***	0. 0001 ***	0. 0001 ***	0. 0001 ***	0. 0001 ***	0. 0001 ***
	（0. 0000）	（0. 0000）	（0. 0000）	（0. 0000）	（0. 0000）	（0. 0000）
N	540	540	540	540	540	540
R^2	0. 300	0. 291	0. 285	0. 282	0. 288	0. 279

注：括号内数字为统计的标准误差，***、**、*分别表示在1%、5%、10%的水平下显著。

首先，劳动力的流动往往以基础设施为载体，为此首先引入研发人员流动与基础设施的交互项（pf×trs），探究基础设施在研发人员流动中所发挥的作用。其中基础设施（trs）参考樊纲等（2011）的思路，将各省铁路按照 14∶7 的比例折算后与标准公路里程合并，再与各省的面积之比来衡量基础设施状况，数据源于各省市统计年鉴。表 3-3 的结果显示，在两种回归方法，不同的权重矩阵下，研发人员流动与基础设施的交互项（pf×trs）的系数在 1% 的显著性水平上为正，证实基础设施在研发人员流动创新效应的外地吸引中存在激励作用。可能的原因是，铁路等基础设施的建设有利于缩短区域之间的时空距离，降低研发人员流动的成本并提高研发人员的流动频率。

表 3-3　基于基础设施的研发人员流动的调节效应检验（一）

	SLM	SLM	SLM	SEM	SEM	SEM
	$W1$	$W2$	$W3$	$W1$	$W2$	$W3$
pf	0.1967 ***	0.1688 ***	0.1537 ***	0.1827 ***	0.1689 ***	0.1750 ***
	(0.0233)	(0.0239)	(0.0241)	(0.0227)	(0.0215)	(0.0264)
$pf×trs$	0.0163 ***	0.0208 ***	0.0220 ***	0.0195 ***	0.0224 ***	0.0207 ***
	(0.0049)	(0.0050)	(0.0048)	(0.0048)	(0.0049)	(0.0049)
$lnpi$	0.0060 **	0.0112 ***	0.0111 ***	0.0095 ***	0.0111 ***	0.0111 ***
	(0.0028)	(0.0027)	(0.0026)	(0.0027)	(0.0025)	(0.0026)
ub	0.0385 **	0.0412 **	0.0440 **	0.0378 **	0.0349 *	0.0406 **
	(0.0188)	(0.0190)	(0.0187)	(0.0186)	(0.0189)	(0.0188)
$open$	0.0229 ***	0.0261 ***	0.0233 ***	0.0237 ***	0.0272 ***	0.0269 ***
	(0.0057)	(0.0057)	(0.0058)	(0.0056)	(0.0057)	(0.0060)
gov	0.0147	0.0117	0.0016	0.0128	0.0030	0.0118
	(0.0584)	(0.0597)	(0.0583)	(0.0566)	(0.0586)	(0.0585)
sigma2_e	0.0001 ***	0.0001 ***	0.0001 ***	0.0001 ***	0.0001 ***	0.0001 ***
	(0.0000)	(0.0000)	(0.0000)	(0.0000)	(0.0000)	(0.0000)
N	540	540	540	540	540	540
R^2	0.320	0.295	0.294	0.279	0.295	0.294

注：括号内数字为统计的标准误差，***、**、* 分别表示在 1%、5%、10% 的水平下显著。

其次，除基础设施外，劳动力流动往往受制于户籍制度，中国的户籍制度不仅会影响外来的劳动力享受流入地的公共服务，而且会使外来人口子女入学受到限制。因此，户籍制度的放松会更有利于劳动力自由流动（王丽艳等，2017）。那么，户籍制度是否会对研发人员流动产生影响呢？为此，引入研发人员流动与户籍管制的交互项（pf×hj），探究户籍管制对于研发人员流动创新效应的影响。

其中户籍管制的指标（*hj*）参考李拓等（2016）的方法，采用各地区常住人口中非户籍人口的比重，表征户籍管制程度。表3-4数据显示，在两种回归方法，不同的权重矩阵下，研发人员流动与户籍管制的交互项（*pf×hj*）的系数至少在5%的显著性水平上为负。这表明户籍管制会约束研发人员流动对区域创新的正向激励作用。即户籍管制会阻碍研发人员之间的跨地区跨部门流动（董直庆等，2019），进而抑制地区创新能力的提升。同时，也间接说明各地区为吸引高层次、高质量的创新人才流入，提供落户保障将会起到激励地区创新的效果。

表3-4　基于户籍制度的研发人员流动的调节效应检验（二）

	SLM	SLM	SLM	SEM	SEM	SEM
	W1	*W2*	*W3*	*W1*	*W2*	*W3*
pf	0.2515***	0.2297***	0.2277***	0.2418***	0.2392***	0.2300***
	(0.0298)	(0.0308)	(0.0296)	(0.0300)	(0.0287)	(0.0309)
pf×hj	−0.2269**	−0.2779***	−0.3295***	−0.2557***	−0.2971***	−0.3111***
	(0.0694)	(0.0689)	(0.0704)	(0.0704)	(0.0679)	(0.0760)
ln*pi*	0.0049*	0.0105***	0.0096***	0.0078**	0.0096***	0.0096***
	(0.0028)	(0.0027)	(0.0026)	(0.0028)	(0.0026)	(0.0027)
ub	0.0277	0.0304	0.0282	0.0285	0.0234	0.0265
	(0.0200)	(0.0201)	(0.0198)	(0.0199)	(0.0200)	(0.0200)
open	0.0198***	0.0226***	0.0177**	0.0202***	0.0231***	0.0198**
	(0.0059)	(0.0059)	(0.0061)	(0.0059)	(0.0059)	(0.0067)
gov	0.0778	0.0983	0.0889	0.0806	0.0917	0.0930
	(0.0604)	(0.0611)	(0.0598)	(0.0591)	(0.0604)	(0.0601)
sigma2_e	0.0001***	0.0001***	0.0001***	0.0001***	0.0001***	0.0001***
	(0.0000)	(0.0000)	(0.0000)	(0.0000)	(0.0000)	(0.0000)
N	540	540	540	540	540	540
R²	0.322	0.327	0.296	0.286	0.315	0.309

注：括号内数字为统计的标准误差，***、**、*分别表示在1%、5%、10%的水平下显著。

　　再次，研发补贴往往是研发资本跨区域流动的重要影响因素。为此，引入研发资本流动与研发补贴的交互项（*cf×bt*），探究研发补贴对研发资本和创新能力的影响。其中研发补贴（*bt*）的指标参考董直庆等（2019）的方法，采用政府研发资金占整个研发经费的比重表征。表 3-5 结果显示，用两种回归方法，在不同的权重矩阵下，研发资本流动和研发补贴的交互项（$cf×bt$）系数为负但并不显著。表明，虽然研发补贴对创新活动和创新能力提升具有助推的作用，可以缓解研发资金压力，但却无法有效激励流入的研发资本，通过企业创新活动产生创新成果，原因是研发补贴政策有助于激励本地研发资本，或企业通过寻租等方式获取研发补贴，损害研发补贴政策实施的效果（张志昌和任淮秀，2020）。

表 3-5 基于研发补贴的研发资本流动调节效应检验（三）

	SLM	SLM	SLM	SEM	SEM	SEM
	$W1$	$W2$	$W3$	$W1$	$W2$	$W3$
cf	0.3203	0.3756	0.5754**	0.3374	0.3670	0.7459**
	(0.2432)	(0.2438)	(0.2441)	(0.2435)	(0.2429)	(0.2444)
$cf×bt$	−0.0253	−0.1692	−0.9691	−0.1062	−0.1200	−1.5758
	(0.9572)	(0.9586)	(0.9600)	(0.9492)	(0.9539)	(0.9620)
$lnrdk$	0.0062**	0.0085**	0.0079**	0.0088**	0.0087**	0.0060**
	(0.0030)	(0.0030)	(0.0029)	(0.0030)	(0.0030)	(0.0030)
ub	0.1417***	0.1535***	0.1449***	0.1384***	0.1562***	0.1424***
	(0.0298)	(0.0298)	(0.0291)	(0.0292)	(0.0299)	(0.0296)
$open$	0.0135**	0.0174**	0.0132**	0.0143**	0.0180**	0.0126**
	(0.0059)	(0.0059)	(0.0058)	(0.0058)	(0.0059)	(0.0061)
gov	0.1641**	0.1888**	0.1383**	0.1610**	0.1831**	0.1174**
	(0.0597)	(0.0605)	(0.0588)	(0.0584)	(0.0596)	(0.0583)
$sigma2\_e$	0.0002***	0.0002***	0.0002***	0.0002***	0.0002***	0.0002***
	(0.0000)	(0.0000)	(0.0000)	(0.0000)	(0.0000)	(0.0000)
N	540	540	540	540	540	540
R^2	0.288	0.280	0.296	0.273	0.269	0.286

注：括号内数字为统计的标准误差，***、**、*分别表示在1%、5%、10%的水平下显著。

最后，区别于研发补贴的政府干预形式，市场化程度高低直接影响资源配置效率，对企业创新的影响尤为重要（樊纲等，2003）。因此，在研发资本流动过程中，市场化程度能否加速研发资本的流动，进而有效激励区域创新？基于此，本节进一步引入市场化程度和研发资本的交互项（$cf×mkt$），探究市场化程度对于研发资本流动区域创新效应的影响，其中市场化指标参考王小鲁等（2016）市场化指数报告，缺失年份数据以插值法补全。

表3-6结果显示，用两种回归方法，在不同的权重矩阵下，研发资本流动和市场化程度的交互项（$cf \times mkt$）系数在1%的显著性水平上为正。结果表明，市场化进程会加快研发资本的流动，进而在整体上提升区域创新水平。可能的原因是，市场化进程加剧了企业竞争，倒逼企业提高资源配置效率，最大化提高研发资本的利用效率。此外，市场化程度高的地区，法律制度相对完善，市场中介组织发达，可以提高企业的知识产权保护力度，使创新成果得到有效保障，激励企业提高创新的质量和效率，加快创新成果积累。

表3-6 基于市场化程度的研发资本流动调节效应检验（四）

	SLM	SLM	SLM	SEM	SEM	SEM
	$W1$	$W2$	$W3$	$W1$	$W2$	$W3$
cf	0.3733 ***	0.3834 ***	0.3945 ***	0.3727 ***	0.3842 ***	0.3993 ***
	（0.0850）	（0.0824）	（0.0807）	（0.0810）	（0.0823）	（0.0813）
$cf \times mkt$	0.0083 ***	0.0072 ***	0.0072 ***	0.0079 ***	0.0071 ***	0.0068 ***
	（0.0012）	（0.0012）	（0.0011）	（0.0011）	（0.0012）	（0.0011）
$lnrdk$	0.0066 **	0.0090 ***	0.0092 ***	0.0090 ***	0.0090 ***	0.0084 **
	（0.0028）	（0.0027）	（0.0026）	（0.0026）	（0.0027）	（0.0027）
ub	0.1382 ***	0.1504 ***	0.1553 ***	0.1331 ***	0.1514 ***	0.1550 ***
	（0.0260）	（0.0252）	（0.0246）	（0.0248）	（0.0252）	（0.0250）
$open$	0.0129 **	0.0166 **	0.0128 **	0.0135 **	0.0174 **	0.0132 **
	（0.0059）	（0.0057）	（0.0056）	（0.0056）	（0.0057）	（0.0059）
gov	0.1426 **	0.1621 **	0.1166 **	0.1404 **	0.1625 **	0.1088 *
	（0.0593）	（0.0583）	（0.0568）	（0.0556）	（0.0576）	（0.0570）
sigma2_e	0.0002 ***	0.0002 ***	0.0001 ***	0.0001 ***	0.0002 ***	0.0001 ***
	（0.0000）	（0.0000）	（0.0000）	（0.0000）	（0.0000）	（0.0000）
N	540	540	540	540	540	540
R^2	0.388	0.349	0.341	0.351	0.338	0.334

注：括号内数字为统计的标准误差，***、**、*分别表示在1%、5%、10%的水平下显著。

三、本地依赖与外地吸引的检验：东北地区与其他地区的对比分析

在区域发展不平衡的背景下，创新水平也存在"东高西低、南强北弱"的区域格局（徐鹏杰和黄少安，2020）。创新要素流动是不是产生这种格局的关键性因素？采用引入地区虚拟变量的方法[①]，将全国划分为东北、东部、中部与西部地区四个区域，探究东北地区与其他地区创新要素流动对区域创新能力影响的异质性特征。

表 3-7　东北地区与其他地区创新要素流动对区域创新能力影响的对比检验

	东北地区		东部地区		中部地区		西部地区	
	SLM	SEM	SLM	SEM	SLM	SEM	SLM	SEM
pf	−11.857**	−10.740**	8.528**	7.232**	−0.025	−1.333	−17.847*	−34.134***
	(5.1867)	(5.1436)	(2.6516)	(2.4649)	(3.4434)	(3.4106)	(9.3645)	(8.9212)
cf	0.1149	0.1077	4.4541**	4.8909**	0.3026	0.2734	−1.6487	−0.1711
	(0.0711)	(0.0695)	(1.5866)	(1.4968)	(0.8792)	(0.8814)	(2.5914)	(2.5244)
ub	0.0663***	0.0613***	0.0905***	0.0954***	0.0349**	0.0331**	0.0340**	0.0376**
	(0.0156)	(0.0156)	(0.0186)	(0.0178)	(0.0131)	(0.0125)	(0.0117)	(0.0126)
open	0.0229***	0.0202***	0.0368***	0.0376***	0.0239***	0.0199***	0.0196***	0.0238***
	(0.0052)	(0.0053)	(0.0068)	(0.0065)	(0.0056)	(0.0049)	(0.0049)	(0.0052)
gov	0.0046	0.0140	0.0689	0.0782	−0.0434	0.0061	0.0079	−0.0271
	(0.0456)	(0.0450)	(0.0610)	(0.0580)	(0.0414)	(0.0395)	(0.0397)	(0.0407)
sigma2_e	0.0002***	0.0002***	0.0002***	0.0002***	0.0002***	0.0002***	0.0002***	0.0002***
	(0.0000)	(0.0000)	(0.0000)	(0.0000)	(0.0000)	(0.0000)	(0.0000)	(0.0000)
N	540	540	540	540	540	540	540	540
R^2	0.330	0.322	0.276	0.248	0.019	0.324	0.316	0.363

注：括号内数字为统计的标准误差，***、**、*分别表示在1%、5%、10%的水平下显著，由于是通过引入交互项的方式探究异质性，因此样本容量并未改变。

表 3-7 结果显示，一是东北研发人员流动（*pf*×D4）的系数在5%的显著性

---

① 我国的经济区域划分为东部、中部、西部和东北四大地区。东北地区包括辽宁、吉林、黑龙江；东部地区包括北京、天津、河北、上海、江苏、浙江、福建、山东、广东、海南；中部地区包括山西、安徽、江西、河南、湖北、湖南；西部地区包括内蒙古、广西、重庆、四川、贵州、云南、西藏、陕西、甘肃、青海、宁夏、新疆。

水平上为负，而研发资本流动（$cf \times D4$）的系数表现为正向作用但并不显著。表明与西北地区类似，东北地区研发人员流动在一定程度上削弱了地区创新水平。近年来，中国经济已全面进入新常态，东北经济出现"板块塌陷"和"断崖式"下跌状况，劳动力和创新人才外流严重，经济结构转型举步维艰。因此，东北地区需要大力引进高科技人才，全面推进"东北振兴计划"，吸引研发资本涌入提高创新活力，推动产业结构转型与经济持续增长。二是东部研发资本流动（$pf \times D1$）与研发人员流动（$cf \times D1$）的系数在5%的水平上显著为正，表明东部创新能力提升得益于研发人员流动与研发资本流动的"双驱动"作用。东部沿海省份基于地理区位、经济条件与创新环境等方面的优势，会吸引其他地区的研发人员和研发资本涌入，在东部地区形成集聚提升地区创新能力。三是中部地区研发人员流动（$pf \times D2$）与研发资本流动（$cf \times D2$）均表现为正向作用但不显著，表明中部地区创新要素流动较弱，这可能与中部地区的资源禀赋、经济发展水平和区位等因素相关。四是西部研发资本流动（$cf \times D3$）的系数呈负但不显著；而研发人员流动（$cf \times D3$）的系数至少在10%的显著性水平上为负。表明西部研发人员流动与研发资本流动在一定程度上均显著削弱本地的创新水平，可能的原因是西部地区往往是创新要素的流出地，研发人员的流出削弱了地区创新能力。现阶段通过市场机制难以激励西部地区的创新要素集聚，因此需要通过政策倾斜，发挥政府对于创新活动的调节作用。

上文证实了创新要素空间流动对区域创新能力的提升具有异质性的影响，是形成"东高西低、南强北弱"创新格局的重要因素，那么更进一步，我们想知道，在各区域内，不同的调节因素在研发要素流动对创新能力影响的过程中，又是如何发挥作用的。为此，本书对于创新要素流动的调节作用进行了分区域检验，检验结果如表3-8所示。结果显示，东部地区的研发人员流动与基础设施的交互项（$pf \times lntrs$）在1%的显著性水平上为正，中部地区的研发人员流动与基础设施的交互项（$pf \times lntrs$）在5%的显著性水平上为正，而西部与东北地区并不显著。结果表明，东中部地区基础设施的完善加快了研发人员的流动，发达的交通网络助推了创新水平的提升。而对东北地区和西部地区而言，仅仅依靠基础设施的改善，并不能有效提升创新水平。而东部地区研发人员流动与户籍管制的交互项（$pf \times hj$）在1%的显著性水平上为负，中部地区和西部地区并不显著，而东北地区在10%的显著性水平上为正。结果表明，东部地区的户籍管制在一定程度上削弱了研发人员对于创新水平提升的促进作用，这种户籍壁垒会削弱研发人员的创新动力。而相比中西部地区，东北地区具有较强的工业基础，在经济转型升级过程中，可以积极依靠降低落户门槛的方式，吸引研发人员涌入，提升创新能力。

表3-8 分地区研发人员流动对区域创新能力影响的调节效应检验

	东北地区	东部地区	中部地区	西部地区	东北地区	东部地区	中部地区	西部地区
pf	−11.381**	14.515***	0.6093	−34.410***	−8.537	24.766***	1.717	−34.173***
	(5.192)	(1.912)	(2.901)	(8.808)	(5.196)	(2.739)	(3.008)	(8.764)
pf×lntrs	0.004	0.025***	0.016**	0.000				
	(0.003)	(0.0051)	(0.0053)	(0.0034)				
pf×hj					0.1087*	−0.4811***	0.0510	0.0073
					(0.0567)	(0.0785)	(0.0584)	(0.0554)
ub	0.0441**	0.0762***	0.0796***	0.0360**	0.0613***	0.0611***	0.1023***	0.0381**
	(0.0166)	(0.0189)	(0.0203)	(0.0164)	(0.0142)	(0.0191)	(0.0202)	(0.0132)
open	0.0225***	0.0271***	0.0170**	0.0237***	0.0255***	0.0231***	0.0224***	0.0240***
	(0.0053)	(0.0058)	(0.0060)	(0.0053)	(0.0053)	(0.0059)	(0.0063)	(0.0054)
gov	0.0113	0.0395	0.1557**	−0.0299	−0.0024	0.1683**	0.1516**	−0.0294
	(0.0464)	(0.0604)	(0.0616)	(0.0459)	(0.0459)	(0.0611)	(0.0658)	(0.0452)
N	540	540	540	540	540	540	540	540
R^2	0.359	0.246	0.221	0.369	0.318	0.288	0.220	0.363

注：括号内数字为统计的标准误差，***、**、*分别表示在1%、5%、10%的水平下显著。

表3-9结果显示，只有在东部地区，研发资本流动与研发补贴的交互项（cf×bt）在1%的显著性水平上为正，而在其余地区并不显著。这表明在东部地区，研发补贴有利于提升企业的创新能力，可能的原因是，东部地区是研发资本的集聚"高地"，创新资本较为充足，而研发补贴对于已有研发资本具有激励作用，可以放大企业的投资杠杆，形成创新的规模效应，因此东部地区的研发补贴政策创新效果较好，而其余地区研发补贴的作用并未有效发挥。研发资本流动与市场化程度的交互项（cf×mkt），在各区域均在1%显著性水平上为正，且东北地区的系数值最大，可能的原因是，市场化程度越高，越有助于创新要素空间流动和优化配置，而这种效应在东北地区最为显著。

表3-9　分地区研发资本流动对区域创新能力影响的调节效应检验

	东北地区	东部地区	中部地区	西部地区	东北地区	东部地区	中部地区	西部地区
cf	−0.2862	8.5977***	2.3986	−2.2617	0.4187***	7.5636***	1.1234	0.7805
	(0.5864)	(1.1089)	(1.5828)	(10.0895)	(0.0804)	(1.1162)	(1.5186)	(8.7646)
cf×bt	2.4147	1.5503***	2.9681	1.9031				
	(2.1628)	(0.3198)	(1.9014)	(4.8205)				
cf×mkt					0.0072***	0.0054***	0.0063***	0.0064***
					(0.0012)	(0.0012)	(0.0012)	(0.0012)
ub	0.1760***	0.1951***	0.1000***	0.1018***	0.1703***	0.0842***	0.0839***	0.0865***
	(0.0253)	(0.0272)	(0.0196)	(0.0201)	(0.0244)	(0.0179)	(0.0190)	(0.0189)
open	0.0150**	0.0398***	0.0192**	0.0205***	0.0145**	0.0417***	0.0198***	0.0205***
	(0.0060)	(0.0064)	(0.0060)	(0.0060)	(0.0058)	(0.0064)	(0.0059)	(0.0058)
gov	0.1821**	0.1090*	0.1782**	0.1767**	0.1553**	0.1010*	0.1463**	0.1488**
	(0.0610)	(0.0583)	(0.0622)	(0.0650)	(0.0591)	(0.0585)	(0.0606)	(0.0618)
N	540	540	540	540	540	540	540	540
R^2	0.179	0.231	0.071	0.229	0.282	0.271	0.306	0.334

注：括号内数字为统计的标准误差，＊＊＊、＊＊、＊分别表示在1%、5%、10%的水平下显著。

第二节　创新资本流动、机器设备与创新集聚效应

一、计量模型的构建

作为重要创新要素的研发资本在不同区域间的流动，既有助于资源在地理空间上的优化配置，也能促进地区创新要素集聚，带来创新集聚效应。与此同时，设备投资是经济增长的重要因素，创新资本在区际间的流动可能会通过机器设备投资及设备更新改造等物质载体的形式，参与到创新活动中，进而提升区域创新能力和集聚水平。为此，利用中国30个省级地区的面板数据，从创新集聚数量和创新集聚质量两个视角，探究不同区域创新资本流动的创新集聚效应，检验机器设备在其中的载体作用，以及创新资本用于新设备投资和设备更新改造，所蕴

含的物化型技术进步与创新集聚的关系。

构建如下的计量模型：

$$qwspatent_{it} = \beta_0 + \beta_1 rcf_{it} + \sum \alpha X_{it} + \gamma_t + \lambda_i + \varepsilon_{it} \qquad (3-6)$$

其中，$qwspatent_{it}$ 为地区 i 第 t 年份的创新集聚水平，rcf_{it} 为创新资本流动量，X_{it} 为控制变量集合；γ_t 为时间趋势因素；λ_i 为地区因素；ε_{it} 为随机误差项。

为了检验机器设备投资在创新资本流动对创新集聚影响过程中的载体作用，本节构建如下中介效应模型：

$$\ln me_{it} = \beta_0 + \alpha_1 rcf_{it} + \sum \alpha X_{it} + \gamma_t + \lambda_i + \varepsilon_{it} \qquad (3-7)$$

$$qwspatent_{it} = \beta_0 + \gamma_1 rcf_{it} + \theta_1 \ln me_{it} + \sum \alpha X_{it} + \gamma_t + \lambda_i + \varepsilon_{it} \qquad (3-8)$$

其中，i 为地区，t 为时间，$\ln me_{it}$ 为中介变量，根据中介效应定义，若 α_1、γ_1 以及 θ_1 都显著，并且 γ_1 小于 α_1 或者显著度下降，则证明中介效应存在，若 γ_1 和 θ_1 中至少有一个不显著时，需进一步通过 Sobel 检验判断中介效应的存在性。

核心解释变量创新资本流动指标（rcf），利用引力模型对地区创新资本流动进行测算。创新资本的流动受到地区多种因素的影响，选择工业企业的平均利润（$profit$）和金融发展水平（$finance$）作为地区创新资本流动的吸引变量。而对于金融发展水平，采用非国有部门贷款的比例来衡量地区的金融发展水平。具体计算公式为：非国有部门贷款比重=（总贷款/GDP）×（1-国有企业固定投资额/全社会固定投资总额）。而对于各地区的创新资本，利用各地区 R&D 经费支出，并采用永续盘存法将其核算为存量形式。被解释变量创新集聚指标（$qwspatent$），利用地区创新集聚的区位熵来衡量，创新集聚区位熵的具体计算公式为：地区专利占比/地区 GDP 占比。由于发明专利与实用新型、外观设计两类专利相比，难度最大和技术含量最高，因而采用总专利中的发明专利占比来度量创新集聚质量（$qwsipatent$），计算公式为：地区发明专利占比/地区 GDP 占比。

中介变量机器设备投资指标（$\ln me$），采用固定资产投资中按构成和建设性质分类下的固定资产投资（不含农户）设备、工器具购置的自然对数来表征。在机器设备投资中蕴含前沿技术即物化型技术，将对区域创新集聚发挥举足轻重的作用。本节参考宋冬林等（2011）、蔡啸（2019）的研究思路，利用设备资本价格指数来表征物化型技术进步，选取"设备工器具购置固定资产投资价格指数/建筑安装工程固定资产投资价格指数"构建物化型技术相对价格指数，并用物化型技术相对价格指数的倒数来表征物化型技术进步（*whtech*）。

一般而言，影响区域创新集聚的因素较多，为防止遗漏解释变量可能造成模型估计结果的偏差，在计量模型中引入研发人员数量、经济发展水平、对外开放程度、政府支持、技术市场发展水平、教育水平、文化基础设施、城镇化水平等控制变量。具体包括：①研发人员数（ln*rdp*）：研发人员是区域创新水平和创新集聚的重要影响因素，本节取研发人员数量的自然对数值。②经济发展水平（*pg-dp*）：经济发展水平较高的地区往往会对各种创新要素的吸引作用更强，更有利于提升区域创新能力，本节通过人均 GDP 的自然对数来表征地区的经济发展水平。③对外开放程度（*fdi*）：利用外商直接投资额的自然对数进行衡量，区域对外开放程度的提升有利于外资的进入，为地区发展带来雄厚的资金支持，促进地区创新水平的提高。但已有研究也发现，随着区域对外开放程度的提升以及外资进入门槛的降低，可能会挤压本土企业的自主研发和创新。④政府支持（*gov*）：利用政府一般财政预算支出的自然对数值表征。在创新过程中，政府政策有助于激发创新活力、提高创新资源的配置效率和保护创新成果，为此需要考察政府在财政上的倾斜与支持力度对区域创新的作用。⑤技术市场发展水平（*tecmarket*）：技术市场包括从技术商品的研制开发到应用、转化、产业化和流通的全过程，技术市场的发展有利于区域科技创新、成果转化、产业化发展，技术市场成交额能够反映一个地区科技创新与转化能力，本节通过技术市场成交额的自然对数值衡量技术市场发展水平。⑥教育水平（*edufund*）：教育对人力资本积累和研发等方面具有促进作用，并且地区高等学校作为创新主体同样对区域创新具有重要作用，本节通过教育经费支出的自然对数值衡量区域教育水平。⑦文化基础设施（*library*）：文化基础设施是区域创新环境的基础条件，良好的公共学习环境有利于区域的创新发展，本节通过地区公共图书馆数量的自然对数值进行表征。⑧城镇化水平（*czrk*）：城镇化发展会推进地区工业化发展与产业集聚，吸引更多高质量的人力资本，本节通过非农人口占总人口的比重来衡量地区的城镇化水平。

本节所使用的数据来自 2005~2018 年各省统计年鉴、《中国科技统计年鉴》、《工业企业科技活动统计年鉴》、CSMAR 数据库、CEIC 数据库和国家统计局网站，选取了中国 30 个省级地区为考察对象，由于西藏数据不全不予考虑。

二、创新资本流动、机器设备与创新集聚数量

根据上述计量模型，本节首先实证检验创新资本流动对创新集聚的影响，回

归结果如表3-10所示。由列（1）可以发现，在控制地区效应和时间效应后，全国层面创新资本流动对创新集聚水平的提升具有很强的促进作用，且在1%的水平上显著。其次，由于不同经济区域存在样本量上的差异，直接进行分样本的回归将导致估计结果不具有可比性。因此，本节通过构造四大经济区的虚拟变量，将区域虚拟变量与创新资本流动的交乘项作为核心解释变量进行回归，借以分析东北地区与其他区域创新资本流动对创新集聚的影响。

表3-10　创新资本流动对创新集聚影响的实证结果

变量	（1）全国 qwspatent	（2）东北地区 qwspatent	（3）东部地区 qwspatent	（4）中部地区 qwspatent	（5）西部地区 qwspatent
rcf	0.1543*** (0.0203)				
东北地区×rcf		-0.2647*** (0.1000)			
东部地区×rcf			0.1246*** (0.0209)		
中部地区×rcf				0.0511** (0.0214)	
西部地区×rcf					-0.0479 (0.0496)
lnrdp	0.1272** (0.0517)	0.2295*** (0.0536)	0.1399** (0.0541)	0.2496*** (0.0521)	0.2528*** (0.0552)
pgdp	-0.4340*** (0.1412)	-0.3479** (0.1505)	-0.2822* (0.1456)	-0.3674** (0.1505)	-0.3179** (0.1608)
fdi	0.0706** (0.0349)	0.0987*** (0.0370)	0.1101*** (0.0354)	0.0985*** (0.0372)	0.1137*** (0.0371)
gov	0.3995*** (0.1483)	0.3724** (0.1582)	0.4326*** (0.1525)	0.3608** (0.1588)	0.3796** (0.1598)
edufund	-0.0141 (0.1131)	-0.3487*** (0.1180)	-0.1302 (0.1133)	-0.2285* (0.1167)	-0.2435** (0.1204)
techmarket	0.0211 (0.0175)	0.0517*** (0.0180)	0.0301* (0.0179)	0.0523*** (0.0181)	0.0541*** (0.0182)

续表

变量	(1) 全国 *qwspatent*	(2) 东北地区 *qwspatent*	(3) 东部地区 *qwspatent*	(4) 中部地区 *qwspatent*	(5) 西部地区 *qwspatent*
library	0.6855***	0.8168***	0.9063***	0.7397***	0.8219***
	(0.1819)	(0.1928)	(0.1863)	(0.1967)	(0.1945)
czrk	−1.3992***	−0.8032***	−1.5965***	−0.5200*	−0.6315**
	(0.2930)	(0.2997)	(0.3251)	(0.2993)	(0.2968)
Cons	8.9256***	7.9480**	9.6504***	4.2858	4.4186
	(3.2956)	(3.6151)	(3.4288)	(3.5072)	(3.6222)
地区固定	是	是	是	是	是
年份固定	是	是	是	是	是
观测值	420	420	420	420	420
R^2	0.3064	0.2125	0.2679	0.2097	0.1995

注：***、**、*分别表示在1%、5%、10%的水平下显著，括号内数字为统计的标准误差。

由列（2）至列（5）可以发现，创新资本流动对东北地区和西部地区创新集聚存在负向作用，但西部地区在统计上并不显著，促进了东部地区和中部地区创新集聚水平的提升，且在1%的水平上显著。这可能在于东北地区和西部地区资本边际收益较低和创新环境较差，缺乏对创新资本相应的吸引力，且域内创新资本不断外流，并经过循环与累积进而削弱地区的创新集聚水平。与之相反，东部地区包含了较多的沿海经济发达省份，这些省份良好的创新环境对创新资本具有很强的吸引作用，创新资本向东部沿海省份的流入，促进了东部地区创新集聚水平的提升。观察控制变量对被解释变量的影响，发现研发人员规模、对外开放程度、政府干预、技术市场规模、文化基础设施水平对于区域创新集聚具有显著促进作用，经济发展水平、城镇化水平对区域创新集聚存在负向作用，而教育水平总体上对区域创新集聚的作用方向不确定。

上述分析已经验证了创新资本区际流动的创新集聚效应，以及四大区域间创新集聚效应的差异。而地区机器设备投资是创新资本流动的重要物质载体，对创新资本流动和区域创新集聚具有重要作用。本节利用中介效应模型检验地区机器设备投资水平的载体作用，探究影响不同地区间创新集聚效应差异更深层次的原因，相应回归结果如表3-11所示。表3-11中，列（1）至列（2）是全国层面中介效应的检验结果，其中列（1）是创新资本流动对机器设备投资规模的回归结果，列（2）是纳入中介变量的回归结果。可以发现，创新资本流动在1%的显著性水平上促进了地区机器设备投资规模的扩张，纳入中介变量后，创新资本流动在1%的水平上对创新集聚具有正向促进作用，但创新资本流动的系数值相较于不添加中介变量时略微减小。由于此时机器设备投资的系数不再显著，需要进一步通过Sobel检验来判断中介效应是否存在。因此，根据Sobel检验的结果可以看出，Sobel统计量的p值小于0.05，代表中介效应成立，且中介效应占比为81.77%。列（3）至列（4）是东北地区中介效应的检验结果，可以发现，创新资本流动对机器设备投资的回归系数不显著，但进一步Sobel检验结果表明中介效应存在，且占比为26.48%。列（5）至列（6）是东部地区中介效应的检验结果，与全国层面的检验结果类似，纳入中介变量后，机器设备投资的回归系数不再显著，进一步通过Sobel检验发现中介效应成立，且中介效应占比为23.13%。列（7）至列（8）是中部地区中介效应的检验结果，可以看出，中介效应模型中的创新资本流动和机器设备投资系数均保持在5%的水平上显著，且创新资本流动系数的值相较于不添加中介变量时减小，可以直接判定中介效应的存在。由于西部地区创新资本流动对创新集聚的影响统计上并不显著，因此无须进一步检验中介效应。上述检验结果说明，无论是全国层面还是东部、中部和东北地区，机器设备投资的载体作用均得到了充分的验证，表明创新资本流动会通过机器设备投资促进区域创新集聚水平的提升。

表3-11 机器设备投资的载体作用检验

变量	全国		东北地区		东部地区		中部地区	
	(1) lnme	(2) qwspatent	(3) lnme	(4) qwspatent	(5) lnme	(6) qwspatent	(7) lnme	(8) qwspatent
rcf	0.1236*** (0.0272)	0.1510*** (0.0209)			0.1154*** (0.0274)	0.1194*** (0.0214)		
东北地区×rcf			0.0659 (0.1291)	−0.2710*** (0.0994)			0.0589** (0.0275)	0.0463** (0.0215)
lnme		0.0274 (0.0389)		0.0952** (0.0401)		0.0447 (0.0398)		0.0826** (0.0405)
lnrdp	−0.1508** (0.0693)	0.1314** (0.0521)	−0.0247 (0.0693)	0.2319*** (0.0533)	−0.1572** (0.0709)	0.1470*** (0.0545)	−0.0605 (0.0668)	0.2546*** (0.0520)

续表

变量	全国		东北地区		东部地区		中部地区	
	(1) lnme	(2) qwspatent	(3) lnme	(4) qwspatent	(5) lnme	(6) qwspatent	(7) lnme	(8) qwspatent
pgdp	0.7482***	-0.4545***	0.7939***	-0.4235***	0.8808***	-0.3216**	0.8025***	-0.4337***
	(0.1893)	(0.1443)	(0.1944)	(0.1529)	(0.1906)	(0.1497)	(0.1930)	(0.1533)
fdi	-0.2051***	0.0763**	-0.1694***	0.1148***	-0.1736***	0.1179***	-0.1873***	0.1139***
	(0.0468)	(0.0358)	(0.0479)	(0.0374)	(0.0464)	(0.0361)	(0.0477)	(0.0378)
gov	1.0859***	0.3697**	1.0852***	0.2690*	1.1174***	0.3826**	1.0438***	0.2745*
	(0.1987)	(0.1543)	(0.2044)	(0.1631)	(0.1996)	(0.1588)	(0.2036)	(0.1637)
edufund	-0.4173***	-0.0027	-0.6087***	-0.2908**	-0.4921***	-0.1082	-0.5725***	-0.1812
	(0.1515)	(0.1143)	(0.1525)	(0.1198)	(0.1484)	(0.1150)	(0.1496)	(0.1185)
techmarket	-0.0790***	0.0233	-0.0508**	0.0565***	-0.0750***	0.0334*	-0.0551**	0.0569***
	(0.0234)	(0.0178)	(0.0233)	(0.0181)	(0.0234)	(0.0181)	(0.0232)	(0.0181)
library	1.1505***	0.6539***	1.2688***	0.6960***	1.3371***	0.8465***	1.1626***	0.6437***
	(0.2437)	(0.1874)	(0.2491)	(0.1983)	(0.2439)	(0.1937)	(0.2522)	(0.2015)
czrk	-0.7649*	-1.3782***	-0.1245	-0.7914***	-1.0419**	-1.5499***	-0.0159	-0.5187*
	(0.3926)	(0.2947)	(0.3872)	(0.2979)	(0.4257)	(0.3276)	(0.3837)	(0.2980)
Cons	1.0547	8.8967***	-2.5018	8.1862**	2.1793	9.5529***	-3.0200	4.5353
	(4.4162)	(3.2981)	(4.6704)	(3.5939)	(4.4892)	(3.4286)	(4.4967)	(3.4944)
地区固定	是	是	是	是	是	是	是	是
年份固定	是	是	是	是	是	是	是	是
观测值	420	420	420	420	420	420	420	420
R^2	0.9233	0.3073	0.9191	0.2244	0.9227	0.2705	0.9200	0.2186
Sobel 检验		0.0045<0.05		0.0056<0.05		0.0119<0.05		
中介效应占比（%）		81.77		26.48		23.13		

注：***、**、*分别表示在1%、5%、10%的水平下显著，括号内数字为统计的标准误差。

三、创新资本流动、机器设备与创新集聚质量

在经济高质量发展的背景下，创新资本流动在促进地区创新集聚数量增长的同时，是否也有助于提升地区创新集聚质量？根据上述分析，创新资本的流动对全国和东部、中部地区的创新集聚具有显著正向作用，并且机器设备投资规模的

载体作用明显。除了关注创新集聚数量外，本节进一步探讨创新资本流动在总体上以及不同经济区域层面上，对创新集聚质量是否同样具有促进作用。总专利中发明专利计算的创新集聚质量的回归结果如表3-12所示。

表3-12　创新资本流动的创新集聚质量效应检验

变量	（1） 全国 qwsipatent	（2） 东北地区 qwsipatent	（3） 东部地区 qwsipatent	（4） 中部地区 qwsipatent	（5） 西部地区 qwsipatent
rcf	0.0393 **				
	(0.0193)				
东北地区×rcf		-0.1728 **			
		(0.0866)			
东部地区×rcf			0.0425 **		
			(0.0198)		
中部地区×rcf				-0.0024	
				(0.0205)	
西部地区×rcf					0.0492
					(0.0435)
lnrdp	0.5137 ***	0.5268 ***	0.5056 ***	0.5526 ***	0.5712 ***
	(0.0523)	(0.0504)	(0.0533)	(0.0498)	(0.0520)
pgdp	-0.4112 ***	-0.3398 **	-0.3675 ***	-0.3764 ***	-0.4200 ***
	(0.1355)	(0.1357)	(0.1344)	(0.1351)	(0.1403)
fdi	0.1267 ***	0.1188 ***	0.1329 ***	0.1298 ***	0.1279 ***
	(0.0317)	(0.0321)	(0.0317)	(0.0320)	(0.0318)
gov	-0.2183 *	-0.1667	-0.2124 *	-0.1950 *	-0.1740
	(0.1171)	(0.1176)	(0.1168)	(0.1176)	(0.1187)
edufund	0.0533	-0.0333	0.0372	-0.0047	-0.0210
	(0.0928)	(0.0899)	(0.0905)	(0.0901)	(0.0903)
techmarket	0.0152	0.0214	0.0147	0.0231	0.0253
	(0.0168)	(0.0164)	(0.0168)	(0.0165)	(0.0165)
library	1.3034 ***	1.2998 ***	1.3641 ***	1.3288 ***	1.3294 ***
	(0.1824)	(0.1825)	(0.1829)	(0.1864)	(0.1828)
czrk	-1.9071 ***	-1.7065 ***	-2.0523 ***	-1.6838 ***	-1.6526 ***
	(0.2849)	(0.2622)	(0.3144)	(0.2673)	(0.2637)

变量	（1） 全国 *qwsipatent*	（2） 东北地区 *qwsipatent*	（3） 东部地区 *qwsipatent*	（4） 中部地区 *qwsipatent*	（5） 西部地区 *qwsipatent*
Cons	12.1027*** （2.9444）	11.0298*** （2.8538）	12.8638*** （3.0403）	10.5820*** （2.8770）	10.7369*** （2.8586）
地区固定	是	是	是	是	是
年份固定	是	是	是	是	是
观测值	420	420	420	420	420
R^2	0.4317	0.4315	0.4324	0.4255	0.4275

注：***、**、*分别表示在1%、5%、10%的水平下显著，括号内数字为统计的标准误差。

可以发现表3-12中列（1）显示的全国层面回归结果表明，创新资本流动对创新集聚质量具有正向作用，且在5%水平上显著。列（2）至列（5）显示东北地区创新资本流动对创新集聚质量具有显著负向作用，中部地区和西部地区创新资本流动对创新集聚质量的影响在统计上均不显著，但东部地区创新资本流动对创新集聚质量的提升发挥了积极作用。与表3-10的结果对比，从全国范围来看，创新资本流动不仅促进了创新集聚数量的提升，也促进了创新集聚质量的提升。具体来看，东北地区创新资本流出抑制了区域创新集聚，且其创新集聚质量水平同样受到掣肘。反观东部地区可以看出，创新资本流动不仅具有创新集聚效应，也提高了地区创新集聚质量，这也说明创新集聚质量的提高依赖于数量的积累。中部地区创新资本流动虽然促进了创新数量的增加，但创新质量提升效应不明显，西部地区创新资本流动则在创新数量和质量两个方面均未能起到应有的作用。因此，结合基准回归结果，认为创新资本流动对创新集聚数量和质量的影响具有一致性，创新资本流动对创新集聚促进作用越强的区域，对创新集聚质量的影响也越强，创新资本流动的区域差异特征明显。

全国层面和东部地区创新资本流动有助于提升区域创新集聚质量，而前述中介效应的检验结果也已经证明机器设备投资的载体作用。本节将进一步检验创新资本流动是否会通过蕴含在设备投资中的物化型技术进步，而提升区域创新集聚质量？以物化型技术进步为中介变量，探究创新资本流动促进区域创新集聚质量提升的机制，结果如表3-13所示。其中列（1）至列（2）是全国层面的回归结果，创新资本流动对物化型技术进步的回归系数不显著且纳入中介变量后机器设备投资质量的系数同样不显著，因此需要进行 Sobel 检验，检验结果显示 Sobel 统计量的 p 值大于 0.05，中介效应不成立。列（3）至列（4）是东北地区中介效应检验的结果，虽然创新资本流动显著促进了物化型技术基本，但纳入中介变量后的回归结果不显著，且进一步地 Sobel 检验未能通过，因此中介效应不成立。列（5）至列（6）是东部地区中介效应检验结果，与全国层面的回归结果类似，物化型技术进步的系数均不显著，但进一步的 Sobel 检验结果通过，表明中介效应成立，且中介效应占比为 15.91%。中部地区和西部地区由于创新资本流动未能显著影响创新集聚质量，中介效应必然无法成立，也无须进一步检验。综合而言，全国和四大地区的检验结果显示，只有东部地区创新资本流动会通过推动物化型技术进步，而提升创新集聚质量。可见，在东部地区，流入的创新资本可用于新机器设备投资或设备更新改造，提高了设备品的质量和资本生产率，这种与设备相融合的物化型技术具有生产力与创新能力，提升了东部地区创新集聚质量。

表 3-13 创新资本流动、物化型技术进步和创新集聚质量

变量	全国		东北地区		东部地区	
	（1） *whtech*	（2） *qwsipatent*	（3） *whtech*	（4） *qwsipatent*	（5） *whtech*	（6） *qwsipatent*
rcf	0.0023 (0.0057)	0.0387** (0.0193)				
东北地区×*rcf*			0.1001*** (0.0252)	−0.2068** (0.0880)		
东部地区×*rcf*					0.0047 (0.0059)	0.0414** (0.0198)
whtech		0.2502 (0.1722)		0.3396* (0.1754)		0.2426 (0.1723)
ln*rdp*	0.0463*** (0.0155)	0.5021*** (0.0528)	0.0629*** (0.0147)	0.5055*** (0.0514)	0.0434*** (0.0158)	0.4951*** (0.0538)
pgdp	0.1306*** (0.0402)	−0.4439*** (0.1371)	0.1115*** (0.0395)	−0.3776*** (0.1366)	0.1337*** (0.0399)	−0.3999*** (0.1362)
fdi	−0.0050 (0.0094)	0.1279*** (0.0316)	0.0013 (0.0093)	0.1183*** (0.0320)	−0.0044 (0.0094)	0.1339*** (0.0316)

续表

变量	全国		东北地区		东部地区	
	（1）	（2）	（3）	（4）	（5）	（6）
	whtech	qwsipatent	whtech	qwsipatent	whtech	qwsipatent
gov	0.0553	−0.2321**	0.0395	−0.1801	0.0548	−0.2257*
	(0.0348)	(0.1173)	(0.0342)	(0.1173)	(0.0347)	(0.1170)
edufund	0.0460*	0.0418	0.0602**	−0.0538	0.0471*	0.0258
	(0.0276)	(0.0930)	(0.0262)	(0.0902)	(0.0269)	(0.0907)
techmarket	0.0176***	0.0107	0.0190***	0.0150	0.0172***	0.0105
	(0.0050)	(0.0170)	(0.0048)	(0.0166)	(0.0050)	(0.0170)
library	−0.1633***	1.3443***	−0.1477***	1.3499***	−0.1576***	1.4023***
	(0.0542)	(0.1843)	(0.0531)	(0.1837)	(0.0543)	(0.1847)
czrk	0.3882***	−2.0042***	0.4182***	−1.8485***	0.3601***	−2.1396***
	(0.0846)	(0.2922)	(0.0763)	(0.2713)	(0.0934)	(0.3201)
Cons	−3.7922***	13.0516***	−4.1670***	12.4450***	−3.6260***	13.7435***
	(0.8746)	(3.0118)	(0.8307)	(2.9360)	(0.9031)	(3.0999)
地区固定	是	是	是		是	是
年份固定	是	是	是		是	是
观测值	420	420	420	420	420	420
R^2	0.9276	0.4348	0.9305	0.4370	0.9277	0.4353
Sobel 检验		0.1049>0.05		0.9813<0.05		0.0005<0.05
中介效应占比（%）		不成立		不成立		15.91

注：***、**、*分别表示在1%、5%、10%的水平下显著，括号内数字为统计的标准误差。

第三节　创新人员流动、交通网络与创新集聚效应

一、计量模型的构建

随着中国经济的迅猛发展，地区交通基础设施建设不断完善，日益延伸的交通基础设施给创新人员流动提供了方便快捷的渠道，促进创新人员在区域间的快

速流动，并日益改变地区的创新集聚水平。本节利用 2000～2018 年中国 30 个省级地区的面板数据，实证检验创新人员流动的创新集聚效应，并考察不同类型交通网络和不同等级交通网络密度在其中发挥作用的差异。

计量模型设计如下：

$$RTI_{it} = \theta_0 + \theta_1 RF_{it} + \theta_2 X_{it} + \mu_i + \delta_t + \varepsilon_{it} \tag{3-9}$$

其中，被解释变量 RTI_{it} 表示 i 省 t 时期的创新集聚水平，利用地区创新人员区位熵衡量创新的集聚程度，创新集聚区位熵的具体计算公式为：地区专利占比/地区 GDP 占比。解释变量创新人员流动 RF_{it} 采用引力模型进行测算，具体选用地区间工资差值和房价差值作为吸引力变量，X_{it} 为控制变量，ε_{it} 为模型的随机误差项，μ_i 表示地区固定效应，δ_t 表示时间固定效应。

为了检验交通网络在创新人员流动对创新集聚影响过程中的载体作用，本节构建如下中介效应模型：

$$MEF_{it} = \beta_0 + \beta_1 RF_{it} + \beta_2 X_{it} + \mu_i + \delta_t + \varepsilon_{it} \tag{3-10}$$

$$RTI_{it} = \gamma_0 + \gamma_1 RF_{it} + \gamma_2 MEF_{it} + \gamma_3 X_{it} + \mu_i + \delta_t + \varepsilon_{it} \tag{3-11}$$

其中，i 为省份，t 为时期，RTI 为创新集聚水平，RF 为创新人员流动，MEF 为中介变量，具体包括公路(GL)和铁路(TL)网络密度，采用每平方千米的运营里程表征。公路网络细分为高速公路($GSGL$)、一级公路($YJGL$)、二级公路($EJGL$)，铁路网络细分为普通铁路($PTTL$)和高速铁路($GSTL$)。X_{it} 为控制变量，ε_{it} 为模型的随机误差项，μ_i 表示地区固定效应，δ_t 表示时间固定效应。

控制变量包括：①研发资本($RDZB$)。新经济增长理论认为，研发投入是创新集聚的重要决定因素，采用永续盘存法测算研发资本存量。②研发人员（$RDRY$）。研发人员对创新集聚的提升起关键作用，采用各地区研发人员全时当量表征。③外商直接投资(FDI)。选取各地区外商直接投资使用额与 GDP 之比衡量。④政府干预($ZFGY$)。政府干预是影响地区创新集聚的外在干预因素，在此选用地方财政一般预算支出占 GDP 的比重表示政府干预。⑤经济发展水平($PGDP$)，以人均国民生产总值表征经济发展水平。选取 30 个省级地区面板数据作为样本，数据来源于 2001～2019 年《中国统计年鉴》《中国交通统计年鉴》《中国科技统计年鉴》，高铁运营里程数据来源于国家铁路局网站以及百度信息等公开资料，根据高铁线路在各省内运营里程数进行手工逐年加总计算得到。

二、创新人员流动、交通网络与创新集聚的实证检验：全国层面

本节实证检验创新人员流动对创新集聚的影响，结果如表 3-14 所示。

表 3-14   创新人员流动对创新集聚影响的实证结果

变量	(1) 全国	(2) 东北地区	(3) 东部地区	(4) 中部地区	(5) 西部地区
RF	0.589***	−0.735***	1.289***	0.148	−0.240
	(0.170)	(0.214)	(0.351)	(0.247)	(0.171)
RDZB	0.520	1.102***	3.596***	0.788	0.091
	(0.398)	(0.332)	(1.182)	(0.940)	(0.314)
RDRY	2.362***	−2.428***	1.058	1.384**	−0.040
	(0.327)	(0.512)	(0.823)	(0.629)	(0.383)
FDI	0.394***	−0.178	0.587***	0.397	0.298
	(0.147)	(0.491)	(0.203)	(1.669)	(0.489)
ZFGY	−0.749	0.072	−4.556***	−0.148	−0.022
	(0.505)	(0.616)	(1.276)	(1.191)	(0.348)
PGDP	0.615	1.278	2.806	0.382	0.857*
	(0.678)	(0.832)	(1.806)	(1.692)	(0.480)
Cons	−23.738***	12.512***	−17.615	−16.861	−5.131
	(4.525)	(4.504)	(12.696)	(10.834)	(4.064)
地区固定	是	是	是	是	是
时间固定	是	是	是	是	是
N	570	57	190	114	209
R^2	0.664	0.935	0.717	0.852	0.674

注：***、**、*分别表示在1%、5%、10%的水平下显著，括号内数字为统计的标准误差。

表3-14结果显示：由列（1）可以发现，在控制地区效应和时间效应后，全国层面创新人员流动对创新集聚水平的回归系数为0.589，表明具有很强的促进作用，且在1%的水平上显著。由列（2）至列（5）可以发现，具体到四大区域而言，创新人员流动对东北地区创新集聚表现出显著负向作用，但促进了东部地区创新集聚水平的提升，且在1%的水平上显著，对中部地区创新集聚存在正向作用，对西部地区创新集聚存在负向作用，但在统计上并不显著。可能的原因在于，东北地区以及中部地区和西部地区在较低的工资收入和较差的交通环境中缺乏对创新人员相应的吸引力，引致域内创新人员不断外流，并经过循环与累积进而削弱地区的创新集聚水平。与之相反，东部地区大多为经济发展水平较高的省份，这些省份良好的经济环境对创新人员的流动表现出较大的吸引力，创新人

员向东部沿海省份的流入，促进了东部地区创新集聚水平的提升。控制变量方面，研发资本投入和经济发展水平对区域创新集聚具有显著促进作用，而研发人员投入、外商直接投资和政府干预对不同区域创新集聚的作用方向并不一致。

上述分析已经验证了创新人员流动的创新集聚效应，以及四大区域创新集聚效应的差异。而地区交通网络是创新人员流动的重要载体，对创新人员流动和区域创新集聚具有重要作用。本节利用中介效应模型检验地区交通网络的载体作用，相应回归结果如表 3-15 所示。

表 3-15　交通网络密度的载体作用检验

变量	(1)	(2)	(3)	(4)	(5)	(6)	(7)	(8)	(9)	(10)
	高铁网络密度		普通铁路密度		高速公路密度		一级公路密度		二级公路密度	
RF	0.302***	0.551***	0.206***	0.543***	0.232***	0.520***	0.166***	0.578***	0.378	0.555***
	(0.041)	(0.169)	(0.056)	(0.169)	(0.048)	(0.167)	(0.051)	(0.160)	(0.397)	(0.170)
MEF		0.415**		0.237*		0.128***		0.435***		0.016
		(0.183)		(0.130)		(0.032)		(0.053)		(0.018)
RDZB	-0.331***	0.658	-0.130	0.551	0.062	0.512	-0.948***	0.932**	0.668	0.510
	(0.093)	(0.401)	(0.132)	(0.397)	(0.534)	(0.392)	(0.305)	(0.379)	(0.931)	(0.398)
RDRY	0.706***	2.069***	0.667***	2.204***	0.779*	2.263***	2.039***	1.476***	1.085	2.345***
	(0.077)	(0.350)	(0.109)	(0.337)	(0.439)	(0.323)	(0.251)	(0.327)	(0.765)	(0.328)
FDI	-0.031	0.407***	-0.013	0.397***	0.154	0.374**	0.246**	0.287**	0.393	0.388***
	(0.035)	(0.147)	(0.049)	(0.147)	(0.198)	(0.145)	(0.113)	(0.140)	(0.345)	(0.148)
ZFGY	0.201*	-0.833*	0.177	-0.791	0.200	-0.775	-0.840**	-0.384	-1.051	-0.733
	(0.119)	(0.505)	(0.168)	(0.505)	(0.679)	(0.498)	(0.388)	(0.479)	(1.183)	(0.506)
PGDP	0.051	0.594	0.079	0.597	0.143	0.597	1.990***	-0.250	2.220	0.580
	(0.159)	(0.675)	(0.225)	(0.676)	(0.911)	(0.668)	(0.520)	(0.648)	(1.587)	(0.679)
Cons	-7.700***	-20.539***	-6.411***	-22.220***	-9.296	-22.549***	-27.579***	-11.749***	-18.972*	-23.437***
	(1.063)	(4.723)	(1.503)	(4.591)	(6.081)	(4.471)	(3.470)	(4.515)	(10.597)	(4.539)
地区固定	是	是	是	是	是	是	是	是	是	是
时间固定	是	是	是	是	是	是	是	是	是	是
N	570	570	570	570	570	570	570	570	570	570
R^2	0.518	0.667	0.593	0.666	0.215	0.673	0.454	0.701	0.331	0.664

注：***、**、*分别表示在1%、5%、10%的水平下显著，括号内数字为统计的标准误差。

表 3-15 中，列（1）至列（2）、列（3）至列（4）是高铁网络密度和普通铁路密度中介效应的检验结果，其中列（1）和列（3）是创新人员流动对高铁网络密度和普通铁路网络密度的回归结果，列（2）和列（4）是纳入中介变量的回归结果。可以发现，创新人员流动回归系数均在1%水平上显著，纳入中介变量后，创新人员流动在1%的水平上对创新集聚具有正向促进作用，但创新人员流动的系数值相较于不添加中介变量时较小，此时中介变量仍旧显著，表明中介效应存在。进一步可以发现，高铁网络所发挥的载体作用强度较普通铁路网络更大。列（5）至列（6）、列（7）至列（8）、列（9）至列（10）是高速公路密度、一级公路密度和二级公路密度网络中介效应的检验结果，可以发现创新人员流动对高速公路、一级公路网络的回归系数均在1%水平上显著，纳入中介变量后，创新人员流动在1%的水平上对创新集聚具有正向促进作用，但创新人员流动的系数值相较于不添加中介变量时减小，此时中介变量仍旧显著，表明中介效应存在，但对二级公路网络的估计系数并未通过显著性检验，意味着高速公路密度和一级公路密度所发挥的载体作用均显著存在，且高速公路的作用力度更大，而二级公路密度载体作用并不存在。

三、创新人员流动、交通网络与创新集聚检验：东北地区与其他地区对比

对于四大区域而言，创新人员流动促进了东部地区创新集聚水平的提升，且在1%的水平上显著。对中部地区创新集聚存在正向作用，对西部地区创新集聚存在负向作用，但在统计上并不显著，对东北地区创新集聚表现出显著负向作用。为进一步检验东北地区和东部地区交通网络的中介效应，选取中介模型进行检验，结果如表 3-16 所示。

表 3-16　东北地区交通网络密度的载体作用检验

变量	(1)	(2)	(3)	(4)	(5)	(6)	(7)	(8)	(9)	(10)
	高铁网络密度		普通铁路密度		高速公路密度		一级公路密度		二级公路密度	
RF	0.135	-0.571**	0.125	-0.501**	0.110	-0.428**	0.153	-0.225	0.123	-0.477**
	(0.106)	(0.213)	(0.127)	(0.208)	(0.133)	(0.175)	(0.142)	(0.196)	(0.384)	(0.198)
MEF		0.699		0.221		0.025		0.223		0.080
		(0.477)		(0.222)		(0.180)		(0.174)		(0.070)

续表

变量	(1)	(2)	(3)	(4)	(5)	(6)	(7)	(8)	(9)	(10)
	高铁网络密度		普通铁路密度		高速公路密度		一级公路密度		二级公路密度	
RDZB	-0.128	1.191***	-0.026	1.121***	-0.130	1.235***	0.674***	0.479	1.982***	0.547*
	(0.164)	(0.317)	(0.197)	(0.303)	(0.207)	(0.259)	(0.220)	(0.290)	(0.596)	(0.321)
RDRY	-0.337	-2.192***	-0.317	-2.199***	-0.880***	-1.525***	-1.097***	-1.415***	-2.481***	-1.734***
	(0.253)	(0.494)	(0.304)	(0.472)	(0.318)	(0.428)	(0.340)	(0.451)	(0.919)	(0.480)
FDI	0.266	-0.363	0.346	-0.427	-0.117	-0.057	-0.091	-0.094	-2.343**	0.478
	(0.242)	(0.471)	(0.291)	(0.454)	(0.305)	(0.382)	(0.326)	(0.392)	(0.882)	(0.459)
ZFGY	-0.603*	0.493	-0.772**	0.629	-0.462	0.545	-1.510***	1.466**	-2.835***	0.865
	(0.304)	(0.607)	(0.366)	(0.588)	(0.383)	(0.486)	(0.409)	(0.557)	(1.107)	(0.573)
PGDP	1.359***	0.328	1.552***	0.158	1.871***	-0.641	2.076***	-0.638	3.662**	0.253
	(0.411)	(0.874)	(0.494)	(0.834)	(0.518)	(0.730)	(0.552)	(0.756)	(1.495)	(0.771)
Cons	-3.632	15.050***	-2.919	14.617***	-2.480	15.054***	1.894	10.764***	11.555	9.281**
	(2.226)	(4.389)	(2.676)	(4.163)	(2.804)	(3.533)	(2.989)	(3.612)	(8.096)	(4.018)
地区固定	是	是	是	是	是	是	是	是	是	是
时间固定	是	是	是	是	是	是	是	是	是	是
N	57	57	57	57	57	57	57	57	57	57
R²	0.639	0.943	0.678	0.947	0.885	0.962	0.780	0.960	0.807	0.952

注：***、**、*分别表示在1%、5%、10%的水平下显著，括号内数字为统计的标准误差。

　　表3-16为东北地区检验结果，其中，列（1）至列（2）、列（3）至列（4）是东北地区高铁网络密度和普通铁路网络密度中介效应的检验结果，列（5）至列（6）、列（7）至列（8）、列（9）至列（10）是东北地区高速公路密度、一级公路密度和二级公路密度网络中介效应的检验结果。可以发现，创新人员流动回归系数均为正，但未通过显著性检验，纳入中介变量后，创新人员流动对创新集聚具有负向作用，但创新人员流动的系数同样未通过显著性检验，此时中介变量仍旧不显著，表明中介效应并不存在，这意味着东北地区交通网络并未发挥出载体作用。究其原因，可能在于，东北地区由于经济发展水平较低，劳动力边际报酬较低，引致劳动力尤其是创新人员大规模流出，使创新人员流动对创新集聚表现出负向作用，在这一过程中交通网络并未表现出明显的促进作用。

　　进一步检验东部地区交通网络的载体作用。表3-17中，列（1）至列（2）、列（3）至列（4）是东部地区高铁网络密度和普通铁路密度中介效应的检验结果，其中列（1）和列（3）是创新人员流动对高铁网络密度和普通铁路密度网络的回归结果，列（2）和列（4）是纳入中介变量的回归结果。可以发现，创新人员流动回归系数均在5%水平上显著，纳入中介变量后，创新人员流动在1%的水平上对创新集聚具有正向促进作用，但创新人员流动的系数值相较于不添加中介变量时减小，此时中介变量仍旧显著，表明中介效应存在。同时可以发现，高铁网络所发挥的载体作用强度较普通铁路更大。列（5）至列（6）、列（7）至列（8）、列（9）至列（10）是东部地区高速公路密度、一级公路密度和二级公路密度网络中介效应的检验结果，结果显示创新人员流动对高速公路密度、一级公路密度和二级公路密度的回归系数分别在5%、1%和1%水平上显著，纳入中介变量后，创新人员流动在1%的水平上对创新集聚具有正向促进作用，但创新人员流动的系数值相较于不添加中介变量时减小，此时中介变量仍旧显著，表明中介效应存在，即高速公路密度、一级公路密度和二级公路密度网络所发挥的载体作用均显著存在，但作用力度逐渐下降。

表3-17　东部地区交通网络密度的载体作用检验

变量	(1)	(2)	(3)	(4)	(5)	(6)	(7)	(8)	(9)	(10)
	高铁网络密度		普通铁路密度		高速公路密度		一级公路密度		二级公路密度	
RF	2.217**	0.906***	0.623**	0.606***	0.590**	0.577***	0.392***	0.456***	0.318***	0.407***
	(0.865)	(0.260)	(0.244)	(0.158)	(0.250)	(0.151)	(0.108)	(0.147)	(0.075)	(0.116)
MEF		1.016***		0.619**		0.271**		0.352***		0.104***
		(0.346)		(0.243)		(0.105)		(0.106)		(0.030)
RDZB	−0.679***	2.906**	0.011	3.603***	1.098	3.894***	−3.328***	4.769***	3.707	3.981***
	(0.254)	(1.181)	(0.363)	(1.164)	(0.842)	(1.169)	(0.823)	(1.203)	(2.917)	(1.152)
RDRY	0.297*	1.359*	−0.312	0.865	−2.295***	0.435	0.983*	0.711	−8.579***	0.168
	(0.176)	(0.812)	(0.253)	(0.813)	(0.586)	(0.844)	(0.572)	(0.807)	(2.029)	(0.837)
FDI	−0.051	0.535***	−0.046	0.558***	0.093	0.612***	0.231	0.505**	0.178	0.605***
	(0.044)	(0.199)	(0.062)	(0.200)	(0.145)	(0.200)	(0.141)	(0.199)	(0.501)	(0.197)
ZFGY	1.109***	−3.430***	1.166***	−3.834***	−0.846	−4.786***	−1.535*	−4.016***	−0.756	−4.635***
	(0.274)	(1.307)	(0.392)	(1.288)	(0.909)	(1.259)	(0.888)	(1.252)	(3.149)	(1.238)
PGDP	−0.010	2.796	−0.200	2.682	3.662***	3.800**	8.240***	−0.098	8.445*	3.682**
	(0.387)	(1.768)	(0.555)	(1.779)	(1.286)	(1.818)	(1.257)	(1.961)	(4.456)	(1.769)
Cons	−7.399***	−13.132**	0.113	−17.546	−4.483	−18.832	−7.153***	2.172	17.831	−15.766
	(2.722)	(6.688)	(3.899)	(12.500)	(9.039)	(12.501)	(1.834)	(13.702)	(31.319)	(12.320)

续表

变量	(1)	(2)	(3)	(4)	(5)	(6)	(7)	(8)	(9)	(10)
	高铁网络密度		普通铁路密度		高速公路密度		一级公路密度		二级公路密度	
地区固定	是	是	是	是	是	是	是	是	是	是
时间固定	是	是	是	是	是	是	是	是	是	是
N	190	190	190	190	190	190	190	190	190	190
R^2	0.712	0.730	0.725	0.727	0.678	0.727	0.714	0.734	0.527	0.735

注：***、**、*分别表示在1%、5%、10%的水平下显著，括号内数字为统计的标准误差。

第四节　技术势差、技术空间流动及其创新效应

一、技术流动空间计量模型的设定

技术进步向来是一国长期经济增长的根本动力，也是内生经济增长理论关注焦点。一般地，发达国家或地区借助自主创新提升技术水平，发展中国家或地区则主要依赖技术引进和自主创新相结合方式实现技术进步。我国东部沿海地区借助优渥的地理区位、要素资源以及政策环境条件，成为地区技术创新和经济增长的"领头羊"，东北地区和中西部地区人才和资本愈加流出形成技术创新和技术应用的"技术洼地"，技术会从发达地区向欠发达地区流动与溢出。随着基础设施特别是新型基础设施水平的提高及技术环境的改善，跨区域技术合作和技术联系越发紧密。图3-1呈现发明专利申请数与技术流入合同金额的相关散点图。数据表明，我国技术流动日益频繁且技术流动带动技术创新效果日益凸显（白俊红和卞元超，2016）。事实上，经验研究结果表明，技术流动频繁程度可以有效带动技术创新活力，增加流入地的创新产出，加强技术流动成为缩小地区经济差距的有效途径。

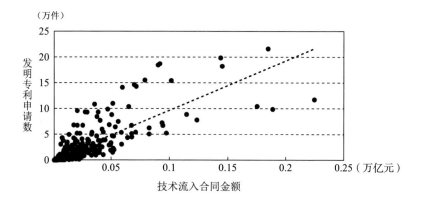

图3-1 技术流入金额与发明专利相关散点图

而图3-2和图3-3分别为东北地区和其他区域的技术流入规模对比以及技术流出规模对比。结果显示，无论从技术市场流向地域角度还是流出地域角度，东北地区的技术市场流动规模均处于较低水平，那么一个自然的问题是，东北地区技术流动水平较低的原因是什么？会对东北地区的创新水平产生何种影响？

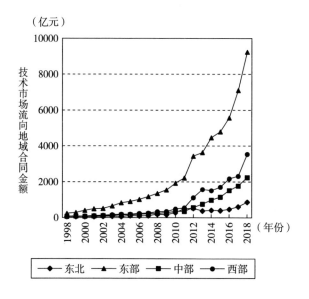

图3-2 东北地区与其他区域技术流入规模对比

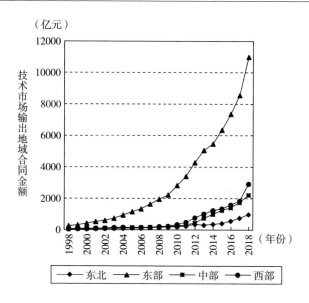

图3-3　东北地区与其他区域技术流出规模对比

既有文献主要关注国际间、地区或行业间技术流动对研发创新的影响，抑或单独考察行业间技术势差和技术相似度对创新的影响，普遍忽视不同技术创新地的技术属性差异是否会改变技术流动偏好，以及其技术创新效应的非一致性影响，也鲜有文献考察技术流动创新效应的形成机理。实际上，技术往往耦合其来源地创新要素属性，将影响技术流入地的技术创新效率。当前国际技术竞争趋向白热化，以及新冠肺炎疫情冲击下外部技术环境不确定性加剧，如何提高技术创新水平和技术效率愈加迫切。基于此，本节利用中国1999~2018年31个地区面板数据，采用地区间全要素生产率的相对差距衡量技术势差，以地区间专利结构的相关系数表征技术相似度，分别构建地区技术势差和技术相似度关联权重矩阵，比较不同技术势差和技术相似度的地区，技术流动所形成的创新效应差异，探究东北地区不同技术流动方式、流动方向的技术创新效应。主要创新点有：一是有别于以往文献仅评价技术流动的创新溢出效应，或技术势差和技术相似度对创新产出的影响，本节重点考察技术流动创新效应的存在性及其偏好特征，检验不同技术势差和技术相似度对技术流动地创新效应的影响差异；二是不仅考察技术流动地的技术属性偏好特征，也进一步对比和识别技术流动创新效应的最优区间。

为检验技术流动的创新效应，对比技术势差和技术相似度在其中扮演的角色，借鉴赵景和董直庆（2019）的设计思路，构建面板回归模型如下所示：

$$\ln INP_{it} = \beta_0 + \beta_1 \ln TFL_{it} + \beta_2 \sum_{j=1}^{31} w_{ij} \cdot \ln TFL_{jt} + \gamma' X + u_i + v_t + \varepsilon_{it} \qquad (3-12)$$

其中，下标 i 和 t 分别代表地区和时间，INP_{it} 代表创新产出，TFL_{it} 代表技术流动规模。$W = (w_{ij})_{31 \times 31}$ 为地区关联权重矩阵，以地区间技术势差构成技术势差权重矩阵 W_g，或者以地区间技术相似度设计技术相似度权重矩阵 W_s。因此，β_2 表征本地区技术流动对存在技术势差的关联地区或技术相似关联地区创新产出的影响。X 为控制变量构成的向量，u_i 为地区效应项，v_t 为时间效应项，ε_{it} 为随机误差项。

核心变量设计如下：

（1）创新产出（INP_{it}）。创新产出一般采用专利申请数和新产品销售收入衡量（吴延兵，2006；朱有为和徐康宁，2006）。为有效对比技术流动的创新效应，选择不同方式描述创新产出，参考白俊红和卞元超（2016），分别赋予发明专利、实用新型专利和外观设计专利以 0.5、0.3 和 0.2 的权重，采用三种专利申请数的加权平均值表征创新产出，并采用新产品销售收入替换专利申请数表征的创新产出，进行稳健性检验。

（2）技术流动规模（TFL_{it}）。由于技术流动存在流入和流出两种方向，也为考察不同技术流向的可能性后果，借鉴董直庆和赵星（2018）的思路，以技术市场流向地域和输出地域合同金额分别表征技术流入规模和流出规模，以流向地域和输出地域的合同总金额表征技术流动总规模，用以刻画技术的整体流动状况。

（3）技术势差权重矩阵（W_g）。依据余泳泽和武鹏（2010）、范丹和刘宏（2015）、胡书金等（2018）的思路，采用地区间全要素生产率相对差距表征技术势差：

$$w_{gij} = 100 \times |TFP_i - TFP_j| / \min\{TFP_i, TFP_j\} \qquad (3-13)$$

其中，TFP_i 为地区 i 的全要素生产率，采用 DEA 模型的 Malmquist 指数法计算。$w_{gij} \in [0, +\infty)$ 越大表明两地技术势差越大。

（4）技术相似度权重矩阵（W_s）。借鉴 Jaffe（1986）、刘凤朝等（2018）、陈颂和卢晨（2019）构造地区间技术相似度指标，测算公式为：

$$w_{sij} = 100 \times \sum_{k=1}^{n} f_{ik} f_{jk} \bigg/ \sqrt{\sum_{k=1}^{n} f_{ik}^2 \sum_{k=1}^{n} f_{jk}^2} \qquad (3-14)$$

其中，f_{ik} 为地区 i 第 k 种专利申请受理数，n 为专利种类数。在此以发明、实用新型和外观设计代表不同种类专利。$w_{sij} \in [0, 1]$，若越接近于 1 则表明两地技术结构越相似，越接近于 0 表示技术结构差异越大。

控制变量设计如下：①研发人员投入（RDL）和研发资本投入（RDK）。研发人员和研发资本是获得创新产出的关键要素，根据吴延兵（2006）和白俊红（2011）构造的创新生产模型，以 R&D 人员全时当量表征研发人员投入，并采用永续盘存法测算 R&D 资本存量表征研发资本投入（董直庆和胡晟明，2020）。②贸易开放度（OPE）。贸易开放有利于一国引进技术和外商直接投资，研究表明，技术引进和 FDI 存在明显的技术溢出效应。参考白俊红和蒋伏心（2015）、韩先锋等（2019）的做法，是以货物进出口总额除以 GDP 来衡量贸易开放度，并利用汇率将以美元表示的货物进出口额转化为人民币。③产业结构（RIS）。一国产业结构合理性与否，将会影响技术流动规模和技术流动效率，进而影响技术创新效应。

为刻画产业结构合理程度，借鉴干春晖等（2011）的产业结构合理化指标 $RIS = \sum_{i=1}^{n} \left(\dfrac{Y_i}{Y}\right) \ln \left(\dfrac{Y_i}{L_i} / \dfrac{Y}{L}\right)$ 表征产业结构合理度，其中 Y 和 L 分别表示总产值和总就业人数，Y_i 和 L_i 分别为第 i 产业的产值和就业人数。④技术消化吸收能力（ABB）。参考赵增耀等（2015），采用技术消化吸收支出占技术引进费用比，刻画地区的技术消化吸收能力。⑤交通基础设施水平（TRA）。参考周海波等（2017），采用各地区铁路、公路与内河航道里程之和与其土地面积的比值衡量交通基础设施水平。⑥城市化水平（URB）。借鉴韩先锋等（2019），以各地区年末城镇人口数与总人口数之比表征。数据主要来自国家统计局、《中国科技统计年鉴》和《中国人口和就业统计年鉴》，经整理得到中国 1999～2018 年 31 个地区面板数据。表 3-18 报告上述变量的描述性统计结果。

表 3-18　变量描述性统计结果

变量名称	变量符号	单位	观测数	均值	标准差	最大值	最小值
创新产出	INP	件	620	14359.5482	29301.7090	260498.3000	3.1000
技术流入规模	TFL	亿元	620	118.5820	235.6125	2406.9985	0.0772
技术流出规模	TFL	亿元	620	140.0462	453.0391	5310.4900	0.0001
技术流动总规模	TFL	亿元	620	258.6266	669.9243	7717.4885	0.0772
技术势差	wg	%	961	1.8389	1.4966	6.7005	0.0000
技术相似度	ws	%	961	95.3875	5.0324	100.0000	70.3301
研发人员	RDL	人年	620	75266.4371	99706.5117	762733.0000	204.0000
研发资本	RDK	亿元	620	436.3552	706.7510	4578.8933	1.1906
贸易开放度	OPE	—	620	0.2863	0.3357	1.6682	0.0116

变量名称	变量符号	单位	观测数	均值	标准差	最大值	最小值
产业结构	RIS	—	620	0.2550	0.1488	0.8803	0.0169
消化吸收能力	ABB	—	620	0.6032	4.5073	110.9200	0.0000
交通设施水平	TRA	—	620	0.7295	0.5266	2.5233	0.0190
城市化水平	URB	—	620	0.4816	0.1585	0.8961	0.1389

二、技术流动的创新效应检验

基于上述回归模型，分类检验地区间存在技术势差和技术相似特征下技术流入、技术流出及技术总流动的创新效应，回归结果如表3-19所示。其中列（1）至列（3）包含技术势差权重矩阵 Wg 和技术流动 TFL 的交互项，列（4）至列（6）列包含技术相似度权重矩阵 Ws 和技术流动 TFL 的交互项，以探究技术流动更偏好于何种技术属性。列（1）和列（4）、列（2）和列（5）、列（3）和列（6）分别检验技术流入、技术流出、技术总流动的影响。

表3-19　全样本技术流动的创新效应基准回归结果

变量	技术势差权重矩阵			技术相似度权重矩阵		
	（1）	（2）	（3）	（4）	（5）	（6）
	技术流入	技术流出	技术总流动	技术流入	技术流出	技术总流动
TFL	0.4295***	0.2571***	0.4232***	0.2525***	0.1754***	0.2753***
	(0.0264)	(0.0179)	(0.0237)	(0.0312)	(0.0187)	(0.0286)
W×TFL	0.1967***	0.2081***	0.1673***	0.0184***	0.0166***	0.0163***
	(0.0530)	(0.0580)	(0.0523)	(0.0018)	(0.0016)	(0.0018)
RDL	0.1356**	0.2861***	0.1760***	0.2871***	0.3964***	0.3027***
	(0.0629)	(0.0657)	(0.0610)	(0.0610)	(0.0621)	(0.0596)
RDK	0.4277***	0.6058***	0.4563***	0.1264**	0.3110***	0.1785***
	(0.0479)	(0.0461)	(0.0454)	(0.0555)	(0.0522)	(0.0545)
OPE	0.3624***	0.3672***	0.3979***	0.4942***	0.5141***	0.5185***
	(0.1344)	(0.1395)	(0.1306)	(0.1215)	(0.1246)	(0.1193)
RIS	−1.0035***	−1.2133***	−1.0606***	−0.5181**	−0.6468***	−0.5798***
	(0.2235)	(0.2298)	(0.2159)	(0.2154)	(0.2209)	(0.2123)

续表

变量	技术势差权重矩阵			技术相似度权重矩阵		
	(1)	(2)	(3)	(4)	(5)	(6)
	技术流入	技术流出	技术总流动	技术流入	技术流出	技术总流动
ABB	−0.0005	−0.0005	−0.0004	−0.0002	0.0007	0.0001
	(0.0029)	(0.0030)	(0.0028)	(0.0027)	(0.0027)	(0.0026)
TRA	0.5446***	0.2797***	0.5135***	0.6043***	0.4683***	0.5889***
	(0.0818)	(0.0836)	(0.0787)	(0.0764)	(0.0800)	(0.0747)
URB	−0.2014	−0.1037	−0.2783	−0.2930*	−0.2651	−0.3466**
	(0.1861)	(0.1903)	(0.1803)	(0.1737)	(0.1775)	(0.1703)
C	2.4267***	1.0813**	1.7401***	1.2383**	0.3227	0.6016
	(0.5266)	(0.5505)	(0.5129)	(0.5089)	(0.5175)	(0.5047)
R^2	0.9140	0.9055	0.9117	0.9132	0.9411	0.9270
F 值	985.50	927.97	1057.33	1136.10	1084.71	1188.27
权重矩阵	W_g	W_g	W_g	W_s	W_s	W_s
样本量	620	620	620	620	620	620

注：括号内数字为统计的标准误差，***、**、*分别表示在1%、5%、10%的水平下显著，下表相同。

表3-19结果显示：第一，技术流动存在显著的创新效应。技术势差组和技术相似组的 TFL 估计系数均在1%的水平上显著为正，技术流入、技术流出和技术总流动均可显著增加创新产出，技术流入与技术总流动的贡献又明显优于技术流出，这吻合技术流动与创新关系预期。第二，技术流动存在突出的偏好特征。W×TFL 技术势差组贡献约为技术相似度组10倍左右，并且在技术流入、流出和技术总流动指标上均无显著差异，即技术流动的创新效应更偏好具有技术势差的地区。第三，技术流动的创新效应呈现本地贡献为主导。无论从技术势差或技术相似组检验结果上看，技术流动的本地创新效应均明显优于邻地效应，表明本地的技术流动是推动技术创新的主因。这一点在技术相似度组表现尤其明显，TFL 的贡献几乎是 W×TFL 的10倍以上。第四，在控制变量方面，研发人员和研发资本均正向显著激励技术创新，贸易开放度、产业结构、交通基础设施水平的提升均有利于增加创新产出。综合可知，在技术流动的创新效应中，技术势差扮演了比技术相似度更为重要的角色，即存在技术势差的地区间技术流动更有利于促进创新。

表 3-20　全样本技术流动创新效应的稳健性检验

变量	技术势差权重矩阵			技术相似度权重矩阵		
	（1）	（2）	（3）	（4）	（5）	（6）
	技术流入	技术流出	技术总流动	技术流入	技术流出	技术总流动
TFL	0.4330***	0.2649***	0.5160***	0.4708***	0.2922***	0.4301***
	（0.0264）	（0.0177）	（0.0309）	（0.0364）	（0.0271）	（0.0325）
W×TFL	0.4819***	0.3582**	0.5241***	0.0282***	0.0265***	0.0276***
	（0.1478）	（0.1530）	（0.1473）	（0.0038）	（0.0037）	（0.0037）
控制变量	控制	控制	控制	控制	控制	控制
R^2	0.7832	0.8521	0.7887	0.9189	0.9036	0.9120
F 值	979.95	915.58	988.94	1068.23	909.40	1064.91
权重矩阵	*Wg*	*Wg*	*Wg*	*Ws*	*Ws*	*Ws*
样本量	620	620	620	620	620	620

注：限于篇幅，本表只报告关键核心变量结果，其他控制变量省略，余表同。

为进一步验证基准回归结果的稳健性，首先采用技术市场流入地或输出地合同数代替合同金额度量技术流动，被解释变量和控制变量保持不变，可得技术流动创新效应的稳健性检验结果如表 3-20 所示。结果显示：第一，技术流动的创新效应结果稳健。无论在技术势差还是技术相似组，技术流动的创新效应均保持1%的显著性水平，且作用强度基本保持不变。第二，技术流动创新效应的偏好特征仍旧稳健。在以合同数为解释变量的检验中，邻地技术流动的技术势差组偏好特征却得以强化，其中技术势差组 *W×TFL* 贡献约为技术相似组的 17 倍左右，这在技术流入、技术流出与技术总流动组中均表现出无差异。综合而言，地区间技术流动的创新效应发挥，更偏好选择具有技术势差的地区，基准回归结果成立。

就东北地区而言，东北地区技术流动的创新效应检验结果如表 3-21 所示。结果显示，第一，东北地区技术流动的创新效应明显，但低于全国平均水平。在技术势差权重矩阵下，技术流入、技术流出以及技术总流动对增加创新产出至少在5%的显著性水平下为正；在技术相似度权重矩阵下，除了技术流出外，技术流入与技术总流动对创新产出的影响均在5%的显著性水平下为正，表明技术流动对提高东北地区的创新效应明显。但是对比表 3-19，可以发现东北地区技术流动的创新效应明显低于全国平均水平。第二，技术流动的偏好特征依旧明显。

例如,从回归系数大小来看,在技术势差权重矩阵下,无论是技术流入、技术流出还是技术总流动的系数均大于技术相似度权重矩阵下的回归结果,而从系数显著性来看,技术势差权重矩阵下的结果都不显著。第三,东北地区技术流动的本地效应明显,具体来说,无论在何种权重矩阵下,*TFL* 系数显著性均高于 *W×TFL*,表明东北地区技术流动的创新效应得益于域内的技术流动。而邻近地区技术流动对本地创新的影响,只有相似度权重矩阵下显著,且为负向作用。

表3-21 东北地区技术流动的创新效应基准回归结果

变量	技术势差权重矩阵			技术相似度权重矩阵		
	(1)	(2)	(3)	(4)	(5)	(6)
	技术流入	技术流出	技术总流动	技术流入	技术流出	技术总流动
TFL	0.1861***	0.2004**	0.2324***	0.1625**	0.1035	0.1985**
	(0.0558)	(0.0743)	(0.0670)	(0.0649)	(0.0883)	(0.0801)
W×TFL	0.5166	−0.8459	0.5619	−0.3167	−0.8644*	−0.3363
	(1.0825)	(1.3531)	(1.0485)	(0.4521)	(0.5004)	(0.4766)
RDL	0.1320	0.1262	0.0943	0.1431	0.0612	0.1112
	(0.2116)	(0.2258)	(0.2110)	(0.2065)	(0.2126)	(0.2054)
RDK	0.0555	−0.0412	−0.1332	0.0811	0.0769	−0.0667
	(0.3733)	(0.4386)	(0.3928)	(0.3689)	(0.4257)	(0.3907)
OPE	1.6791**	0.6153	1.2928*	1.5018**	0.8665	1.1287*
	(0.6639)	(0.7524)	(0.6478)	(0.6862)	(0.6521)	(0.6435)
RIS	−2.6711***	−1.7056**	−2.3993***	−2.9126***	−2.6489***	−2.6305***
	(0.5397)	(0.6313)	(0.5402)	(0.7034)	(0.6572)	(0.7083)
ABB	0.0764*	0.0280	0.0498	0.0718	0.0437	0.0483
	(0.0435)	(0.0538)	(0.0455)	(0.0434)	(0.0502)	(0.0452)
TRA	1.4970	0.1741	1.1483	1.3643	0.5073	1.0249
	(1.0235)	(1.0187)	(0.9849)	(1.0187)	(0.9622)	(0.9665)
URB	0.2192	1.0747	0.6652	0.4387	1.6638	0.8660
	(1.1614)	(1.1862)	(1.1147)	(1.2274)	(1.1397)	(1.1752)
C	4.0865	5.8474	4.6082	26.4911	50.5624*	34.2157
	(3.1747)	(3.4570)	(3.2334)	(31.6215)	(26.3621)	(41.3696)
N	60	60	60	60	60	60
R²	0.9919	0.9910	0.9920	0.9919	0.9917	0.9921

为进一步验证东北地区技术流动创新效应的稳健性，首先采用技术市场流入地或输出地合同数代替合同金额度量技术流动，被解释变量和控制变量保持不变，可得技术流动创新效应的稳健性检验结果如表3-22所示。结果显示：第一，技术流动的创新效应结果稳健。无论在技术势差还是技术相似组，技术流动的创新效应均至少保持10%的显著性水平。第二，技术流动创新效应的本地主导特征也保持稳健。在技术势差权重矩阵组，邻地技术流动的创新效应并不显著，而在技术相似度组，邻地效应甚至转为负值。即说明邻近地区技术流动反而抑制了本地创新能力的提升，可能是创新要素流动在技术相似地区间存在竞争，而东北地区的经济发展水平、创新环境和政策环境相对于其他地区，并不具有竞争力。

表 3-22　东北地区技术流动创新效应的稳健性回归结果

变量	技术势差权重矩阵			技术相似度权重矩阵		
	（1）	（2）	（3）	（4）	（5）	（6）
	技术流入	技术流出	技术总流动	技术流入	技术流出	技术总流动
TFL	0.4682***	0.2165*	0.3688***	0.4572***	0.2507**	0.3687***
	(0.1350)	(0.1109)	(0.1294)	(0.1084)	(0.0941)	(0.1005)
W×TFL	2.5741	−0.1172	1.5358	−3.3081***	−1.9448**	−2.9686***
	(1.9234)	(1.1929)	(1.6343)	(1.0232)	(0.7609)	(0.9463)
RDL	0.4268*	0.3798	0.4521*	0.2939	0.3946*	0.3617*
	(0.2161)	(0.2489)	(0.2348)	(0.1886)	(0.2200)	(0.1989)
RDK	0.2395	0.1696	0.1622	0.0600	0.0605	0.0190
	(0.3576)	(0.4164)	(0.3835)	(0.3175)	(0.3777)	(0.3391)
OPE	0.8921	0.5437	0.6399	0.2013	0.3278	0.1000
	(0.6538)	(0.7441)	(0.6922)	(0.5897)	(0.6777)	(0.6222)
RIS	−2.7980***	−2.5029***	−2.6744***	−2.5068***	−2.0800***	−2.3744***
	(0.4821)	(0.5189)	(0.5014)	(0.4194)	(0.4958)	(0.4357)
ABB	0.0506	0.0485	0.0459	0.0119	0.0274	0.0115
	(0.0455)	(0.0545)	(0.0494)	(0.0419)	(0.0494)	(0.0447)
TRA	0.7548	0.2354	0.3220	1.3485	0.7134	1.0286
	(0.9714)	(1.0971)	(1.0090)	(0.8613)	(0.9574)	(0.8822)
URB	−0.1094	0.5818	0.4341	0.0317	0.4969	0.3411
	(1.1686)	(1.2464)	(1.2126)	(1.0319)	(1.1072)	(1.0406)

变量	技术势差权重矩阵			技术相似度权重矩阵		
	（1）	（2）	（3）	（4）	（5）	（6）
	技术流入	技术流出	技术总流动	技术流入	技术流出	技术总流动
C	−12.1664	0.9696	−8.0559	830.2571***	465.3500**	796.3771***
	(9.1007)	(6.4976)	(8.7372)	(257.0376)	(181.9277)	(254.0192)
N	60	60	60	60	60	60
R^2	0.9920	0.9902	0.9912	0.9938	0.9920	0.9933

三、最优技术势差和技术相似度检验

技术势差和技术相似度在技术流动创新效应中发挥关键性作用。然而，任何技术总是承载着技术来源地的创新要素禀赋属性，技术来源地和技术应用地的要素禀赋匹配性，会对其技术创新效应产生广泛而深远的影响。技术流动的偏好特征部分印证技术适配性的判断。适宜性技术理论表明，地区间技术势差并非越大越有利于增强技术流动的创新效应。一方面，地区间技术势差的扩大会导致低势能地区向高势能地区学习的空间增大，可促进技术由高势能地区向低势能地区流动；另一方面，低势能地区的技术消化吸收能力会伴随其与高势能地区间技术势差的扩大而逐渐减弱，这是因为低势能地区模仿先进技术的难度随之增加，从而阻碍技术流动（余泳泽和武鹏，2010；王华等，2012）。类似地，地区间的技术相似度也并非越高越有利于发挥技术流动的创新效应，当地区间的技术相似度较高时，技术虽然在技术来源地与应用地之间的转让更容易且应用效率更高，但地区间模仿学习空间被压缩，加剧相互竞争程度反而会抑制技术流动。

为此，借鉴沈坤荣等（2017）、董直庆和王辉（2019）的做法，通过设定不同大小的技术势差和不同技术相似度关联权重矩阵，对比不同技术流动创新效应的差异，识别是否可能存在最优技术势差和最优技术相似度区间。表3-23显示技术流动创新效应的最优技术势差检验结果，其中$Wg0.5$、$Wg1$、$Wg1.5$、$Wg2$、$Wg2.5$、$Wg3$、$Wg3.5$、$Wg4$、$Wg4.5$、$Wg5$、$Wg6$和$Wg7$分别表示地区间技术势差在0～0.5%、0.5%～1%、1%～1.5%、1.5%～2%、2%～2.5%、2.5%～3%、3%～3.5%、3.5%～4%、4%～4.5%、4.5%～5%、5%～6%、6%～7%的权重矩阵。数据显示：地区间技术势差在6%～7%时，技术流动的本地创新效应达到最大。而技术流动对其他关联地区的创新效应，整体上随着技术势差扩大而逐渐减小，表明势差越大邻近地区越难以发挥作用，且当地区间技术势差为 0~0.5%时，技术流动对其他关联地区的创新效应最大。

表 3-23　全国技术流动创新效应的最优技术势差检验

势差矩阵	Wg0.5	Wg1	Wg1.5	Wg2	Wg2.5	Wg3
TFL	0.3954***	0.3891***	0.3991***	0.4227***	0.4121***	0.4342***
	(0.0248)	(0.0246)	(0.0247)	(0.0247)	(0.0236)	(0.0236)
W×TFL	0.0493***	0.0292***	0.0215***	0.0054*	0.0146***	−0.0047
	(0.0108)	(0.0054)	(0.0049)	(0.0028)	(0.0030)	(0.0034)
控制变量	控制	控制	控制	控制	控制	控制
R^2	0.9192	0.9167	0.9155	0.9192	0.9236	0.9154
F 值	1077.53	1093.97	1074.46	1045.06	1081.95	1041.52
样本量	620	620	620	620	620	620
势差矩阵	Wg3.5	Wg4	Wg4.5	Wg5	Wg6	Wg7
TFL	0.4193***	0.4375***	0.4363***	0.4388***	0.4380***	0.4412***
	(0.0233)	(0.0235)	(0.0236)	(0.0234)	(0.0233)	(0.0237)
W×TFL	0.0089***	−0.0013	0.0018	−0.0008	−0.0028	0.0017
	(0.0019)	(0.0029)	(0.0022)	(0.0017)	(0.0020)	(0.0026)
控制变量	控制	控制	控制	控制	控制	控制
R^2	0.9031	0.9152	0.9141	0.9183	0.9129	0.9151
F 值	1080.96	1038.21	1039.11	1038.22	1041.52	1038.72
样本量	620	620	620	620	620	620

表 3-24 报告的是技术流动创新效应的最优技术相似度检验结果，限于篇幅，下面只讨论技术总流动创新效应。其中 Ws81.25、Ws82.5、Ws83.75、Ws85、Ws86.25、Ws87.5、Ws88.75、Ws90、Ws91.25、Ws92.5、Ws93.75、Ws95、Ws96.25、Ws97.5、Ws98.75 和 Ws100 分别表示地区间技术相似度在 0~81.25%、81.25%~82.5%、82.5%~83.75%、83.75%~85%、85%~86.25%、86.25%~87.5%、87.5%~88.75%、88.75%~90%、90%~91.25%、91.25%~92.5%、92.5%~93.75%、93.75%~95%、95%~96.25%、96.25%~97.5%、97.5%~98.75%、98.75%~100%的权重矩阵。数据显示：当地区间技术相似度在98.75%~100%时，技术流动的本地创新效应最大。技术流动对其他地区的创新

效应随着技术相似度的提高整体近似呈现波动特征，并且当地区间技术相似度为86.25%~87.5%时，技术流动对技术关联地区的创新效应最大。研究表明，地区间技术相似度只有达到高度相似，地区间技术流动效果才最优。

表3-24　全国技术流动创新效应的最优技术相似度检验

相似度矩阵	Ws81.25	Ws82.5	Ws83.75	Ws85	Ws86.25	Ws87.5	Ws88.75	Ws90
TFL	0.4421***	0.4365***	0.4392***	0.4317***	0.3867***	0.4210***	0.4404***	0.4219***
	(0.0232)	(0.0234)	(0.0231)	(0.0232)	(0.0264)	(0.0230)	(0.0232)	(0.0233)
W×TFL	0.0437***	0.0262	-0.2299***	0.0819***	0.0094***	0.0821***	0.0718***	0.0443***
	(0.0123)	(0.0242)	(0.0599)	(0.0215)	(0.0023)	(0.0150)	(0.0209)	(0.0099)
控制变量	控制	控制	控制	控制	控制	控制	控制	控制
R^2	0.9151	0.9118	0.9194	0.9128	0.9201	0.9156	0.9132	0.8986
F值	1061.84	1040.06	1065.81	1065.50	1069.42	1095.00	1060.28	1076.21
样本量	620	620	620	620	620	620	620	620
相似度矩阵	Ws91.25	Ws92.5	Ws93.75	Ws95	Ws96.25	Ws97.5	Ws98.75	Ws100
TFL	0.4318***	0.4374***	0.4267***	0.4244***	0.3901***	0.4044***	0.4240***	0.4445***
	(0.0233)	(0.0234)	(0.0241)	(0.0241)	(0.0232)	(0.0242)	(0.0252)	(0.0243)
W×TFL	0.0476***	-0.0104	0.0129*	0.0195**	0.0477***	0.0210***	0.0078	-0.0019
	(0.0143)	(0.0096)	(0.0066)	(0.0084)	(0.0063)	(0.0047)	(0.0050)	(0.0021)
控制变量	控制	控制	控制	控制	控制	控制	控制	控制
R^2	0.9162	0.9145	0.9113	0.9116	0.8930	0.9153	0.9159	0.9138
F值	1059.05	1040.09	1045.07	1048.15	1146.8	1075.62	1042.5	1039.36
样本量	620	620	620	620	620	620	620	620

表3-25显示东北地区技术流动创新效应的最优技术势差检验结果。数据显示：东北地区间技术势差在5%~7%时，技术流动的本地创新效应达到最大，这一技术势差与全国的最优技术势差水平相当。技术流动对其他关联地区的创新效应，在所有的技术势差下都不显著，即东北地区技术流动无法对邻近地区形成外溢效应，这也在于东北地区自身的技术水平不高和技术创新活力不足。

表 3-25　东北地区技术流动创新效应的最优技术势差检验

势差矩阵	Wg0.5	Wg1	Wg1.5	Wg2	Wg2.5	Wg3
TFL	0.1599*	0.2153***	0.1768**	0.1797**	0.2243***	0.1807**
	(0.0838)	(0.0672)	(0.0844)	(0.0710)	(0.0687)	(0.0865)
W×TFL	−0.0874	0.0931	−0.0283	0.0144	−0.0043	−0.0459
	(0.0658)	(0.0847)	(0.0280)	(0.0087)	(0.0113)	(0.0518)
控制变量	控制	控制	控制	控制	控制	控制
N	60	60	60	60	60	60
R^2	0.9924	0.9923	0.9922	0.9926	0.9920	0.9921
势差	Wg3.5	Wg4	Wg4.5	Wg5	Wg6	Wg7
TFL	0.1626**	0.1875**	0.2189**	0.2102***	0.2299***	0.2299***
	(0.0773)	(0.0721)	(0.0800)	(0.0702)	(0.0661)	(0.0661)
W×TFL	−0.0103	0.0221	0.0037	0.0076	—	—
	(0.0065)	(0.0161)	(0.0145)	(0.0088)		
控制变量	控制	控制	控制	控制	控制	控制
N	60	60	60	60	60	60
R^2	0.9926	0.9924	0.9920	0.9921	0.9919	0.9919

表 3-26 为东北地区技术流动创新效应的最优相似度检验结果。从技术相似度视角来看，当东北地区技术相似度处于 96.25%~97.5% 时，东北地区技术流动的本地创新效应系数达到最大，为 0.2455，且在 1% 水平显著，这高于全国的平均水平。可能的原因是，当地区间的技术相似度较高时，技术在应用地的使用范围更广和应用效率更高。东北地区技术流动对技术相似地区创新的影响，只有在技术相似度为 93.75%~95% 时，才具有显著的正向作用，而在其他技术相似度时都未能形成显著的外溢效应。

表 3-26　东北地区技术流动创新效应的最优技术相似度检验

相似度	Ws81.25	Ws82.5	Ws83.75	Ws85	Ws86.25	Ws87.5	Ws88.75	Ws90
TFL	0.2299***	0.2299***	0.2299***	0.2299***	0.2370***	0.1944***	0.2190**	0.1632*
	(0.0661)	(0.0661)	(0.0661)	(0.0661)	(0.0685)	(0.0697)	(0.0801)	(0.0899)
W×TFL	—	—	—	—	−0.0089	0.0706	−0.0168	0.0444
					(0.0185)	(0.0499)	(0.0673)	(0.0407)

续表

相似度	Ws81.25	Ws82.5	Ws83.75	Ws85	Ws86.25	Ws87.5	Ws88.75	Ws90
控制变量	控制	控制	控制	控制	控制	控制	控制	控制
N	60	60	60	60	60	60	60	60
R^2	0.9919	0.9919	0.9919	0.9919	0.9920	0.9925	0.9920	0.9923
相似度	Ws91.25	Ws92.5	Ws93.75	Ws95	Ws96.25	Ws97.5	Ws98.75	Ws100
TFL	0.1930**	0.1998***	0.2387***	0.1500**	0.1867***	0.2455***	0.1756**	0.1877**
	(0.0724)	(0.0688)	(0.0687)	(0.0727)	(0.0663)	(0.0730)	(0.0842)	(0.0882)
$W \times TFL$	−0.0351	−0.1593	−0.0276	0.1228**	−0.0879**	0.0251	0.0363	−0.0270
	(0.0292)	(0.1171)	(0.0499)	(0.0573)	(0.0429)	(0.0469)	(0.0350)	(0.0370)
控制变量	控制	控制	控制	控制	控制	控制	控制	控制
N	60	60	60	60	60	60	60	60
R^2	0.9923	0.9924	0.9920	0.9930	0.9930	0.9920	0.9922	0.9921

四、技术流动方式的异质性

上述检验结果证实技术流动创新效应的存在性和偏好特性，那么，技术流动方式在其中发挥何种作用？为了进一步比较不同流动方式创新效应差异，以及技术势差和技术相似度的作用异同，下文从技术流动方式视角进行分析。

表3-27 全样本不同流动方式的技术流动创新效应检验

变量	技术势差权重矩阵				技术相似度权重矩阵			
	(1)	(2)	(3)	(4)	(5)	(6)	(7)	(8)
	技术开发	技术转让	技术咨询	技术服务	技术开发	技术转让	技术咨询	技术服务
TFL	0.2783***	0.1029***	0.2027***	0.2568***	0.1193***	0.0373*	0.1095***	0.1339***
	(0.0281)	(0.0222)	(0.0210)	(0.0203)	(0.0275)	(0.0209)	(0.0216)	(0.0237)
$W \times TFL$	0.2845***	0.5451***	0.2584***	0.1537***	0.0284***	0.0275***	0.0205***	0.0141***
	(0.0695)	(0.0871)	(0.0644)	(0.0449)	(0.0020)	(0.0021)	(0.0019)	(0.0015)
控制变量	控制	控制	控制	控制	控制	控制	控制	控制
R^2	0.9220	0.9229	0.9303	0.9264	0.8755	0.9168	0.937	0.9263
F值	776.94	699.35	762.92	851.59	1028.96	865.04	899.64	969.58
权重矩阵	Wg	Wg	Wg	Wg	Ws	Ws	Ws	Ws
样本量	620	620	620	620	620	620	620	620

表 3-27 给出全国层面不同流动方式下技术流动创新效应的检验结果，其中地区间技术流动主要包括技术开发、技术转让、技术咨询和技术服务四种方式。结果显示：第一，无论在何种技术流动方式下，技术流动创新效应的存在性不变，基本保持 1% 的显著性水平，且技术势差组的效果更突出。第二，不同技术流动方式的技术创新效应有明显差异。在技术势差组，技术开发方式的本地技术流动创新效应最大，其次是技术服务，而技术转让方式的技术流动对其他关联地区创新产出的正向作用则更大。在技术相似组，技术服务方式的技术流动创新效应最大，但技术开发方式的技术流动对其他技术相似地区创新产出的作用更大，技术转让同样也对其他关联地区存在较大的创新作用。

表 3-28 为东北地区不同流动方式的技术流动创新效应检验结果。技术流动创新效应的存在性不变，但是不同的流动方式差异明显。第一，无论是在从技术流动系数的显著性，还是技术流动的回归系数大小来看，在技术势差组的影响效应明显强于在技术相似组。第二，从不同的流动方式来看，无论是在技术势差组还是在技术相似组，东北地区技术开发和技术咨询方式的技术流动，形成了较强的本地创新效应，可见东北地区主要通过技术开发与咨询的方式来提升创新能力。第三，从对其他地区的作用效应来看，在技术势差权重矩阵下，技术转让方式的 $W \times TFL$ 系数显著为正，表明东北地区主要通过技术转让对其他地区产生外溢效应。而技术开发、技术咨询和技术服务等技术流动方式，无论是在技术势差组还是在技术相似组，都不能发挥显著的外溢作用。

表 3-28　东北地区不同流动方式的技术流动创新效应检验

变量	技术势差权重矩阵				技术相似度权重矩阵			
	（1）	（2）	（3）	（4）	（5）	（6）	（7）	（8）
	技术开发	技术转让	技术咨询	技术服务	技术开发	技术转让	技术咨询	技术服务
TFL	0.1797 ***	0.0618	0.1231 ***	0.0713 *	0.1389 **	0.0473	0.1041 ***	0.0473
	（0.0576）	（0.0365）	（0.0343）	（0.0416）	（0.0609）	（0.0392）	（0.0314）	（0.0439）
W×TFL	−0.5186	1.1342 **	1.1009	0.7597	−0.6883	−0.3996	0.1360	−0.3917
	（1.0476）	（0.4920）	（0.9715）	（0.9656）	（0.5586）	（0.4877）	（0.4908）	（0.3444）
RDL	0.1473	0.3104	−0.0356	0.1961	0.1644	0.2107	0.0741	0.1601
	（0.2154）	（0.2239）	（0.2256）	（0.2366）	（0.2094）	（0.2355）	（0.2065）	（0.2381）
RDK	0.0640	0.5005	−0.0793	0.4616	0.0260	0.4093	0.0459	0.4078
	（0.3852）	（0.3765）	（0.3758）	（0.3871）	（0.3768）	（0.4028）	（0.3655）	（0.3884）

续表

变量	技术势差权重矩阵				技术相似度权重矩阵			
	（1）	（2）	（3）	（4）	（5）	（6）	（7）	（8）
	技术开发	技术转让	技术咨询	技术服务	技术开发	技术转让	技术咨询	技术服务
OPE	1.0055	1.1880*	2.3669***	1.4326*	0.9323	1.0674	2.2152***	1.2098
	(0.6519)	(0.6744)	(0.7126)	(0.7415)	(0.6414)	(0.7320)	(0.7794)	(0.7526)
RIS	-2.3379***	-2.6139***	-2.2567***	-2.8025***	-3.3265***	-2.8598***	-2.2248***	-3.0630***
	(0.5799)	(0.5103)	(0.4540)	(0.5766)	(0.8187)	(0.8255)	(0.4976)	(0.6466)
ABB	0.0783*	0.0715	0.0806*	0.1008**	0.0764*	0.0797	0.1041**	0.0892*
	(0.0442)	(0.0478)	(0.0434)	(0.0476)	(0.0432)	(0.0514)	(0.0485)	(0.0479)
TRA	0.4707	0.4640	1.1414	0.8115	0.8853	0.5313	1.2822	0.7821
	(1.0652)	(1.0038)	(0.9558)	(1.1509)	(0.9697)	(1.1025)	(1.0039)	(1.1373)
URB	0.8598	1.9510	-0.3771	0.6386	1.4147	1.0107	-0.1065	0.8892
	(1.1286)	(1.2455)	(1.1563)	(1.2964)	(1.1682)	(1.2555)	(1.2323)	(1.3161)
C	5.0577	0.6683	7.7553**	2.2645	31.0255	8.4543	8.8099	18.4211
	(3.1968)	(3.3865)	(3.5313)	(3.3909)	(21.4211)	(7.4181)	(11.4890)	(14.5498)
N	60	60	60	60	60	60	60	60
R^2	0.9915	0.9909	0.9924	0.9898	0.9919	0.9895	0.9921	0.9900

第四章 东北地区创新要素集聚的空间溢出效应

新经济地理学认为，创新要素集聚能够带动地区技术进步，是推动区域创新的核心动力。但现有研究主要集中于考察生产要素资本和劳动对地区创新或生产率的影响，缺乏综合考察多种创新要素集聚对区域创新效率的作用，特别是对其他关联地区的空间溢出效应的研究相对匮乏。本章从创新人员集聚、创新资本集聚和技术集聚三个维度，采用空间计量模型，聚焦于创新要素集聚的空间溢出效应，深化了创新要素集聚空间效应的相关研究。本章首先检验创新人员集聚和创新资本集聚的空间溢出效应及空间作用范围，对比分析不同城市群的作用差异；其次，考察技术集聚的空间溢出效应，对比不同技术集聚程度和市场化环境下技术聚集空间溢出效应的差异性。

第一节 创新人员集聚的空间溢出效应

一、空间计量模型的构建

齐亚伟和陶长琪（2014）采用中国省级面板数据，考察要素集聚对地区创新能力的作用，研究表明物质资本对区域创新能力并未表现出显著正向作用，而人力资本集聚对区域创新能力具有显著正向作用，但没有区分创新要素的类型。基于此，我们将创新要素分为创新资本、创新人员和技术，首先考察创新人员集聚的空间溢出效应，采用2006~2017年286个地级市面板数据，构建空间杜宾模型考察创新人员集聚对区域创新产出的影响及空间溢出效应。空间杜宾模型可以有效衡量创新人员集聚对本地创新产出的作用，也可以考察创新人员集聚对邻接地区创新产出的空间溢出效应。模型设计如下：

$$INN_{it} = \beta_0 + \rho W \times INN_{it} + \beta_1 IPA_{it} + \beta_2 X_{it} + \theta_1 W \times IPA_{it} + \mu_i + \delta_t + \varepsilon_{it} \qquad (4-1)$$

其中，INN_{it} 为 i 城市 t 时期的创新产出水平，采用发明专利授权数衡量城市创新产出水平。IPA_{it} 为 i 城市 t 时期的创新人员集聚指数，采用区位熵方法测算创新人员集聚指数。W 表示空间权重矩阵，采用地理距离空间权重矩阵。ρ 表示创新产出的空间滞后项系数，β_1 表示创新人员集聚对本地创新产出的回归系数，θ_1 表示创新人员集聚对空间关联地区创新产出的回归系数，X_{it} 表示控制变量，μ_i 表示城市固定效应，δ_t 表示时间固定效应，ε_{it} 表示模型的随机误差项。

控制变量：①城镇化水平（CL）。采用城市建设用地面积占市区面积比重表征城镇化水平。②对外开放度（OP）。城市对外开放程度越高，越有助于吸引人才、资金与技术流入当地，进而影响创新产出水平。选择当年实际使用外资金额表征，并采用当年平均汇率将单位换算为人民币。③政府干预（GY）。政府干预是影响区域创新效率的外在原因，采用地方财政预算支出占城市 GDP 比重衡量政府干预。④人力资本投资（RL）。新经济增长理论认为，人力资本有助于地区创新水平的提高，采用地方财政支出中教育经费支出表征人力资本水平。⑤交通便利程度（JT）。城市交通网络能够影响要素在地区间的流向，进而对地区创新产出产生影响，选择城市是否开通高铁来衡量城市的交通便利程度。

二、创新人员集聚空间溢出效应的存在性检验

根据式（4-1）考察创新人员集聚对本地创新产出的影响以及对关联地区创新产出的空间溢出效应。首先采用地理距离空间权重矩阵（W_1）进行检验，并以经济距离矩阵（W_2）和经济地理距离矩阵（W_3）作为稳健性分析，经济距离矩阵由城市间人均国内生产总值之差的绝对值倒数组成，经济地理距离矩阵由城市间距离倒数与城市历年人均国内生产总值平均值占全样本平均水平比重的乘积组成，结果如表4-1所示。

表4-1中列（1）至列（3）为不同权重矩阵下，创新人员集聚空间溢出效应的结果。结果显示：第一，创新人员集聚有助于本地创新产出水平的提升。根据列（1）至列（3）的回归结果，创新人员集聚对本地创新产出的作用系数皆在1%水平上显著，分别为0.831、0.770和0.860，表明在不同空间权重矩阵下，

创新人员集聚对本地创新产出皆表现出显著正向促进作用，与现有研究结论基本吻合。第二，创新人员集聚对关联地区创新产出也表现出显著正向作用，即存在空间溢出效应。具体而言，从列（1）至列（3）回归结果来看，创新人员集聚对关联地区创新产出回归系数皆在1%水平上显著，分别为7.529、1.019和4.540，表明创新人员集聚对关联地区创新产出存在显著正向溢出作用，且不同空间权重矩阵下均表现为促进作用。究其原因，可能在于创新人员集聚会促进技术和知识向空间关联地区扩散，进而推动关联地区创新产出的提高。控制变量城镇化水平和交通便利程度估计系数均在1%水平上显著为正，人力资本水平和对外开放程度估计系数皆为正，而政府干预估计系数为负，表明城镇化、人力资本投资、对外开放程度和交通便利程度能够提高创新产出水平，政府干预并未对创新产出发挥积极的作用。

表 4-1 创新人员集聚空间溢出效应的存在性检验

	（1） W1	（2） W2	（3） W3
IPA	0.831***	0.770***	0.860***
	(0.069)	(0.070)	(0.072)
W×IPA	7.529***	1.019***	4.540***
	(0.700)	(0.186)	(0.534)
CL	0.012***	0.011***	0.011***
	(0.002)	(0.003)	(0.003)
OP	0.015	0.006	0.019
	(0.016)	(0.016)	(0.016)
GY	−0.264	−0.302*	−0.339*
	(0.175)	(0.177)	(0.181)
RL	0.020	0.045	0.011
	(0.038)	(0.038)	(0.039)
JT	0.185***	0.197***	0.182***
	(0.040)	(0.040)	(0.041)
rho	0.845***	0.513***	0.300***
	(0.041)	(0.034)	(0.054)
城市固定	是	是	是

续表

	（1） W1	（2） W2	（3） W3
时间固定	是	是	是
N	3432	3432	3432
R²	0.199	0.219	0.176

注：括号内数字为统计的标准误差，***、**、*分别表示在1%、5%、10%的水平下显著。

为进一步考察不同城市群创新人员集聚对对关联地区创新产出的空间溢出效应，选择东北、京津冀、珠三角、长三角和成渝城市群样本进行回归检验，回归结果如表4-2所示。列（1）至列（5）分别为东北、京津冀、珠三角、长三角和成渝城市群创新人员集聚对区域创新产出影响的回归结果。

回归结果显示：第一，城市群创新人员集聚有助于本地创新产出水平的提高，但作用强度存在显著差异。根据列（1）至列（5）回归结果，东北、京津冀、珠三角、长三角和成渝城市群创新人员集聚对本地创新产出作用系数皆在1%水平上显著，分别为0.197、0.564、4.492、1.100和0.205，表明创新人员集聚对本地创新产出具有正向作用，但不同城市群作用强度存在差异。关于创新人员集聚对创新产出的作用来说，珠三角城市群作用强度最大，长三角城市群次之，排在第三位的是京津冀城市群，成渝和东北城市群创新人员的作用最小。

表4-2　创新人员集聚的空间溢出效应检验：分城市群

	（1） 东北	（2） 京津冀	（3） 珠三角	（4） 长三角	（5） 成渝
IPA	0.197***	0.564***	4.492***	1.100***	0.205**
	(0.038)	(0.160)	(0.549)	(0.188)	(0.087)
W×IPA	0.223	2.281**	10.346***	3.229**	1.624***
	(0.217)	(0.967)	(1.850)	(1.359)	(0.604)
OP	−0.001	0.004	0.106***	−0.007	−0.002
	(0.001)	(0.004)	(0.019)	(0.009)	(0.014)
OP	−0.025***	0.029	0.499	−0.288***	0.005
	(0.004)	(0.044)	(0.311)	(0.072)	(0.016)
GY	−0.172*	−1.034	2.059***	−0.375	−0.278
	(0.091)	(1.587)	(0.576)	(0.489)	(0.229)

	（1）东北	（2）京津冀	（3）珠三角	（4）长三角	（5）成渝
RL	-0.026	0.503	0.538	-0.242	0.219
	(0.019)	(0.348)	(0.514)	(0.268)	(0.170)
JT	0.078***	-0.012	1.682***	0.058	0.139***
	(0.013)	(0.095)	(0.381)	(0.105)	(0.052)
rho	0.625***	0.554**	0.515**	0.680***	0.622**
	(0.158)	(0.235)	(0.204)	(0.084)	(0.264)
城市固定	是	是	是	是	是
时间固定	是	是	是	是	是
N	408	336	252	492	228
R^2	0.178	0.468	0.605	0.324	0.194

注：括号内数字为统计的标准误差，***、**、*分别表示在1%、5%、10%的水平下显著。

第二，城市群创新人员集聚对关联地区创新产出的空间溢出效应表现出非一致性。根据列（1）至列（5）回归结果，东北城市群创新人员集聚空间滞后项回归系数未通过显著性检验，京津冀、珠三角、长三角和成渝城市群创新人员集聚对关联地区创新产出的回归系数皆在5%水平上显著，分别为2.281、10.346、3.229和1.624，表明京津冀、珠三角、长三角和成渝城市群创新人员集聚对关联地区创新产出均存在正向溢出作用，其中，珠三角城市群作用强度最大，长三角城市群次之，第三位是京津冀城市群，成渝城市群作用强度最低，东北城市群作用并不显著。究其原因，可能在于东北城市群创新人员流出现象明显，导致创新人员集聚引致的知识和技术溢出效应作用较弱，而京津冀、珠三角、长三角和成渝城市群创新人员集聚引发知识扩散效应较为明显，促进技术和知识向关联地区扩散，进而对关联地区创新产出表现为正向溢出作用。

三、创新人员集聚的空间溢出效应作用范围

表4-3回归结果发现创新人员集聚对关联地区创新产出存在显著正向空间溢出效应。那么，创新人员集聚的空间作用边界在哪里？是否在某个距离使空间溢出效应达到最强？由此，分别以100～600千米为阈值尝试探索，构造不同距离阈值空间权重矩阵，考察不同距离范围创新人员集聚的空间作用效应，结果如表

4-3 所示。表 4-3 列（1）至列（6）为 100~600 千米范围创新人员集聚的空间溢出效应结果。

表 4-3　不同范围创新人员集聚的空间溢出效应检验：全样本

	（1） 100 千米	（2） 200 千米	（3） 300 千米	（4） 400 千米	（5） 500 千米	（6） 600 千米
$W \times IPA$	0.440***	0.920***	1.603***	2.257***	3.193***	2.784***
	（0.103）	（0.143）	（0.229）	（0.330）	（0.392）	（0.361）
IPA	0.760***	0.744***	0.767***	0.805***	0.814***	0.810***
	（0.067）	（0.068）	（0.069）	（0.069）	（0.069）	（0.069）
CL	0.010***	0.012***	0.012***	0.012***	0.012***	0.012***
	（0.002）	（0.002）	（0.002）	（0.002）	（0.002）	（0.002）
OP	−0.001	0.009	0.021	0.021	0.017	0.020
	（0.015）	（0.015）	（0.015）	（0.016）	（0.016）	（0.016）
GY	−0.319*	−0.279	−0.265	−0.234	−0.216	−0.223
	（0.171）	（0.173）	（0.174）	（0.176）	（0.176）	（0.176）
RL	0.022	0.019	0.012	0.002	0.003	0.002
	（0.037）	（0.037）	（0.038）	（0.038）	（0.038）	（0.038）
JT	0.158***	0.180***	0.179***	0.162***	0.157***	0.160***
	（0.039）	（0.039）	（0.040）	（0.040）	（0.040）	（0.040）
rho	0.371***	0.402***	0.505***	0.614***	0.638***	0.625***
	（0.017）	（0.022）	（0.029）	（0.037）	（0.041）	（0.040）
城市固定	是	是	是	是	是	是
时间固定	是	是	是	是	是	是
N	3432	3432	3432	3432	3432	3432
R^2	0.172	0.168	0.175	0.147	0.125	0.134

注：括号内数字为统计的标准误差，***、**、*分别表示在1%、5%、10%的水平下显著。

表 4-3 不同范围创新人员集聚的空间溢出效应检验结果显示：第一，不同距离范围创新人员集聚对本地创新产出水平皆为促进作用。根据列（1）至列（6）回归结果，在 100~600 千米距离空间权重矩阵下，创新人员集聚对本地创新产出作用系数皆在 1% 水平上显著，分别为 0.760、0.744、0.767、0.805、0.814 和 0.810，表明在不同距离空间权重矩阵下，创新人员集聚对本地创新产出皆表现出显著正向

作用，进一步验证之前结论。第二，创新人员集聚的空间溢出特征表现为先增大后减小的倒"U"形趋势，最强作用范围为500千米。根据列（1）至列（6）结果，在100~600千米空间权重矩阵下，创新人员集聚对关联地区创新产出回归系数皆在1%水平上显著，分别为0.440、0.920、1.603、2.257、3.193和2.784，表明不同距离范围创新人员集聚对关联地区创新产出存在显著正向溢出效应，作用强度表现出先增大后减小的倒"U"形趋势，在500千米左右范围作用强度最大。这表明创新人员空间集聚具有空间溢出效应，借助于高铁等交通网络，创新人员经验交流与技术示范等活动半径增大，其溢出效应会辐射到更大范围的区域。

从前面表4-2回归结果中可得，京津冀、珠三角、长三角和成渝城市群创新人员集聚有助于关联地区创新产出水平的提升。那么，不同城市群创新人员集聚的空间作用范围是否不同？不同城市群的最优作用范围是否存在差异？基于此，本节构建城市群不同距离范围权重矩阵，分析在距离范围不同时创新人员集聚的空间溢出效应差异。由于城市群内部城市距离相对全国城市间距离小，因此我们只考察100~225千米的距离范围，由于东北地区创新人员集聚的空间溢出效应不显著，只检验京津冀、珠三角、长三角和成渝城市群，结果如表4-4所示。

表4-4不同范围创新人员集聚的空间溢出效应检验结果显示：京津冀城市群在150~225千米矩阵下，创新人员集聚回归系数均在1%水平上显著，分别为0.945、1.025、1.559和1.118，表明京津冀城市群创新人员集聚的空间效应在200千米的作用强度最大；珠三角城市群在100~225千米矩阵下，创新人员集聚回归系数皆在1%水平上显著，分别为2.809、3.859、4.348、4.174、4.148和3.912，说明创新人员集聚的最强效应范围在150千米；长三角城市群在125~200千米矩阵下，创新人员集聚回归系数均在10%水平上显著，分别为1.014、1.570、1.808和1.729，意味着长三角城市群创新人员集聚的最强效应范围在175千米；成渝城市群在100千米和125千米矩阵下，创新人员集聚回归系数均在1%水平上显著，分别为0.577和0.459，在150~225千米距离矩阵下，创新人员集聚回归系数未通过显著性检验，表明成渝城市群创新人员集聚的空间溢出效应在125千米内较为显著。

表4-4 不同范围创新人员集聚的空间溢出效应检验：分城市群

京津冀	（1）	（2）	（3）	（4）	（5）	（6）
	100千米	125千米	150千米	175千米	200千米	225千米
$W×IPA$	0.020	0.504	0.945***	1.025***	1.559***	1.118***
	（0.299）	（0.335）	（0.303）	（0.331）	（0.398）	（0.361）
控制变量	是	是	是	是	是	是
城市固定	是	是	是	是	是	是
时间固定	是	是	是	是	是	是
N	336	336	336	336	336	336
R^2	0.725	0.714	0.722	0.723	0.727	0.720
珠三角	（1）	（2）	（3）	（4）	（5）	（6）
	100千米	125千米	150千米	175千米	200千米	225千米
$W×IPA$	2.809***	3.859***	4.348***	4.174***	4.148***	3.912***
	（0.862）	（0.851）	（1.134）	（1.151）	（1.204）	（1.228）
控制变量	是	是	是	是	是	是
城市固定	是	是	是	是	是	是
时间固定	是	是	是	是	是	是
N	252	252	252	252	252	252
R^2	0.676	0.653	0.662	0.684	0.673	0.681
长三角	（1）	（2）	（3）	（4）	（5）	（6）
	75千米	100千米	125千米	150千米	175千米	200千米
$W×IPA$	0.103	0.318	1.014*	1.570**	1.808**	1.729**
	（0.236）	（0.213）	（0.580）	（0.739）	（0.831）	（0.790）
控制变量	是	是	是	是	是	是
城市固定	是	是	是	是	是	是
时间固定	是	是	是	是	是	是
N	492	492	492	492	492	492
R^2	0.621	0.652	0.657	0.693	0.689	0.682
成渝	（1）	（2）	（3）	（4）	（5）	（6）
	100千米	125千米	150千米	175千米	200千米	225千米
$W×IPA$	0.577***	0.459***	0.191	0.201	0.155	0.101
	（0.109）	（0.101）	（0.129）	（0.162）	（0.205）	（0.242）
控制变量	是	是	是	是	是	是
城市固定	是	是	是	是	是	是

续表

成渝	(1) 100千米	(2) 125千米	(3) 150千米	(4) 175千米	(5) 200千米	(6) 225千米
时间固定	是	是	是	是	是	是
N	228	228	228	228	228	228
R^2	0.157	0.144	0.152	0.130	0.131	0.105

注：括号内数字为统计的标准误差，***、**、*分别表示在1%、5%、10%的水平下显著。受长三角地区实际范围限制，仅对75~200千米的距离进行检验。

四、创新人员集聚对创新质量和协同创新的影响

为进一步揭示创新人员集聚对地区创新质量的影响，选择发明专利授权数占总专利授权数的比重作为衡量地区创新质量的指标，检验创新人员集聚对地区创新质量的作用，回归结果如表4-5所示。

表4-5　创新人员集聚对区域创新质量影响检验

	(1) 全样本	(2) 东北	(3) 京津冀	(4) 珠三角	(5) 长三角	(6) 成渝
IPA	0.185*	0.243	−0.083	0.706***	0.620***	0.081
	(0.095)	(0.393)	(0.228)	(0.204)	(0.227)	(0.288)
W×IPA	2.567***	−2.186	−1.527	2.778***	2.020	1.384
	(0.947)	(2.075)	(1.263)	(0.675)	(1.646)	(1.968)
CL	0.006	−0.002	−0.004	0.017**	0.021**	0.094**
	(0.003)	(0.014)	(0.005)	(0.007)	(0.011)	(0.046)
OP	−0.035	−0.066	−0.004	−0.116	0.419***	0.111**
	(0.021)	(0.042)	(0.063)	(0.113)	(0.087)	(0.054)
GY	0.400*	0.681	3.295	−1.118***	0.914	−0.193
	(0.241)	(0.932)	(2.273)	(0.206)	(0.591)	(0.763)
RL	0.072	0.243	−0.149	−0.001	−0.214	1.120**
	(0.052)	(0.200)	(0.492)	(0.185)	(0.324)	(0.558)
JT	0.223***	0.499***	0.049	0.161	0.411***	0.342**
	(0.055)	(0.135)	(0.136)	(0.137)	(0.128)	(0.172)
rho	0.869***	0.187	0.493**	0.121	0.298**	0.400
	(0.036)	(0.143)	(0.248)	(0.170)	(0.146)	(0.254)
城市固定	是	是	是	是	是	是

续表

	（1） 全样本	（2） 东北	（3） 京津冀	（4） 珠三角	（5） 长三角	（6） 成渝
时间固定	是	是	是	是	是	是
N	3432	408	336	252	492	228
R^2	0.593	0.152	0.639	0.699	0.734	0.407

注：括号内数字为统计的标准误差，＊＊＊、＊＊、＊分别表示在1%、5%、10%的水平下显著。

表4-5创新人员集聚对区域创新质量影响的回归结果显示：东北、京津冀和成渝城市群创新人员集聚对本地创新质量回归系数未通过显著性检验，全样本、珠三角和长三角城市群创新人员集聚对本地创新质量回归系数分别在10%、1%和1%水平上显著，分别为0.185、0.706和0.620，表明东北、京津冀和成渝城市群创新人员集聚对本地创新质量的提升效应并不显著，珠三角和长三角城市群创新人员集聚有助于提升本地创新质量，且珠三角城市群的提升程度较大，长三角城市群次之，全样本提升程度最小。究其原因，可能在于东北地区由于其地理区位和创新环境，导致劳动力尤其是创新人员大幅度流出，使创新人员集聚对创新质量的作用不明显，长三角和珠三角城市群由于经济发展水平和交通便利程度较高吸引大量创新人员流入，且具有较高人力资本水平的创新人员流入有利于提升区域创新质量。进一步从创新人员集聚空间滞后系数来看，东北、京津冀、长三角和成渝城市群创新人员集聚对关联地区创新质量回归系数未通过显著性检验，全样本和珠三角城市群创新人员集聚对关联地区创新质量回归系数均在1%水平上显著，分别为2.567和2.778，表明东北、京津冀和成渝城市群创新人员集聚对本地和关联地区创新质量的提升作用并不显著，珠三角城市群创新人员集聚有利于提高关联地区创新质量，且作用强度超过全样本。究其原因，可能在于东北地区创新人员不足且存在外流问题，创新人员域内流动的知识溢出效应并不明显，导致无法提升创新质量。珠三角城市群研发基础与创新环境好，创新人员能够借助交通基础设施在地区间流动，且地区间人员流动交通成本和时间成本相对较低，易产生技术和知识扩散效应，从而能够提升域内关联地区的创新质量。

为深入考察创新人员集聚对协同创新的影响，根据国家知识产权局专利数据库，采用高校和企业联合申请并授权的发明专利数表征城市协同创新指标，实证检验创新人员集聚对地区协同创新的作用，回归结果如表4-6所示。

表 4-6 创新人员集聚对协同创新影响的回归结果显示：创新人员集聚对本地协同创新作用系数至少在 5% 水平上显著，分别为 1.064、0.150、1.063、3.294、2.327 和 0.174，表明城市群创新人员集聚对本地协同创新具有显著正向作用，但差异明显。其中，珠三角城市群作用强度最大，长三角城市群次之，后面依次是京津冀、成渝和东北城市群。其中可能的原因是东北与京津冀、珠三角、长三角等地区相比缺乏创新活力，高校与企业共同研发成效不佳，协同创新产出不高。从创新人员集聚的空间滞后项作用系数来看，东北和珠三角城市群创新人员集聚对关联地区协同创新回归系数未通过显著性检验，全样本、京津冀、长三角和成渝城市群创新人员集聚对关联地区协同创新回归系数分别在 1%、5%、10% 和 5% 水平上显著，分别为 1.934、4.728、2.863 和 1.099，表明京津冀、长三角和成渝城市群创新人员集聚有利于提高关联地区协同创新，京津冀和长三角城市群作用较大，作用强度均超过全样本。究其原因，京津冀、长三角和成渝城市群交通发展程度较高，创新人员能够通过发达的交通网络在地区间流动，且能够参与到企业和高校合作创新活动中，从而提升关联地区协同创新水平。

表 4-6　创新人员集聚对区域协同创新影响检验

	（1）全样本	（2）东北	（3）京津冀	（4）珠三角	（5）长三角	（6）成渝
IPA	1.064 ***	0.150 ***	1.063 ***	3.294 ***	2.327 ***	0.174 **
	（0.063）	（0.038）	（0.320）	（0.344）	（0.224）	（0.076）
W×IPA	1.934 ***	−0.311	4.728 **	1.836	2.863 *	1.099 **
	（0.694）	（0.212）	（1.910）	（1.305）	（1.660）	（0.534）
CL	0.001	0.001	0.007	0.028 **	−0.018 *	0.017
	（0.002）	（0.001）	（0.007）	（0.012）	（0.010）	（0.012）
OP	−0.001	−0.016 ***	0.044	0.041	−0.333 ***	0.009
	（0.014）	（0.004）	（0.089）	（0.198）	（0.086）	（0.014）
GY	−0.435 ***	−0.297 ***	−1.249	−4.083	−0.332	−0.107
	（0.161）	（0.091）	（3.185）	（3.682）	（0.582）	（0.202）
RL	−0.006	−0.012	0.531	0.199	−0.512	0.156
	（0.035）	（0.019）	（0.697）	（0.329）	（0.319）	（0.150）
JT	0.161 ***	0.065 ***	−0.003	0.509 **	0.005	0.146 ***
	（0.037）	（0.013）	（0.191）	（0.246）	（0.125）	（0.046）

续表

	（1）全样本	（2）东北	（3）京津冀	（4）珠三角	（5）长三角	（6）成渝
rho	0.389***	-0.709***	0.813***	0.284*	0.031	-0.877***
	(0.100)	(0.179)	(0.249)	(0.170)	(0.184)	(0.271)
城市固定	是	是	是	是	是	是
时间固定	是	是	是	是	是	是
N	3432	408	336	252	492	228
R^2	0.344	0.116	0.428	0.606	0.698	0.306

注：括号内数字为统计的标准误差，***、**、*分别表示在1%、5%、10%的水平下显著。

第二节　创新资本集聚的空间溢出效应

一、创新资本集聚空间溢出效应的存在性检验

本节考察创新资本集聚对地区创新产出的作用及空间溢出效应，模型如下：

$$INN_{it} = \beta_0 + \rho W \times INN_{it} + \beta_1 IKA_{it} + \beta_2 X_{it} + \theta_1 W \times IKA_{it} + \mu_i + \delta_t + \varepsilon_{it} \tag{4-2}$$

其中，INN_{it} 为 i 城市 t 时期的创新产出水平，采用发明专利授权数衡量城市创新产出水平。IKA_{it} 表示 i 城市 t 时期的创新资本集聚指数，采用区位熵方法测算创新资本集聚。W 表示空间权重矩阵，采用地理距离空间权重矩阵。ρ 表示创新产出的空间滞后项系数，β_1 表示创新资本集聚对本地创新产出的回归系数，θ_1 表示创新资本集聚对空间关联地区创新产出的回归系数，X_{it} 表示控制变量，μ_i 表示城市固定效应，δ_t 表示时间固定效应，ε_{it} 表示随机误差项。控制变量与上节相同。

根据式（4-2）考察创新资本集聚对本地创新产出的影响以及对关联地区创新产出的空间作用效应。首先，采用地理距离空间权重矩阵（$W1$）进行检验，且采用经济距离矩阵（$W2$）和经济地理距离矩阵（$W3$）作为稳健性分析，经济距离矩阵由城市间人均国内生产总值之差的绝对值倒数组成，经济地理距离矩阵由城市间距离倒数与城市历年人均国内生产总值平均值占全样本平均水平比重的

乘积组成，结果如表4-7所示。列（1）至列（3）为不同权重矩阵下创新资本集聚对区域创新产出的作用。结果显示：从列（1）至列（3）回归结果来看，创新资本集聚对本地创新产出作用系数皆在1%水平上显著，分别为0.719、0.759和0.764，表明在不同空间权重矩阵下，创新资本集聚有助于本地创新产出水平的提升，与现有研究结论较为一致。从空间滞后项系数来看，创新资本集聚对关联地区创新产出回归系数至少在5%水平上显著，分别为1.104、0.393和0.322，表明创新资本集聚对关联地区创新产出存在显著正向溢出作用，且不同空间权重矩阵下均表现为促进作用。究其原因，可能由于创新资本通过前沿机器设备、技术或项目等方式形成集聚，向空间关联地区扩散，进而推动关联地区创新产出的提高，引致空间溢出效应。城镇化水平和人力资本水平对被解释变量的影响均在1%水平上显著为正，对外开放程度和交通便利程度估计系数皆为正，政府干预估计系数均在1%水平上显著为负，表明城镇化水平、人力资本投资、对外开放程度和交通便利程度能够提高创新产出水平，政府干预对创新产出发挥负向的作用。

表4-7　创新资本集聚空间溢出效应的存在性检验

	(1) W1	(2) W2	(3) W3
IKA	0.719***	0.759***	0.764***
	(0.028)	(0.027)	(0.028)
W×IKA	1.104***	0.393***	0.322**
	(0.208)	(0.078)	(0.138)
CL	0.008***	0.007***	0.008***
	(0.002)	(0.002)	(0.002)
OP	0.026*	0.010	0.023
	(0.015)	(0.014)	(0.015)
GY	−0.793***	−0.800***	−0.891***
	(0.164)	(0.164)	(0.170)
RL	0.104***	0.144***	0.116***
	(0.036)	(0.035)	(0.037)
JT	0.042	0.068*	0.066*
	(0.037)	(0.037)	(0.038)

续表

	（1） W1	（2） W2	（3） W3
rho	0.791***	0.477***	0.300***
	(0.052)	(0.034)	(0.056)
城市固定	是	是	是
时间固定	是	是	是
N	3432	3432	3432
R^2	0.406	0.502	0.528

注：括号内数字为统计的标准误差，***、**、*分别表示在1%、5%、10%的水平下显著。

不同城市群由于地理区位差异，可能使创新资本集聚对创新产出的作用不同，为进一步考察不同城市群创新资本集聚对本地创新产出的影响以及对关联地区创新产出的空间溢出效应，选择东北、京津冀、珠三角、长三角和成渝城市群样本进行回归检验，回归结果如表4-8所示。

表4-8　创新资本集聚的空间溢出效应检验：分城市群

	（1） 东北	（2） 京津冀	（3） 珠三角	（4） 长三角	（5） 成渝
IKA	0.070***	0.948***	1.159***	0.897***	0.300***
	(0.014)	(0.118)	(0.115)	(0.083)	(0.072)
W×IKA	0.058	-1.194**	2.015***	1.605**	-0.532
	(0.086)	(0.546)	(0.635)	(0.629)	(0.472)
CL	-0.002	0.003	0.053***	-0.009	0.008
	(0.001)	(0.003)	(0.018)	(0.008)	(0.014)
OP	-0.022***	0.121***	1.017***	-0.206***	0.001
	(0.004)	(0.043)	(0.269)	(0.067)	(0.016)
GY	-0.296***	-1.239	-3.063	-0.473	-0.370
	(0.088)	(1.479)	(5.522)	(0.450)	(0.230)
RL	-0.017	0.265	2.435***	-0.976***	0.177
	(0.020)	(0.327)	(0.528)	(0.255)	(0.170)
JT	0.088***	-0.042	0.968***	0.004	0.102*
	(0.013)	(0.089)	(0.370)	(0.097)	(0.053)

	（1） 东北	（2） 京津冀	（3） 珠三角	（4） 长三角	（5） 成渝
rho	0.500***	0.101	0.456**	0.700***	0.800***
	（0.159）	（0.189）	（0.206）	（0.079）	（0.267）
城市固定	是	是	是	是	是
时间固定	是	是	是	是	是
N	408	336	252	492	228
R²	0.134	0.709	0.640	0.161	0.371

注：括号内数字为统计的标准误差，***、**、*分别表示在1%、5%、10%的水平下显著。

表4-8中列（1）至列（5）分别为东北、京津冀、珠三角、长三角和成渝城市群创新资本集聚对区域创新产出影响的回归结果。结果显示，东北、京津冀、珠三角、长三角和成渝城市群创新资本集聚对本地创新产出作用系数皆在1%水平上显著，分别为0.070、0.948、1.159、0.897和0.300，表明创新资本集聚对本地创新产出具有正向作用，但不同城市群作用存在差异。从创新资本集聚对创新产出的作用来说，珠三角城市群作用强度最大，京津冀城市群次之，排在第三位的是长三角城市群，之后是成渝城市群，对东北地区创新产出的作用最小。从空间滞后项系数来看，东北和成渝城市群回归系数未通过显著性检验，京津冀、珠三角和长三角城市群创新资本集聚对关联地区创新产出回归系数，至少在5%水平上显著，分别为-1.194、2.015和1.605，京津冀城市群创新资本集聚对关联地区创新产出表现出负向作用，长三角和珠三角城市群创新资本集聚对关联地区创新产出具有正向溢出作用，且珠三角作用强度更大。究其原因，可能在于东北和成渝城市群由于自身经济水平和创新环境，导致创新资本集聚对关联地区创新并未表现出虹吸效应或者溢出效应；京津冀城市群创新资本集聚可能对关联地区产生虹吸效应，导致关联地区创新资本流出，进而对关联地区创新产出形成负向影响；而长三角和珠三角地区创新资本集聚，积极促进技术和知识向关联地区扩散，进而对关联地区创新产出表现为正向溢出效应。

二、创新资本集聚的空间溢出效应作用范围

上述回归结果发现创新资本集聚对关联地区创新产出存在显著正向空间作用效应。那么，创新资本集聚的空间作用边界在哪儿？多大距离时会使得空间作用

效应达到最强？由此，本节分别以 100~600 千米为阈值，构造不同距离阈值的空间权重矩阵，考察不同距离范围创新资本集聚对关联地区的空间溢出效应，结果如表4-9所示。表4-9中列（1）至列（6）分别为 100~600 千米范围创新资本集聚的空间作用效应结果。

表4-9是不同范围创新资本集聚空间溢出效应的检验结果，根据列（1）至列（6）回归结果，在 100~600 千米距离空间权重矩阵下，创新资本集聚对本地创新产出作用系数皆在1%水平上显著，分别为 0.662、0.707、0.722、0.778、0.754 和 0.738，表明在不同距离空间权重矩阵下，创新资本集聚对本地创新产出皆表现出显著正向作用，进一步验证之前结论。从空间滞后项系数来看，在 100~300 千米矩阵下，创新资本集聚对关联地区创新产出作用系数至少在10%水平上显著，分别为 0.390、0.187 和 0.147，而在 400~600 千米矩阵下，创新资本集聚对关联地区创新产出作用系数未通过显著性检验，表明创新资本集聚对关联地区创新产出的促进作用存在于 300 千米范围内，且作用强度随距离增加逐渐降低。相比于创新人员空间集聚，创新资本集聚的空间溢出效应的半径更小。

表4-9　不同范围创新资本集聚的空间效应检验：全样本

	（1） 100 千米	（2） 200 千米	（3） 300 千米	（4） 400 千米	（5） 500 千米	（6） 600 千米
$W \times IKA$	0.390***	0.187***	0.147*	0.168	0.119	0.101
	(0.049)	(0.060)	(0.082)	(0.108)	(0.120)	(0.114)
IKA	0.662***	0.707***	0.722***	0.778***	0.754***	0.738***
	(0.028)	(0.028)	(0.028)	(0.028)	(0.028)	(0.028)
CL	0.007***	0.008***	0.009***	0.008***	0.008***	0.008***
	(0.002)	(0.002)	(0.002)	(0.002)	(0.002)	(0.002)
OP	0.016	0.021	0.026*	0.026*	0.023	0.024*
	(0.014)	(0.014)	(0.015)	(0.015)	(0.015)	(0.015)
GY	-0.778***	-0.793***	-0.796***	-0.787***	-0.788***	-0.787***
	(0.160)	(0.162)	(0.164)	(0.165)	(0.165)	(0.165)
RL	0.111***	0.111***	0.108***	0.100***	0.099***	0.099***
	(0.035)	(0.035)	(0.035)	(0.036)	(0.036)	(0.036)
JT	0.045	0.055	0.053	0.039	0.037	0.040
	(0.036)	(0.037)	(0.037)	(0.038)	(0.038)	(0.038)

续表

	（1） 100 千米	（2） 200 千米	（3） 300 千米	（4） 400 千米	（5） 500 千米	（6） 600 千米
rho	0.281***	0.342***	0.439***	0.546***	0.583***	0.564***
	(0.018)	(0.024)	(0.033)	(0.042)	(0.046)	(0.044)
城市固定	是	是	是	是	是	是
时间固定	是	是	是	是	是	是
N	3432	3432	3432	3432	3432	3432
R^2	0.402	0.473	0.474	0.459	0.458	0.458

注：括号内数字为统计的标准误差，***、**、* 分别表示在1%、5%、10%的水平下显著。

从表4-8回归结果中可得，珠三角和长三角城市群创新资本集聚有助于关联地区创新产出水平的提高，而京津冀城市群却表现出负向作用，成渝和东北城市群作用不显著。那么，不同城市群创新资本集聚的空间作用范围是否不同？不同城市群的最优作用范围是否存在差异？基于此，本节构建城市群不同距离范围权重矩阵，考察城市群不同距离范围创新资本集聚的空间作用效应，结果如表4-10所示。重点关注创新资本集聚空间溢出效应显著的京津冀、珠三角和长三角城市群，城市群的域内距离考察100~225千米范围。

表4-10 不同范围创新资本集聚的空间溢出效应检验：分城市群

京津冀	（1） 100 千米	（2） 125 千米	（3） 150 千米	（4） 175 千米	（5） 200 千米	（6） 225 千米
W×IKA	−0.375**	−0.490**	−0.551**	−0.626**	−0.885***	−0.699**
	(0.172)	(0.190)	(0.229)	(0.249)	(0.279)	(0.271)
控制变量	是	是	是	是	是	是
城市固定	是	是	是	是	是	是
时间固定	是	是	是	是	是	是
N	336	336	336	336	336	336
R^2	0.742	0.737	0.746	0.745	0.748	0.749
珠三角	（1） 100 千米	（2） 125 千米	（3） 150 千米	（4） 175 千米	（5） 200 千米	（6） 225 千米
W×IKA	0.520**	0.531**	0.268	0.326	0.452	0.704
	(0.244)	(0.240)	(0.299)	(0.315)	(0.369)	(0.489)
控制变量	是	是	是	是	是	是
城市固定	是	是	是	是	是	是

续表

珠三角	（1）	（2）	（3）	（4）	（5）	（6）
	100 千米	125 千米	150 千米	175 千米	200 千米	225 千米
时间固定	是	是	是	是	是	是
N	252	252	252	252	252	252
R^2	0.698	0.689	0.686	0.696	0.692	0.691
长三角	（1）	（2）	（3）	（4）	（5）	（6）
	75 千米	100 千米	125 千米	150 千米	175 千米	200 千米
W×IKA	0.489***	0.396***	0.148	0.168	0.406	0.265
	（0.133）	（0.101）	（0.239）	（0.298）	（0.351）	（0.309）
控制变量	是	是	是	是	是	是
城市固定	是	是	是	是	是	是
时间固定	是	是	是	是	是	是
N	492	492	492	492	492	492
R^2	0.608	0.634	0.642	0.663	0.670	0.651

注：括号内数字为统计的标准误差，***、**、*分别表示在1%、5%、10%的水平下显著。受长三角地区实际范围限制，仅对75~200千米的距离范围内进行检验。

表4-10是城市群不同范围创新资本集聚的空间溢出效应的检验结果。可见，京津冀城市群在100~225千米距离矩阵下，创新资本集聚回归系数至少在5%水平上显著为负，分别为-0.375、-0.490、-0.551、-0.626、-0.885和-0.699，表明京津冀城市群创新资本集聚对关联地区创新产出表现出负向作用，与基准回归结果保持一致，也和创新人员集聚的空间效应相同。进一步分析可以发现，京津冀城市群创新资本集聚的空间效应在200千米的作用强度最大。珠三角城市群在100千米和125千米矩阵下，创新资本集聚回归系数均在5%水平上显著，分别为0.520和0.531，在150~225千米矩阵下，创新资本集聚回归系数未通过显著性检验，表明珠三角城市群创新资本集聚的空间溢出效应在125千米内较为明显。长三角城市群在75千米和100千米矩阵下，创新资本集聚回归系数均在1%水平上显著，分别为0.489和0.396，在125~200千米矩阵下，创新资本集聚回归系数未通过显著性检验，意味着长三角城市群创新资本集聚的空间效应在100千米内较为突出。与创新人员集聚的空间效应相比，可以发现创新资本集聚发挥空间溢出效应的有效范围相对较小。

三、创新资本集聚对创新质量和协同创新的影响

为进一步揭示创新资本集聚对地区创新质量的影响，选择发明专利授权数占总专利授权数的比重作为衡量地区创新质量的指标，检验创新资本集聚对地区创新质量的作用，回归结果如表 4-11 所示。

表 4-11 创新资本集聚对区域创新质量影响的回归结果显示，全样本、东北、京津冀和成渝城市群创新资本集聚对本地创新质量回归系数未通过显著性检验，珠三角和长三角城市群创新资本集聚对本地创新质量回归系数在 5% 水平上显著，分别为 0.109 和 0.246，而东北、京津冀和成渝城市群均不显著，表明珠三角和长三角城市群创新资本集聚有助于提升本地创新质量，且对长三角城市群的提升作用较大，而东北、京津冀和成渝城市群创新资本对本地创新质量的作用并不明显。进一步从创新资本集聚空间滞后项系数来看，东北、京津冀和成渝城市群创新资本集聚对关联地区创新质量回归系数未通过显著性检验，全样本、珠三角和长三角城市群创新资本集聚对关联地区创新质量回归系数分别在 10%、1% 和 5% 水平上显著，分别为 0.561、1.261 和 1.625，表明东北、京津冀和成渝城市群创新资本集聚对关联地区创新质量作用并不明显，珠三角和长三角创新资本集聚有利于提高关联地区创新质量，长三角城市群作用强度最大，珠三角城市群次之，全样本作用强度最低。这意味着创新资本集聚的空间溢出效应在东北、京津冀和成渝城市群并不明显，主要发生在长三角和珠三角城市群，引发知识和技术溢出效应，促进关联地区创新质量水平的提升，且长三角城市群发挥作用较为明显。

表 4-11　创新资本集聚对区域创新质量的影响

	(1) 全样本	(2) 东北	(3) 京津冀	(4) 珠三角	(5) 长三角	(6) 成渝
IKA	0.025	0.217	0.004	0.109**	0.246**	0.032
	(0.042)	(0.144)	(0.005)	(0.043)	(0.109)	(0.237)
W×IKA	0.561*	0.478	0.111	1.261***	1.625**	1.895
	(0.289)	(0.824)	(0.829)	(0.224)	(0.821)	(1.539)
CL	0.005	-0.029	-0.004	0.009	0.029***	0.089**
	(0.003)	(0.043)	(0.005)	(0.007)	(0.010)	(0.045)

续表

	（1） 全样本	（2） 东北	（3） 京津冀	（4） 珠三角	（5） 长三角	（6） 成渝
OP	−0.034	0.698	−0.012	−0.000	0.434***	0.111**
	（0.022）	（0.884）	（0.066）	（0.099）	（0.088）	（0.053）
GY	0.375	0.111	3.455	−1.476***	0.944	−0.195
	（0.244）	（0.198）	（2.258）	（0.204）	（0.591）	（0.762）
RL	0.072	0.496***	−0.226	0.092	−0.383	1.174**
	（0.053）	（0.131）	（0.489）	（0.193）	（0.335）	（0.556）
JT	0.202***	−0.029	0.037	0.100	0.405***	0.329*
	（0.055）	（0.043）	（0.136）	（0.135）	（0.128）	（0.173）
rho	0.869***	0.072	0.450*	0.127	0.229	0.387
	（0.036）	（0.154）	（0.244）	（0.164）	（0.150）	（0.253）
城市固定	是	是	是	是	是	是
时间固定	是	是	是	是	是	是
N	3432	408	336	252	492	228
R²	0.390	0.173	0.599	0.606	0.665	0.315

注：括号内数字为统计的标准误差，*** 、** 、*分别表示在1%、5%、10%的水平下显著。

为深入考察创新资本集聚对区域协同创新的影响，根据国家知识产权局专利数据库，采用高校和企业联合申请并授权的发明专利数表征城市协同创新指标，实证检验创新资本集聚对地区协同创新的作用，回归结果如表4-12所示。

表4-12的回归结果显示，创新资本集聚对本地协同创新回归系数均在1%水平上显著，分别为0.572、0.083、2.007、0.706、1.091和0.278，表明城市群创新资本集聚对本地协同创新具有显著正向作用，但差异明显。对于创新资本来说，京津冀城市群作用强度最大，长三角城市群次之，排在第三的是珠三角城市群，且作用强度均超过全样本，之后是成渝城市群，东北城市群作用系数最小。

表4-12　创新资本集聚对区域协同创新影响的回归结果

	（1） 全样本	（2） 东北	（3） 京津冀	（4） 珠三角	（5） 长三角	（6） 成渝
IKA	0.572***	0.083***	2.007***	0.706***	1.091***	0.278***
	（0.027）	（0.014）	（0.235）	（0.078）	（0.107）	（0.062）

续表

	（1） 全样本	（2） 东北	（3） 京津冀	（4） 珠三角	（5） 长三角	（6） 成渝
$W \times IKA$	0.344	0.096	2.451**	0.157	0.914	0.402
	（0.212）	（0.082）	（1.091）	（0.426）	（0.824）	（0.412）
CL	-0.003	0.000	0.005	-0.013	-0.029***	0.024**
	（0.002）	（0.001）	（0.007）	（0.012）	（0.010）	（0.012）
OP	0.008	-0.013***	0.237***	0.542***	-0.218**	0.005
	（0.014）	（0.004）	（0.086）	（0.185）	（0.086）	（0.014）
GY	-0.818***	-0.384***	-1.628	-1.608***	-0.511	-0.200
	（0.158）	（0.085）	（2.948）	（0.379）	（0.582）	（0.199）
RL	0.081**	-0.012	0.031	1.613***	-1.456***	0.122
	（0.034）	（0.019）	（0.652）	（0.365）	（0.329）	（0.147）
JT	0.047	0.072***	-0.059	0.118	-0.066	0.113**
	（0.036）	（0.013）	（0.178）	（0.256）	（0.126）	（0.045）
rho	0.226**	-0.712***	0.319	0.256	0.030	-1.023***
	（0.108）	（0.180）	（0.210）	（0.157）	（0.180）	（0.271）
城市固定	是	是	是	是	是	是
时间固定	是	是	是	是	是	是
N	3432	408	336	252	492	228
R^2	0.573	0.167	0.732	0.629	0.702	0.538

注：括号内数字为统计的标准误差，***、**、*分别表示在1%、5%、10%的水平下显著。

究其原因，可能在于东北地区创新资本集聚程度不高，也不能充分进入高校和企业的创新合作中，而京津冀、珠三角和长三角城市群汇聚了大规模高校和企业，创新资本能够有效参与到高校与企业共同研发活动中，直接促进了协同创新。从创新资本集聚的空间项作用系数来看，东北、珠三角、长三角和成渝城市群创新资本集聚并未对关联地区协同创新表现出促进作用，京津冀城市群创新资本集聚对关联地区协同创新回归系数在5%水平上显著为正，为2.451，表明京津冀城市群创新资本集聚有利于提高关联地区协同创新。从表中可以看出，大部分城市群创新资本主要以提升地区内部协同创新为主，而对关联地区协同创新并未表现出显著的促进作用。

第三节　技术集聚的空间溢出效应

一、空间计量模型的构建

本节以 2003~2017 年省级层面的面板数据为基础，构建空间杜宾模型检验技术集聚区域的创新效应存在性，并从四大区域视角考察技术集聚的空间溢出效应，对比不同技术集聚程度、市场化程度、知识产权保护程度下技术聚集创新效应的差异性。模型基本表达式如下：

$$ec_{it}=\beta_0+\rho Wec_{it}+\beta_1 ta_{it}+\beta_2 X_{it}+\theta_1 Wta_{it}+\mu_i+\delta_t+\varepsilon_{it} \tag{4-3}$$

被解释变量包括区域创新效率和创新质量两个变量：①区域创新效率（ec），利用 DEA-Malmquist 生产率指数模型，将中国省市看作不同的决策单元，并以各期总和作为参考集进行测算。产出指标是工业总产值，各地区固定资产净值和从业人员年平均人数作为投入要素。借鉴宫俊涛等（2008）做法，将 Malmquist 指数分解为技术效率指数（EC）和技术进步指数（TC），并用技术效率指数（EC）表征区域创新效率。②创新质量（qi），参考苏屹等（2020）的思路，用各省（自治区、直辖市）发明专利授权数占专利授权总数的比重来衡量。相较于专利申请数和新产品销售数等指标，专利授权数不仅是创新数量的累积，更是技术作为新知识创新和转化的载体，能够更客观地衡量区域创新质量的水平。其中，发明专利授权数和专利授权总数来自国家知识产权局专利检索数据库。

核心解释变量：技术集聚（ta）。其中，技术进步的指标选择有三个：指标一为购买境内技术经费支出（$ta1$）；指标二为技术市场技术流向地域的合同数（$ta2$）；指标三为技术市场技术流向地域的合同金额（$ta3$）。常用的测算集聚度方法包括区位熵指数、赫芬达尔指数、EG 指数等，其中赫芬达尔指数和 EG 指数有严格的数据要求，实证研究中度量难度略大；而区位熵指数由于测算方便故应用更为广泛，且能消除地区间规模差异对集聚度的影响，准确反映指标的空间分布特征（李琳和曾伟平，2020）。因此，本节以区位熵指数度量技术集聚度。

控制变量：①研发资本（rdc），用各省研发经费支出占其 GDP 的比值来表示研发资本。②研发劳动（rdl），用各省研发人员全时当量来表征研发劳动。

③经济水平（*pgdp*），采用人均国内生产总值来衡量一个地区的经济发展水平。一般而言，经济发展水平越高，科技进步和创新需求越大，创新动力越强。④城镇化水平（*urb*），用各省城市人口数量与总人口数量的比值表征。⑤政府财政支持（*gfs*），用各省科学技术支出占一般支出的比重来表示。

空间计量模型通过设定空间权重矩阵反映经济变量间的空间关系，不同的空间权重矩阵表达了变量间不同形式的空间距离，反映区域间空间效应的不同影响方式。本节选取地理距离、空间邻接和经济距离三种空间权重矩阵。基于数据可得性，使用剔除西藏后的 30 个省级地区样本进行分析。数据来自 2003～2017 年《中国统计年鉴》、各地区统计年鉴、《国民经济和社会发展统计公报》、《中国区域经济统计年鉴》、《中国科技统计年鉴》以及 CSMAR 数据库平台等。为消除估计结果可能存在异方差等问题，将指标数据进行对数处理。

二、技术集聚的空间溢出效应检验

表 4-13 为在固定时间效应和地区效应的情形下，运用地理距离空间权重矩阵，采用面板空间杜宾模型检验技术集聚的区域创新效应存在性。其中列（1）至列（3）分别为在未加入控制变量的情形下，以购买境内技术经费支出（*ta1*）、技术市场技术流向地域的合同数（*ta2*）和技术市场技术流向地域的合同金额（*ta3*）这三项指标衡量技术，检验技术集聚的回归结果，列（4）至列（6）分别为加入控制变量后用上述三项指标衡量技术集聚的回归结果。表 4-13 结果显示，不论有无控制变量，技术集聚对本地和空间关联地区创新效率的影响均显著为正，且运用购买境内技术经费支出（*ta1*）表征技术的技术集聚创新效应在 1% 的水平上显著，表明技术集聚能提高空间关联区域的创新效率，即技术集聚存在空间溢出效应。

接下来将地理距离空间权重矩阵替换为空间邻接矩阵和经济距离权重矩阵的方法对基准回归结果进行稳健性检验。表 4-14 的列（1）至列（3）为采用空间邻接矩阵，三项指标衡量的技术集聚对区域创新效率的回归结果，列（4）至列（6）为采用经济距离权重矩阵，技术集聚指标对创新效率的回归结果。结果显示：在空间邻接距离和经济距离这两种情况下，三种技术集聚指标对本地和空间关联地区的作用系数皆显著且为正，证实技术集聚存在空间溢出效应，且结论具有稳健性。

表 4-13　技术集聚的空间溢出效应：基准回归

变量	（1）	（2）	（3）	（4）	（5）	（6）
ta1	1.623*** (0.754)			0.041*** (0.013)		
w×ta1	3.311*** (1.180)			1.028*** (0.320)		
ta2		0.289*** (0.037)			0.182** (0.078)	
w×ta2		0.306*** (0.023)			0.237** (0.088)	
ta3			0.232*** (0.034)			0.169*** (0.0590)
w×ta3			0.340*** (0.115)			0.184*** (0.0664)
rdc				0.002*** (0.000)	0.002*** (0.000)	0.002*** (0.000)
rdl				0.211 (0.259)	−0.134 (0.286)	−0.152 (0.281)
pgdp				1.623** (0.754)	1.653** (0.738)	1.852** (0.809)
urb				0.011 (0.011)	0.014 (0.010)	0.017 (0.011)
gfs				−1.767*** (0.524)	−1.678*** (0.487)	−2.094*** (0.587)
Cons				−47.670*** (8.037)	−39.170*** (7.743)	−46.970*** (7.752)
豪斯曼检验 p 值	0.002	0.004	0.004	0.000	0.000	0.001
固定地区	是	是	是	是	是	是
固定时间	是	是	是	是	是	是
N	450	450	450	450	450	450
R^2	0.486	0.416	0.496	0.696	0.614	0.642

注：括号内数字为统计的标准误差，*、**、***分别代表在 10%、5% 和 1% 水平下显著。

表 4-14　稳健性检验：不同空间权重矩阵对比结果

变量	(1)	(2)	(3)	(4)	(5)	(6)
*ta*1	1.591** (0.741)			1.687** (0.776)		
w×*ta*1	2.955*** (1.018)			3.381*** (1.245)		
*ta*2		0.048 (0.260)			0.322*** (0.124)	
w×*ta*2		0.199** (0.091)			0.250*** (0.087)	
*ta*3			0.346** (0.163)			0.211 (0.259)
w×*ta*3			0.168** (0.069)			0.165*** (0.064)
rdc	0.002*** (0.000)	0.002*** (0.000)	0.002*** (0.000	0.002*** (0.000)	0.002*** (0.000)	0.002*** (0.000)
rdl	0.055 (0.343)	0.031 (0.324)	−0.050 (0.324)	−0.009 (0.318)	−0.080 (0.308)	−0.173 (0.299)
pgdp	0.855 (0.552)	0.973 (0.601)	0.979* (0.568)	1.451* (0.780)	1.812** (0.831)	1.501* (0.805)
urb	0.000 (0.012)	0.004 (0.012)	0.004 (0.011)	0.015 (0.013)	0.015 (0.011)	0.018 (0.012)
gfs	−1.627*** (0.604)	−1.443** (0.583)	−1.670*** (0.595)	−1.982*** (0.575)	−1.743*** (0.532)	−2.080*** (0.594)
Cons	−6.000** (2.652)	−5.829** (2.507)	−5.876** (2.669)	−6.487* (3.419)	−6.287* (3.289)	−5.553 (3.402)
豪斯曼检验	0.000	0.000	0.001	0.000	0.000	0.001
固定地区	是	是	是	是	是	是
固定时间	是	是	是	是	是	是
N	450	450	450	450	450	450
R^2	0.658	0.569	0.614	0.685	0.620	0.636

注：括号内数字为统计的标准误差，*、**、***分别代表在 10%、5%和 1%水平下显著。

三、技术集聚空间溢出效应的依赖条件

上面的实证检验结果显示，技术集聚不仅会影响本地技术创新，也会对关联地区技术创新产生影响。那么进一步思考的问题是，不同的技术集聚程度空间溢出效应是否存在差异呢？为此，考虑到地区技术集聚程度的差异性，将区域按照划分为三类：高技术集聚度地区、中技术集聚度地区和低技术集聚度地区，进而考察不同技术集聚度区域技术集聚可能引发的空间溢出效应差异问题，结果如表4-15所示。数据表明，无论是哪类指标衡量技术，低技术集聚度地区技术集聚空间溢出效应并不显著，高技术集聚度地区空间溢出效应最为显著，但作用强度低于中技术集聚度地区。诸如以购买境内技术经费支出（$ta1$）衡量技术为例，在低技术集聚度地区，技术集聚对其区域创新效率的影响并不显著。但形成鲜明对比的是，在中等技术集聚度地区，技术集聚每增加1个单位，区域创新效率提高1.184%；而在高技术集聚度地区，技术集聚每增加1个单位，区域创新效率提高0.199%，表明中高技术集聚度地区更易发生空间扩散效应。

表4-15　技术集聚度的异质性检验

	高技术集聚度			中技术集聚度			低技术集聚度		
	(1)	(2)	(3)	(4)	(5)	(6)	(1)	(2)	(3)
$ta1$	0.019**			0.064***			0.038		
	(0.008)			(0.023)			(0.229)		
$w×ta1$	0.199***			1.184**			0.022		
	(0.072)			(0.427)			(0.018)		
$ta2$		0.176*			0.204**			0.013	
		(0.093)			(0.094)			(0.010)	
$w×ta2$		0.215**			0.369*			0.084	
		(0.090)			(0.197)			(0.127)	
$ta3$			0.170**			1.732***			0.017
			(0.068)			(0.493)			(0.015)
$w×ta3$			0.129*			0.252**			0.185
			(0.071)			(0.098)			(0.440)
rdl	1.929**	1.628*	1.777***	0.249	0.258	0.177	-0.183	-0.262	-0.321
	(0.891)	(0.899)	(0.669)	(0.394)	(0.414)	(0.418)	(0.512)	(0.456)	(0.437)

续表

	高技术集聚度			中技术集聚度			低技术集聚度		
	(1)	(2)	(3)	(4)	(5)	(6)	(1)	(2)	(3)
$pgdp$	1.302 (1.779)	1.574 (1.893)	1.754 (1.775)	2.506*** (0.952)	3.123*** (1.064)	2.598*** (0.982)	0.031 (0.554)	−0.042 (0.496)	−0.058 (0.589)
urb	−0.017 (0.020)	−0.000 (0.022)	0.013 (0.021)	0.028 (0.019)	0.016 (0.016)	0.022 (0.018)	−0.016 (0.017)	−0.016 (0.014)	−0.016 (0.014)
gfs	−2.230** (0.879)	−2.69*** (0.893)	−2.82*** (0.892)	−1.706** (0.689)	−1.452** (0.638)	−1.93*** (0.692)	−0.474 (0.375)	−0.539 (0.477)	−0.492 (0.440)
Cons	−51.66*** (14.81)	−46.36*** (15.06)	−54.37*** (15.03)	−15.79*** (4.887)	−19.06*** (5.965)	−15.48*** (5.322)	−2.295 (3.379)	−0.653 (2.550)	−2.267 (3.142)
固定地区	是	是	是	是	是	是	是	是	是
固定时间	是	是	是	是	是	是	是	是	是
N	150	150	150	150	150	150	150	150	150

注：括号内数字为统计的标准误差，*、**、***分别代表在10%、5%和1%水平下显著。

　　一般而言，地区市场化程度越高，要素配置和技术创新效率越高，越能激励企业进行创新，从而对区域创新效率产生积极的影响（戴魁早和刘友金，2013）。那么，在不同市场化程度的环境中，技术集聚的空间溢出效应是否存在差异？借鉴樊纲等（2011）的方法测度市场化指数，将市场化程度分为高、中和低三类，借以研究不同市场化程度下技术集聚创新效应的异质性，回归结果如表4-16所示。回归结果可知，在高、中等市场化程度地区，技术集聚对创新效率发挥显著的正向溢出效应。具体而言，若以购买境内技术经费支出（$ta1$）这一衡量技术指标为例，在高、中等市场化程度的地区，技术集聚每增加1个单位，空间关联区域创新效率分别提高1.973%和1.028%。然而，对于市场化程度较低的地区，无论采用哪一类指标衡量技术，技术集聚对关联区域创新效率都未产生显著影响。

表4-16　市场化程度的影响

	高市场化程度			中等市场化程度			低市场化程度			
	(1)	(2)	(3)	(4)	(5)	(6)	(1)	(2)	(3)	(4)
$ta1$	0.064** (0.027)			0.177 (0.418)				0.036 (0.028)		

续表

	高市场化程度			中等市场化程度			低市场化程度			
	(1)	(2)	(3)	(4)	(5)	(6)	(1)	(2)	(3)	(4)
$w \times ta1$	1.973*** (0.175)			1.028** (0.502)			0.480 (0.449)			
$ta2$		0.204** (0.094)			0.249 (0.394)			0.076 (0.047)		
$w \times ta2$		0.495** (0.196)			0.119** (0.042)			0.078 (0.569)		
$ta3$			0.252** (0.098)			0.013** (0.005)	0.013** (0.005)			0.028 (0.019)
$w \times ta3$			0.332** (0.145)			0.111** (0.055)	0.111** (0.055)			0.043 (0.028)
rdc	0.002*** (0.000)	0.002*** (0.000)	0.002*** (0.000)	0.001*** (0.000)	0.001*** (0.000)	0.001*** (0.000)	0.001*** (0.000)	0.003*** (0.001)	0.002*** (0.001)	0.002*** (0.001)
rdl	1.242 (1.577)	0.978 (1.591)	0.272 (0.865)	0.034 (0.223)	0.014 (0.213)	-0.124 (0.196)	-0.124 (0.196)	0.038 (0.229)	0.031 (0.170)	-0.055 (0.163)
$pgdp$	4.622** (2.237)	1.837 (1.593)	2.369 (1.615)	2.026** (1.028)	2.261** (1.070)	2.095** (0.973)	2.095** (0.973)	-0.359 (0.404)	-0.049 (0.415)	-0.319 (0.377)
urb	0.015 (0.027)	0.036 (0.028)	0.009 (0.014)	0.018 (0.015)	0.009 (0.014)	0.017 (0.015)	0.017 (0.015)	0.007 (0.008)	0.010 (0.007)	0.007 (0.008)
gfs	-1.251 (1.314)	-2.531** (1.151)	-2.438** (1.009)	-1.255 (0.969)	-0.555 (0.623)	-1.181 (0.823)	-1.181 (0.823)	0.116 (0.296)	0.008 (0.264)	0.081 (0.246)
Cons	-54.38*** (15.03)	-53.70*** (15.12)	-49.05*** (11.11)	-26.06*** (10.02)	-28.22* (15.03)	-23.27*** (8.46)	-23.27*** (8.46)	-7.183*** (1.615)	-6.565*** (1.525)	-6.860*** (1.623)
固定地区	是	是	是	是	是	是	是	是	是	是
固定时间	是	是	是	是	是	是	是	是	是	是
N	150	150	150	150	150	150	150	150	150	150
R^2	0.571	0.593	0.648	0.695	0.672	0.615	0.615	0.525	0.685	0.538

注：括号内数字为统计的标准误差，*、**、***分别代表在10%、5%和1%水平下显著。

四、东北地区与其他地区技术集聚空间溢出效应的对比评价

我国幅员辽阔，各地区由于地理区位、资源条件和制度政策等因素不同，创

新能力和技术集聚并非均衡发展。比如东部沿海发达地区技术水平相对较高，其技术集聚特征更明显，而中西部地区技术发展水平较低，技术集聚现象不显著且不同区域的技术集聚存在一定分化趋势。为了更深入分析技术集聚空间溢出效应，将地区划分为东部、中部、西部和东北四个区域，以各省购买境内技术经费支出（ta1）来衡量技术，探讨区域技术集聚的空间溢出效应，结果如表4-17所示。

表4-17 技术集聚的空间溢出效应检验：创新效率视角

	东北地区 （1）	东部地区 （2）	中部地区 （3）	西部地区 （4）
ta1	3.874*** （1.425）	0.148*** （0.051）	5.230 （7.015）	1.673* （0.929）
w×ta1	-10.44*** （4.027）	3.144*** （0.387）	-6.947 （7.421）	-1.892 （1.154）
rdc	0.002 （0.005）	0.000* （0.000）	0.002 （0.019）	-0.000 （0.033）
rdl	0.629 （0.604）	0.569 （0.415）	-0.190 （0.825）	0.350 （0.234）
pgdp	3.261* （1.730）	2.387*** （0.875）	3.029* （1.764）	-0.168 （0.506）
urb	0.059* （0.033）	0.036 （0.028）	0.021 （0.022）	-0.001 （0.019）
gfs	-1.195* （0.719）	-2.438** （1.009）	-3.467* （1.916）	0.284 （0.407）
固定地区	是	是	是	是
固定时间	是	是	是	是
N	45	150	90	165
R^2	0.587	0.594	0.362	0.353

注：括号内数字为统计的标准误差，*、**、***分别代表在10%、5%和1%水平下显著。

观察四个区域创新要素对创新效率的本地效应，可知东北、东部和西部地区的作用系数显著为正，而中部地区的作用系数没有通过显著性检验。说明在不考虑技术集聚的空间溢出效应时，除中部地区以外，其余地区的技术集聚对本地区创新效率提高的作用显著。进一步分析技术集聚对空间相关地区的溢出效应，结果显示中部地区和西部地区的估计结果未通过显著性检验，东北地区的作用系数显著为负，即技术集聚会降低空间关联地区的创新效率。就东北地区来说，由于技术市场环境不完善，技术市场交易活动频次相对较少且创新要素大规模流出，进而使技术集聚未在域内形成正向溢出效应，而可能使创新资源形成竞争关系。而东部地区技术集聚对空间关联地区的作用系数显著为正，即东部地区对周边地区存在正向的技术溢出效应。发达地区创新要素相对充裕，加之相对完善的技术市场环境，使域内技术集聚对空间关联地区的创新呈现正向溢出作用。与此观点相类似，陈晓峰（2014）、张治栋（2019）通过实证分析得出了集聚效应会促进经济增长和生产效率的提高这一结论。

表 4-18　技术集聚的空间溢出效应检验：创新质量视角

	东北地区		东部地区		中部地区		西部地区	
	（1）	（2）	（3）	（4）	（1）	（2）	（3）	（4）
$ta1$	0.059 * (0.033)		0.064 ** (0.027)		0.034 (0.223)		0.003 (0.025)	
$w \times ta1$	0.095 ** (0.012)		0.204 ** (0.094)		0.008 (0.026)		0.021 (0.015)	
$ta2$		0.061 (0.081)		0.170 ** (0.068)		0.097 (0.056)		0.299 (0.848)
$w \times ta2$		0.097 * (0.027)		0.252 ** (0.098)		0.146 ** (0.069)		0.042 (0.045)
rdc	-0.001 (0.003)	0.000 (0.000)	0.000 (0.000)	0.000 * (0.000)	0.000 ** (0.000)	0.000 ** (0.000)	0.003 (0.025)	0.000 (0.000)
rdl	0.068 (0.040)	0.061 (0.100)	0.033 (0.026)	0.068 (0.040)	-0.021 (0.030)	-0.075 (0.040)	0.470 * (0.246)	0.020 (0.038)
$pgdp$	0.000 (0.000)	-0.000 (0.000)	-0.000 * (0.000)	-0.000 (0.000)	-0.067 * (0.028)	-0.139 (0.079)	0.299 (0.848)	-0.014 (0.062)
urb	-0.072 * (0.040)	0.001 (0.001)	-0.000 (0.002)	-0.002 * (0.001)	0.002 *** (0.000)	0.002 * (0.000)	0.021 (0.015)	-0.001 (0.001)
gfs	-0.002 * (0.001)	0.097 * (0.027)	0.065 (0.046)	0.076 (0.047)	-0.000 (0.001)	0.097 (0.056)	-0.132 (0.422)	0.056 (0.044)

续表

	东北地区		东部地区		中部地区		西部地区	
	(1)	(2)	(3)	(4)	(1)	(2)	(3)	(4)
Cons	−0.456 (0.669)	−0.488 (0.877)	0.000 (0.000)	−0.381 (0.344)	0.000 (0.000)	0.734 * (0.331)	0.099 (0.741)	0.012 (0.298)
固定地区	是	是	是	是	是	是	是	是
固定时间	是	是	是	是	是	是	是	是
N	45	45	150	150	90	90	165	165
R^2	0.360	0.642	0.366	0.642	0.694	0.682	0.563	0.627

注：括号内数字为统计的标准误差，*、**、***分别代表在10%、5%和1%水平下显著。

张志强等（2020）研究认为，企业若在创新活动中陷入低技术均衡陷阱，往往追求创新量的累积，难以实现技术创新质的突破。当前，我国正从要素驱动经济增长转为创新驱动，高质量创新才能引领经济高质量发展。那么，技术集聚在影响技术创新效率的同时，是否会影响创新质量呢？为此，本节进一步探讨技术集聚对创新质量的影响。参考苏屹等（2020）的思路，采用发明专利授权数占专利授权总数的比重来衡量区域创新质量，结果如表4-18所示。

回归结果显示，当用购买境内技术经费支出（$ta1$）作为衡量技术指标时，四个区域技术集聚对创新质量均产生正向影响，且东部地区的系数绝对值最大，即在东部地区，技术集聚程度每提高1个单位，会使空间关联地区的创新质量提高0.204%。当用技术市场技术流向地域的合同数（$ta2$）衡量技术时，在东北、东部和中部地区，技术集聚对区域创新质量的影响仍显著为正。但在西部地区，技术集聚对区域创新质量并没有显著影响。总体上，在东北、东部和中部地区，技术集聚能提高空间相关区域创新质量，东部地区技术集聚对创新效率作用的回归系数绝对值最大，西部地区技术集聚影响表现最不明显。

第五章 东北地区创新要素流动与集聚的空间结构优化效应

地区创新绩效的高低不仅受制于创新要素投入规模，也依赖于创新要素配置效率，即要素配置效率越高则越有利于创新产出（雷钦礼，2013；王建民和杨力，2020）。在转型经济体内，要素低效配置甚至要素错配现象普遍，进而诱发全要素生产率损失（曹亚军，2019）。为此，考察创新要素问题特别是创新要素流动及空间结构优化效应就显得尤为重要。本章系统考察东北地区创新要素流动的空间结构优化效应，重点探究如下问题：一是从创新要素结构高级化与创新要素结构合理化两方面，构建并测算创新要素空间结构指数，考察创新要素流动与集聚的创新要素空间结构优化效应；二是深入探究市场化程度、知识产权保护、研发补贴和基础设施在创新要素流动与集聚的空间结构优化效应中的调节作用。

第一节 创新要素流动的空间结构优化效应

一、创新要素空间结构高级化与合理化的指标设计

一般地，创新要素空间结构优化是指主要包括研发人员与研发资本等在内的创新要素，形成能够提升区域创新效率的分布格局。然而，综观现有文献，要素结构优化指标更多从单个要素视角构建其空间分布，缺乏从要素整体角度来考虑创新要素的空间分布，也并未系统考察要素匹配度与空间结构差异。基于此，本

书从结构高级化与合理化入手，度量研发人员和研发资本等创新要素结构优化指标，用以考察创新要素结构匹配度与优化度。

一是创新要素空间结构高级化（AES）。现有研究对于要素结构升级的度量更多采用资本深化系数或要素丰裕度。然而，由于资本深化系数更多考察资本与劳动的结构关系，且要素丰裕度仅考虑要素间的结构变化，无法衡量在创新成果中的结构变迁。因此，为了更精准地度量地区创新要素结构的高级化，本书借鉴刘锦怡和刘纯阳（2020）构建的要素结构指数思路，构建研发人员空间结构指数以表征创新要素空间结构的高级化。

$$NR_{ij} = \frac{(f_{ij}/F_j)}{(o_i/O)} ; \quad AES_i = \frac{NR_{ip}}{\sum_j^{P,\,C} NR_{ij}} \tag{5-1}$$

其中，f_{ij} 为 i 地区第 j 种创新要素的数量（研发人员 P 采用各省 R&D 人员数来表征；研发资本要素 C 采用各省 R&D 资本数来表征），F_j 为所有地区第 j 种创新要素投入规模，o_i 为 i 地区创新产出的增加值，采用各地区专利授权数的增加值来表征，O 为所有地区创新产出的增加值，AES_i 为 i 地区创新要素结构高级化。

二是创新要素空间结构合理化（RES）。创新要素结构合理化用以描述创新活动过程中各创新要素相互配合与相互协调程度，从而形成良好的空间比例关系提升创新绩效。本书借鉴苏屹等（2019）的思路，构建创新要素空间配置效率以度量创新要素结构合理化。其中创新要素配置效率借鉴 Kumbhakar（2000）的全要素生产率增长率分解思路，具体如下：

$$\frac{\dot{IOP}_{it}}{IOP_{it}} = FTP_{it} + \frac{\dot{TE}_{it}}{TE_{it}} + \sum_j (\lambda_{ijt} - \varepsilon_{ijt}) \frac{\dot{E}_{ijt}}{E_{ijt}} + (RTS - 1) \sum_j \lambda_{ijt} \frac{\dot{E}_{ijt}}{E_{ijt}}$$

$$RES_{it} = (\lambda_{ilt} - \varepsilon_{ilt}) \dot{L}_{it} + (\lambda_{ikt} - \varepsilon_{ikt}) \dot{K}_{it} \tag{5-2}$$

其中，$\frac{\dot{IOP}_{it}}{IOP_{it}}$ 为创新效率的增长率，FTP_{it} 为前沿技术进步率，$\frac{\dot{TE}_{it}}{TE_{it}}$ 为技术变

化率增长率，$\sum_j (\lambda_{ijt} - \varepsilon_{ijt}) \frac{\dot{E}_{it}}{E_{it}}$ 为配置效率，$(RTS-1) \sum_j \lambda_{ijt} \frac{\dot{E}_{it}}{E_{it}}$ 为规模经济变化

率，RES_{it} 为创新要素空间结构合理化指数，$(\lambda_{ilt} - \varepsilon_{ilt}) \frac{\dot{L}_{it}}{L_{it}}$ 与 $(\lambda_{ikt} - \varepsilon_{ikt}) \frac{\dot{K}_{it}}{K_{it}}$ 分别

为研发人员和研发资本结构合理化指数，λ_{ijt} 为 j 要素产出弹性，ε_{ijt} 为 j 创新要素

成本占总成本比重。进一步借鉴涂圣伟（2017）构建如下超越对数生产函数测算创新要素配置效率：

$$\ln Y_{it} = \alpha + \sum_{j=1}^{n} \beta_j \ln E_{ijt} + \sum_{j=1}^{n} \gamma_j (\ln E_{ijt})^2 + \sum_{j=1}^{n} \sum_{k \neq j}^{n} \gamma_{jk} \ln E_{ijt} \ln E_{ikt} + \tau t + \sigma_{it} v_{it} \quad (5\text{-}3)$$

其中，Y_{it} 为创新产出，E_{ijt} 为创新要素投入，v_j 为非效率项，σ_j 为随机扰动项。基于式（5-1）、式（5-2）测算创新要素结构高级化与合理化程度。

二、创新要素流动对要素空间结构高级化与合理化的影响

经验研究表明，创新要素流动与集聚不仅能形成空间溢出效应，而且有助于优化创新要素的配置结构和提高要素配置效率。借鉴卓乘风和邓峰（2017）、董直庆和赵星（2018）思路构建空间滞后模型（SLM）和空间误差模型（SEM）进行检验。其中，创新要素流动的空间结构优化效应的空间滞后模型（SLM）：

$$AES_{it} = \varepsilon_0 + \sigma WAES_{it} + \alpha_1 FP_{it} + \alpha_2 FC_{it} + \alpha_3 X_{it} + \gamma_{it} \quad (5\text{-}4)$$

$$RES_{it} = \varepsilon_0 + \sigma WRES_{it} + \alpha_1 FP_{it} + \alpha_2 FC_{it} + \alpha_3 X_{it} + \gamma_{it} \quad (5\text{-}5)$$

其中，式（5-4）和式（5-5）为创新要素流动的空间结构优化效应模型；AES_{it} 为 i 地区 t 期创新要素结构高级化，RES_{it} 为 i 地区 t 期创新要素结构合理化，W 为空间邻近距离权重矩阵；FP_{it} 和 FC_{it} 分别为研发人员与研发资本流动；γ_{it} 为随机扰动项。

创新要素流动通常可以利用引力模型来衡量要素流动，借鉴刘备和王林辉（2020）的方式，构建创新要素流动的引力模型：

$$M_{ij} = G_{ij} N_i^{\alpha^i} N_j^{\alpha^j} d_{ij}^{-b} \quad (5\text{-}6)$$

其中，M_{ij} 为从 i 地区流动到 j 地区的要素数量，G_{ij} 为 i 地区与 j 地区间的引力系数，通常取为 1，N_i 和 N_j 分别为 i 地区与 j 地区某种要素数量，α^i 和 α^j 均为引力参数，一般均取为 1，d_{ij} 为 i 地区与 j 地区间的地理距离，b 为距离衰减系数，通常取 2。在考察创新研发人员流动时，"推拉理论"为解释人员流动提供新思路。该理论认为，人口迁移的根本原因在于人口流入地的拉力因素与流出地的推力因素共同作用。现有文献认为地区间工资水平的高低是人才流动的重要动力。基于此，借鉴王钺和刘秉镰（2017）、张营营和高煜（2019）度量人力资本流动的方法，建立 R&D 人员流动 fp 指标：

$$fp_{ij} = \ln p_i \times \ln wage_j \times d_{ij}^{-2}; \quad fp_i = \sum_{j=1}^{n} fp_{ij} \quad (5\text{-}7)$$

其中，fp_{ij} 为 i 地区 R&D 人员流动到 j 地区的数量，p_i 为 i 地区的 R&D 人员数量，p_i 越大表示 i 地区 R&D 人员流动的竞争度越高，$wage_j$ 为 j 地区的平均工资水平，其数值越高则 j 地区对 i 地区 R&D 人员的吸引力越强，d_{ij} 为 i 地区与 j 地区间的地理距离，fp_i 为 i 地区 R&D 人员流动到其他地区的总量。

类似于 R&D 人员流动，R&D 资本的流动也受到"推拉理论"的影响，即资本逐利性诱使创新资本由回报率低向流入回报率高方向流动。借鉴王钺和刘秉镰（2017）的做法，选取地区规模以上企业利润率水平作为影响 R&D 资本流动重要推力，R&D 资本流动 fc：

$$fc_{ij} = \ln k_i \times \ln rate_j \times d_{ij}^{-2}; \quad fc_i = \sum_{j=1}^{n} fc_{ij} \qquad (5-8)$$

其中，fc_{ij} 为 i 地区 R&D 资本流动到 j 地区的数量，k_i 为 i 地区的 R&D 资本数量，k_i 越大表示 i 地区 R&D 资本越丰裕，$rate_j$ 为 j 地区的规模以上企业利润率水平，其数值越高表明 j 地区对 i 地区 R&D 资本的吸引力越强，d_{ij} 为 i 地区与 j 地区间的地理距离，fc_i 为 i 地区 R&D 资本流动到其他地区的总量。R&D 资本存量数据王钺和刘秉镰（2017）的做法，采用永续盘存法测算，即 $K_t = E_{t-1} + （1-\sigma）K_{t-1}$，其中 K_t 与 K_{t-1} 分别表示地区当期和上一期资本存量，σ 为折旧率，通常取 0.15，E_{t-1} 为 $t-1$ 期 R&D 经费投入额，基期的资本存量参照王钺和刘秉镰（2017）的做法，根据 $K_0 = E_0 /（\gamma + \sigma）$ 进行测算，其中 E_0 为以 2000 年为基期进行平减的 R&D 经费实际投入值，γ 为 R&D 经费投入的年增长率，σ 为折旧率。

其他控制变量包括：①外贸依存度（ftd），采用各地区外商直接投资占 GDP 的比重表征。②产业结构合理化（ris），采用张林（2016）的思路进行测度，在产业结构偏离系数与泰尔指数的基础上，对各产业产值占 GDP 的比重与产业结构偏离度进行加权求和，在此基础上对其取倒数并乘以 100 求得产业结构合理化指数。③金融发展（fdl），采用非国有部门贷款比重表征。④交通基础设施（tfl），以各地区交通里程数与地区面积的比值衡量。交通基础设施可以为研发人员空间流动提供交通工具，特别是近年来我国高铁与高速公路通达性日益增强，使跨区域的交流与合作更便捷。在此，以各地区交通里程数与地区面积的比值衡量。⑤经济发展（gdp）采用各地区 GDP 总额度量。⑥城镇化水平（urb），采用各地区城镇人口占总人口的比重表征。这些变量也都会影响创新要素空间结构的变化。

为了检验创新要素流动是否带来创新要素空间分布结构优化，本节分类检验 R&D 人员流动和 R&D 资本流动对创新要素结构高级化和合理化的影响，结果如表 5-1 所示。结果显示，R&D 人员流动对创新要素结构高级化影响系数在 1% 显著性水平上为正，表明 R&D 人员流动有利于创新要素空间结构的高级化，而 R&D 资本流动的系数尽管为正但不显著，可能的原因在于，尽管现阶段创新产出主要来源于 R&D 人员与 R&D 资本投入，但 R&D 人员扮演着更为重要的作用；R&D 人员流动与 R&D 资本流动对创新要素结构的合理化影响系数均在 1% 显著性水平上为正，表明 R&D 的人员流动与资本流动均能促进地区创新要素结构向合理化方向发展。这完全吻合预期，创新要素流动有助于抑制甚至减弱或消除要素错配，通过提高要素配置效率方式促进创新要素的有效整合与协同，实现创新效率的提高，进而有利于创新要素结构合理化。

控制变量方面，外贸依存度（ftd）对创新要素结构高级化有负向作用而对合理化影响在 1% 的水平上显著为正，表明外商投资有利于促进创新要素结构合理化；产业结构合理化（ris）对创新要素结构高级化有负向作用而对合理化影响并不显著；金融发展（fdl）创新要素结构高级化影响系数在 5% 的水平上显著为正，表明金融发展水平越高越有助于推动创新要素结构高级化；基础设施（tfl）对创新要素结构合理化的影响在 5% 的水平上显著为正，表明良好的交通基础设施有利于提升创新要素的合理配置；经济发展水平（gdp）对结构高级化的影响系数在 5% 的显著性上为正，而对合理化的影响为负；城镇化水平（urb）对创新要素结构高级化影响系数在 1% 的显著上为负，对创新要素结构合理化影响为正但不显著。

表 5-1　创新要素流动的空间结构优化效应检验

	（1）	（2）	（3）	（4）
	AES	AES	RES	RES
fp	12.23***		10.63***	
	(4.457)		(3.442)	
fc		0.827		8.191***
		(3.659)		(2.803)
ftd	−0.0230***	−0.0231***	0.0359***	0.0355***
	(0.00603)	(0.00608)	(0.00464)	(0.00465)

续表

	（1）	（2）	（3）	（4）
	AES	AES	RES	RES
ris	-0.106 ***	-0.0893 **	-0.00712	-0.00759
	（0.0403）	（0.0408）	（0.0310）	（0.0311）
fdl	0.0471 **	0.0464 **	-0.0390 **	-0.0391 **
	（0.0205）	（0.0207）	（0.0158）	（0.0158）
tfl	-0.0139	0.00169	0.0281 **	0.0269 **
	（0.0161）	（0.0166）	（0.0124）	（0.0127）
gdp	0.0602 **	0.0554 **	-0.0781 ***	-0.0771 ***
	（0.0254）	（0.0256）	（0.0194）	（0.0195）
urb	-0.0023 ***	-0.0024 ***	0.0005	0.0005
	（0.0005）	（0.0005）	（0.0004）	（0.0004）
sigma2_e	0.0014 ***	0.0015 ***	0.0008 ***	0.0008 ***
	（0.0000）	（0.0009）	（0.0001）	（0.0005）
N	450	450	450	450
R^2	0.078	0.006	0.074	0.096

注：括号内数字为统计的标准误差，＊＊＊、＊＊、＊分别表示在1%、5%、10%的水平下显著。

基准回归表明，创新要素流动对创新要素空间结构优化显示出正向促进作用，即 R&D 人员流动有利于创新要素空间结构高级化与合理化，而 R&D 资本流动有利于激励创新要素空间结构合理化。为进一步检验结论稳健性，本书从更换空间权重矩阵与空间计量模型两个方面进行检验。

为验证结果的稳健性，本节以更换空间权重矩阵形式以及更换空间计量方法两种方式进行稳健性检验。回归结果如表 5-2 所示，其中，列（1）至列（4）为采用空间经济距离权重矩阵的回归结果，列（5）至列（8）为更换空间计量方法为空间误差模型（SEM）的回归结果。结果发现：重新设置空间权重矩阵后与更换空间回归方法后，R&D 人员流动与 R&D 资本流动的系数并未发生明显变化，和基准回归的结论保持一致，表明 R&D 人员与 R&D 资本流动有助于创新要素结构高级化与合理化的研究结论较为稳健。

表 5-2　创新要素流动的空间结构优化效应的稳健性检验

变量	(1)	(2)	(3)	(4)	(5)	(6)	(7)	(8)
	AES	AES	RES	RES	AES	AES	RES	RES
fp	12.78***		11.49***		13.41***		10.74***	
	(4.469)		(3.397)		(4.694)		(3.466)	
fc		1.954		9.083***		1.018		8.223***
		(3.677)		(2.768)		(3.741)		(2.800)
ftd	-0.0233***	-0.0234***	0.0333***	0.0329***	-0.0227***	-0.0228***	0.0360***	0.0356***
	(0.00605)	(0.00610)	(0.00462)	(0.00463)	(0.00601)	(0.00607)	(0.00464)	(0.00465)
ris	-0.107***	-0.0913**	-0.0155	-0.0165	-0.108***	-0.0906**	-0.00736	-0.00767
	(0.0405)	(0.0410)	(0.0308)	(0.0309)	(0.0404)	(0.0409)	(0.0310)	(0.0311)
fdl	0.0449**	0.0443**	-0.0295*	-0.0295*	0.0492**	0.0482**	-0.0392**	-0.0392**
	(0.0206)	(0.0208)	(0.0158)	(0.0158)	(0.0204)	(0.0207)	(0.0157)	(0.0158)
tfl	-0.0201	-0.00586	0.0260**	0.0243*	-0.0149	0.00126	0.0282**	0.0271**
	(0.0163)	(0.0169)	(0.0123)	(0.0126)	(0.0165)	(0.0169)	(0.0125)	(0.0127)
gdp	0.0675***	0.0635**	-0.0832***	-0.0820***	0.0595**	0.0571**	-0.0783***	-0.0771***
	(0.0254)	(0.0257)	(0.0193)	(0.0193)	(0.0256)	(0.0257)	(0.0195)	(0.0195)
urb	-0.0025***	-0.0026***	0.0004	0.00032	-0.0024***	-0.0024***	0.0005	0.0005
	(0.0005)	(0.0005)	(0.0004)	(0.0004)	(0.0005)	(0.0005)	(0.0004)	(0.0004)
sigma2_e	0.0014***	0.0015***	0.0008***	0.0008***	0.0014***	0.0015***	0.0009***	0.0009***
	(0.0000)	(0.0000)	(0.0000)	(0.0000)	(0.0000)	(0.0000)	(0.0000)	(0.0000)
N	450	450	450	450	450	450	450	450
R^2	0.065	0.004	0.053	0.079	0.089	0.006	0.074	0.097

注：括号内数字为统计的标准误差，***、**、*分别表示在1%、5%、10%的水平下显著。

　　为了考察东北地区与其他地区创新要素流动对创新要素空间结构优化影响的差异，本节将样本数据分成东北地区以及东部、中部与西部地区，分类检验地区创新要素流动的可能性差异。需要特别指出的是，本节对分区域检验采用虚拟变量进行回归。检验结果如表 5-3 及表 5-4 所示。其中，表 5-3 为 R&D 人员与 R&D 资本流动对空间结构高级化的影响，表 5-4 为 R&D 人员与 R&D 资本流动对空间结构合理化的影响。

　　由表 5-3 可知，不同区域创新要素流动的空间结构优化效应存在显著差异。东部地区和中部地区 R&D 人员与 R&D 资本流动的空间结构高级化系数均为正，与全国样本一致，表明东部地区与中部地区创新要素流动能推动地区创新要素空间结构高级化；东北地区与西部地区 R&D 人员与 R&D 资本流动的系数均为负，表明西部地区与东北地区创新要素流动并未形成空间结构高级化效应，可能的原因在于东北地区与西部地区经济发展和地理区位存在劣势，特别是近些年创新要素流出严重，抑制了地区创新要素空间结构向高级化发展。

表5-3　东北地区与其他地区创新要素流动的空间结构高级化效应对比检验

	东北地区		东部地区		中部地区		西部地区	
	(1)	(2)	(3)	(4)	(5)	(6)	(7)	(8)
fp	−19.31		4.424		17.81***		−39.46***	
	(24.95)		(3.672)		(5.522)		(12.16)	
fc		−33.32*		1.045		8.707**		−33.82***
		(18.29)		(2.971)		(4.091)		(8.310)
ftd	−0.023***	−0.024***	−0.022***	−0.023***	−0.025***	−0.024***	−0.020***	−0.02***
	(0.00608)	(0.00606)	(0.00610)	(0.00610)	(0.00603)	(0.00607)	(0.00607)	(0.00602)
ris	−0.0883**	−0.0925**	−0.0905**	−0.0882**	−0.110**	−0.103**	−0.0999**	−0.0922**
	(0.0401)	(0.0400)	(0.0401)	(0.0401)	(0.0402)	(0.0406)	(0.0398)	(0.0394)
fdl	0.0457**	0.0446**	0.0474**	0.0466**	0.0485**	0.0474**	0.0592***	0.0604***
	(0.0207)	(0.0206)	(0.0207)	(0.0207)	(0.0204)	(0.0206)	(0.0208)	(0.0206)
tfl	0.000285	−0.00280	−0.00035	0.00219	−0.0133	−0.00796	−0.00447	−0.00421
	(0.0155)	(0.0153)	(0.0153)	(0.0153)	(0.0157)	(0.0158)	(0.0150)	(0.0148)
gdp	0.0536**	0.0506**	0.0607**	0.0567**	0.0566**	0.0555**	0.0963***	0.0993***
	(0.0255)	(0.0255)	(0.0259)	(0.0261)	(0.0252)	(0.0254)	(0.0283)	(0.0273)
urb	−0.003***	−0.003***	−0.002***	−0.002***	−0.003***	−0.003***	−0.002***	−0.002***
	(0.00059)	(0.00056)	(0.00056)	(0.00056)	(0.00055)	(0.00055)	(0.00055)	(0.00056)
sigma2_e	0.0015***	0.0016***	0.0015***	0.0015***	0.0014***	0.0014***	0.0014***	0.0014***
	(0.0001)	(0.0001)	(0.0001)	(0.0001)	(0.0001)	(0.0001)	(0.0001)	(0.0001)
N	450	450	450	450	450	450	450	450
R²	0.007	0.027	0.039	0.009	0.007	0.001	0.026	0.301

注：括号内数字为统计的标准误差，***、**、*分别表示在1%、5%、10%的水平下显著。

表5-4 为 R&D 人员与 R&D 资本流动的空间结构合理化效应区域对比检验回归结果，由表5-4 可知，区域空间结构合理化效应存在差异，东部地区与东北地

区 R&D 人员与 R&D 资本流动的系数均为正,与全国样本一致,这表明东部地区与东北地区创新要素流动促进创新要素空间结构合理化,但东北地区系数不显著。而中部地区与西部地区 R&D 人员与 R&D 资本流动的系数均为负,即中部地区与西部地区创新要素流动未能促进创新要素空间结构的合理化,原因可能在于中部地区与西部地区 R&D 人员与 R&D 资本要素短缺或外流引发效率损失,难以实现空间结构的合理化。

表5-4 东北地区与其他地区创新要素流动的空间结构合理化效应对比检验

	东北地区		东部地区		中部地区		西部地区	
	(1)	(2)	(3)	(4)	(5)	(6)	(7)	(8)
fp	21.79		7.209***		−1.509		−1.329	
	(18.03)		(2.796)		(4.298)		(9.561)	
fc		16.97		5.678**		−1.107		−2.268
		(13.64)		(2.261)		(3.165)		(6.558)
ftd	0.0364***	0.0363***	0.0370***	0.0369***	0.0361***	0.0361***	0.0361***	0.0362***
	(0.00469)	(0.00469)	(0.00467)	(0.00467)	(0.00471)	(0.00471)	(0.00473)	(0.00473)
ris	0.00987	0.0115	0.00439	0.00604	0.0107	0.0109	0.00851	0.00864
	(0.0308)	(0.0309)	(0.0307)	(0.0307)	(0.0313)	(0.0314)	(0.0310)	(0.0309)
fdl	−0.0393**	−0.0391**	−0.0381**	−0.0381**	−0.0402**	−0.0401**	−0.0395**	−0.0390**
	(0.0159)	(0.0159)	(0.0158)	(0.0159)	(0.0159)	(0.0159)	(0.0163)	(0.0162)
tfl	0.0462***	0.0458***	0.0368***	0.0366***	0.0439***	0.0439***	0.0423***	0.0421***
	(0.0120)	(0.0119)	(0.0118)	(0.0118)	(0.0123)	(0.0123)	(0.0118)	(0.0117)
gdp	−0.080***	−0.0796***	−0.074***	−0.0748***	−0.083***	−0.0824***	−0.081***	−0.0793***
	(0.0196)	(0.0197)	(0.0197)	(0.0198)	(0.0196)	(0.0196)	(0.0220)	(0.0214)
urb	0.000710	0.000667	0.00076*	0.000747*	0.000555	0.000552	0.000534	0.000561
	(0.00045)	(0.00043)	(0.00043)	(0.00043)	(0.00043)	(0.00043)	(0.00043)	(0.00044)
sigma2_e	0.0009***	0.0009***	0.0009***	0.0009***	0.0009***	0.0009***	0.0009***	0.0009***
	(0.00006)	(0.00006)	(0.00006)	(0.00006)	(0.00006)	(0.00006)	(0.00006)	(0.00006)
N	450	450	450	450	450	450	450	450
R²	0.11	0.117	0.087	0.104	0.123	0.123	0.127	0.128

注:括号内数字为统计的标准误差,***、**、*分别表示在1%、5%、10%的水平下显著。

第二节　创新要素集聚的空间结构优化效应

一、空间计量模型的构建

为考察创新要素集聚的空间结构优化效应，首先建立包含创新要素集聚的空间滞后模型（SLM）：

$$AES_{it}=\varepsilon_0+\sigma WAES_{it}+\alpha_1 CP_{it}+\alpha_2 CC_{it}+\alpha_3 X_{it}+\gamma_{it} \tag{5-9}$$

$$RES_{it}=\varepsilon_0+\sigma WRES_{it}+\alpha_1 CP_{it}+\alpha_2 CC_{it}+\alpha_3 X_{it}+\gamma_{it} \tag{5-10}$$

其中，式（5-9）和式（5-10）中 AES_{it} 为 i 地区 t 期创新要素空间结构高级化指数，RES_{it} 为 i 地区 t 期创新要素空间结构合理化指数，W 为空间邻近距离权重矩阵，CP_{it} 和 CC_{it} 分别为研发人员与研发资本集聚，γ_{it} 为随机扰动项。关于创新要素集聚变量，参考刘和东和刘繁繁（2021）的指标构建方法，分别采用研发人员集聚指数（RDP）和研发资本集聚指数（RDF）衡量，具体来说，采用分地区研发人员的全时当量以及研发内部经费支出占全国的比重表征。

其他控制变量包括外贸依存度、产业结构合理化指数、金融发展、经济发展水平和城镇化水平等指标。具体而言：①外贸依存度指标（ftd），采用各地区外商直接投资占 GDP 的比重表征，由于地区贸易发展情况会影响创新要素的供求情况，进而影响创新要素的空间结构。②产业结构合理化（ris），采用张林（2016）思路进行测度，在产业结构偏离系数与泰尔指数的基础上，对各产业产值占 GDP 的比重与产业结构偏离度进行加权求和，在此基础上对其取倒数并乘以 100 求得产业结构合理化指数。产业结构主要是从供给侧影响创新要素的需求，同时产业结构合理化也会引导创新要素朝合理化方向发展，因此将产业结构合理化作为控制变量。③金融发展水平（fdl），采用非国有部门贷款比重表征。研发资金不仅来源于政府财政支持，也来源于企业自有资金与贷款等途径，因此地区金融市场发展越好，企业研发活动资金获取与积累越便利。④经济发展水平（gdp）和城镇化水平（urb），分别采用各地区 GDP 总额和各地区城镇人口占总人口的比重表征。

二、创新要素集聚的空间结构优化效应检验：全国层面

本书主要探究研发人员与研发资本的创新要素空间结构优化效应，鉴于数据的可获得性，选取我国 30 个省级地区 2003～2017 年样本数据，其中数据均来自《中国统计年鉴》和《中国科技统计年鉴》以及各省（市）历年统计年鉴。

表 5-5 分类检验研发人员与研发资本集聚对创新要素空间结构优化的影响。其中，列（1）和列（2）检验的是研发人员集聚与研发资本集聚对创新要素空间结构高级化的影响；列（3）和列（4）检验的是研发人员集聚与研发资本集聚对创新要素空间结构合理化的影响。结果显示，研发人员集聚对创新要素结构高级化的影响在 1% 的显著性水平上为正，对创新要素结构合理化的影响在 5% 的显著性水平上为正；而研发资本集聚无论对创新要素结构高级化还是合理化的影响都不显著。可能的原因在于，研发人员的地理集聚通过近距离的交流、协作、示范与学习，必然催生新知识、新技术和新工艺，并在集聚地内竞相模仿与扩散，提升研发人员的专业素养与能力，促进创新要素结构朝高级化方向发展，同时研发人员集聚也会提高其与设备及技术的匹配效率，引导创新要素空间结构趋于合理化。

表 5-5 也显示，外贸依存度对创新要素结构高级化具有负向且显著的影响，而对结构合理化的影响在 1% 的水平上显著为正，表明对外贸易的发展更有利于促进创新要素结构向合理化方向发展。产业结构合理化（ris）对创新要素结构高级化有负向作用，但其对合理化影响并不显著。金融发展（fdl）对创新要素结构高级化影响系数在 5% 的水平上显著为正，表明金融发展水平推动创新要素结构高级化，但对结构合理化作用系数为负。经济发展水平（gdp）对高级化的影响系数在 5% 的水平上显著为正，而对合理化的影响为负，表明经济发展水平提升有助于创新要素空间结构高级化。城镇化水平（urb）对创新要素结构高级化影响系数在 1% 的水平上显著为负，对创新要素结构合理化的作用系数虽然为正但不显著。

表 5-5　创新要素集聚的空间结构优化效应检验

变量	(1) AES	(2) AES	(3) RES	(4) RES
rdp	0.8098 *** (0.2245)		0.3573 ** (0.1752)	

续表

变量	（1） AES	（2） AES	（3） RES	（4） RES
rdf		−0.2914 （0.3007）		0.2998 （0.2334）
ftd	−0.0199*** （0.0060）	−0.0237*** （0.0061）	0.0362*** （0.0048）	0.0353*** （0.0048）
ris	−0.0756* （0.0392）	−0.0939** （0.0398）	−0.0037 （0.0309）	−0.0047 （0.0311）
fdl	0.0628** （0.0207）	0.0406* （0.0210）	−0.0420** （0.0163）	−0.0445** （0.0164）
gdp	0.0614** （0.0251）	0.0587** （0.0256）	−0.0737*** （0.0197）	−0.0797*** （0.0200）
urb	−0.0026*** （0.0005）	−0.0024*** （0.0005）	0.0003 （0.0004）	0.0003 （0.0004）
sigma2_e	0.0014*** （0.0001）	0.0015*** （0.0001）	0.0009*** （0.0001）	0.0009*** （0.0001）
N	450	450	450	450
R^2	0.014	0.011	0.121	0.115

注：括号内数字为统计的标准误差，***、**、*分别表示在1%、5%、10%的水平下显著。

表5-6 创新要素集聚的空间结构优化效应的稳健性检验

变量	（1） AES	（2） AES	（3） RES	（4） RES	（5） AES	（6） AES	（7） RES	（8） RES
rdp	0.7125** （0.2283）		0.4627** （0.1725）		0.8896*** （0.2373）		0.3801** （0.1780）	
rdf		−0.4236 （0.3048）		0.3848 （0.2294）		−0.3669 （0.3127）		0.3143 （0.2341）
ftd	−0.0204*** （0.0061）	−0.0239*** （0.0061）	0.0338*** （0.0047）	0.0326*** （0.0047）	−0.0194** （0.0060）	−0.0233*** （0.0060）	0.0363*** （0.0048）	0.0353*** （0.0047）
ris	−0.0753* （0.0394）	−0.0931** （0.0400）	−0.0082 （0.0302）	−0.0093 （0.0305）	−0.0736* （0.0390）	−0.0965** （0.0401）	−0.0036 （0.0310）	−0.0050 （0.0312）

续表

变量	(1)	(2)	(3)	(4)	(5)	(6)	(7)	(8)
	AES	AES	RES	RES	AES	AES	RES	RES
fdl	0.0600 **	0.0373 *	−0.0301 *	−0.0337 **	0.0625 **	0.0422 **	−0.0407 **	−0.0437 **
	(0.0208)	(0.0211)	(0.0161)	(0.0162)	(0.0207)	(0.0209)	(0.0163)	(0.0163)
gdp	0.0652 **	0.0675 **	−0.0788 ***	−0.0863 ***	0.0643 **	0.0618 **	−0.0737 ***	−0.0797 ***
	(0.0252)	(0.0258)	(0.0193)	(0.0196)	(0.0249)	(0.0259)	(0.0199)	(0.0202)
urb	−0.0027 ***	−0.0025 ***	0.0000	0.0001	−0.0026 ***	−0.0023 ***	0.0002	0.0002
	(0.0005)	(0.0005)	(0.0004)	(0.0004)	(0.0005)	(0.0005)	(0.0004)	(0.0004)
sigma2_e	0.0014 ***	0.0015 ***	0.0008 ***	0.0009 ***	0.0014 ***	0.0015 ***	0.0009 ***	0.0009 ***
	(0.0001)	(0.0001)	(0.0001)	(0.0001)	(0.0001)	(0.0001)	(0.0001)	(0.0001)
N	450	450	450	450	450	450	450	450
R^2	0.009	0.003	0.135	0.127	0.015	0.001	0.126	0.120

注：括号内数字为统计的标准误差，***、**、*分别表示在1%、5%、10%的水平下显著。

　　类似地，通过更换空间权重矩阵和更换空间计量方法的方式对创新要素集聚的空间结构优化效应进行稳健性检验，回归结果如表5-6所示。其中，列（1）至列（4）为采用空间经济距离权重矩阵的回归结果，列（5）至列（8）为更换空间计量方法为空间误差模型（SEM）的回归结果。结果发现，无论是对创新要素结构合理化还是对创新要素结构高级化，研发人员集聚对促进产业结构优化的影响至少在5%的水平上显著为正，而研发资本集聚的影响并不显著，进一步印证了基准结论的稳健性。研发人员集聚对扩大创新要素结构优化的影响更为明显，对形成地区核心竞争力具有激励作用。

三、创新要素集聚的空间结构优化效应检验：东北地区与其他地区的对比分析

　　随着改革开放和市场化改革的推进，中国经济持续高速增长。然而，地区的地理位置、经济政策、文化传统存在差异，地区间发展不均衡现象日益凸显。一个自然的问题是，东北地区 R&D 人员与 R&D 资本流动集聚对创新要素空间结构产生何种影响，与其他地区是否存在差异。进一步地，本节对创新要素集聚的空间结构优化效应进行区域对比检验。表5-7展现 R&D 人员与 R&D 资本集聚的创新要素空间结构高级化效应的检验结果。

表5-7　东北地区与其他地区创新要素集聚的空间结构高级化效应对比检验

地区 变量	东北地区		东部地区		中部地区		西部地区	
	（1）	（2）	（3）	（4）	（5）	（6）	（7）	（8）
rdp	2.4359**		0.4722*		8.5911***		−1.4199	
	(0.8669)		(0.2526)		(1.0418)		(0.8930)	
rdf		2.3242**		−0.5642*		3.5897**		−3.7188**
		(1.0748)		(0.3174)		(1.2706)		(1.4127)
ftd	−0.0235***	−0.0235***	−0.0215***	−0.0242***	−0.0229***	−0.0238***	−0.0239***	−0.0234***
	(0.0060)	(0.0060)	(0.0061)	(0.0061)	(0.0056)	(0.0060)	(0.0061)	(0.0060)
ris	−0.0930**	−0.0861**	−0.0830**	−0.0974**	−0.0934**	−0.1067**	−0.0975**	−0.1086**
	(0.0393)	(0.0394)	(0.0395)	(0.0397)	(0.0369)	(0.0397)	(0.0398)	(0.0399)
fdl	0.0475**	0.0499**	0.0536**	0.0392*	0.0518**	0.0550**	0.0416**	0.0409**
	(0.0203)	(0.0204)	(0.0208)	(0.0206)	(0.0190)	(0.0205)	(0.0205)	(0.0203)
gdp	0.0404	0.0443*	0.0606**	0.0576**	0.0475**	0.0434*	0.0505**	0.0535**
	(0.0258)	(0.0258)	(0.0255)	(0.0254)	(0.0237)	(0.0255)	(0.0255)	(0.0252)
urb	−0.0027***	−0.0027***	−0.0025***	−0.0024***	−0.0029***	−0.0026***	−0.0025***	−0.0026***
	(0.0005)	(0.0005)	(0.0005)	(0.0005)	(0.0005)	(0.0005)	(0.0005)	(0.0005)
sigma2_e	0.0014***	0.0014***	0.0014***	0.0014***	0.0013***	0.0014***	0.0014***	0.0014***
	(0.0001)	(0.0001)	(0.0001)	(0.0001)	(0.0001)	(0.0001)	(0.0001)	(0.0001)
N	450	450	450	450	450	450	450	450
R²	0.002	0.004	0.008	0.001	0.032	0.006	0.002	0.008

注：括号内数字为统计的标准误差，***、**、*分别表示在1%、5%、10%的水平下显著。

结果显示，东北地区R&D人员与R&D资本集聚对提升地区创新要素空间结构高级化的影响，在5%的水平上显著为正，表明东北地区R&D要素集聚可以有效优化地区的创新要素格局，促进要素结构向高级化发展。观察东部地区的回归结果，R&D人员集聚促进创新要素结构高级化，但是R&D资本集聚的结果相反，可能的原因在于东部地区的R&D资本集聚形成存在冗余，在一定程度上阻碍地区创新结构向高级化发展。中部地区R&D人员与R&D资本集聚对提升创新要素高级化水平具有促进作用，且在1%和5%的水平上显著。而西部地区研发资本集聚和研发人员集聚都未能推动要素结构向高级化方向发展，甚至出现了相反的作用，但研发人员集聚的作用不显著，这也与西部地区的经济发展现状、地理区位和创新环境等密切相关。

表5-8 为 R&D 人员与 R&D 资本集聚的创新要素空间结构合理化效应的区域对比检验结果。结果显示，东北地区 R&D 人员集聚与 R&D 资本集聚对创新要素空间结构合理化产生负向影响，而这一作用结果不显著。表明东北地区的 R&D 人员与 R&D 资本集聚可能存在错配问题，不利于地区创新要素结构趋于合理化。而东部地区 R&D 人员集聚与 R&D 资本集聚对提升区域的创新结构合理化程度，均呈现正向促进作用，但研发资本集聚不显著，而研发人员集聚的作用在 5% 的水平上显著，即研发人员集聚更有助于创新要素结构合理化。

中部地区 R&D 人员与 R&D 资本集聚对提升地区创新要素空间结构合理化的影响为正，但都不显著；而西部地区 R&D 人员与 R&D 资本集聚对提升地区创新要素空间结构合理化的影响为负，即在一定程度上阻碍了地区创新结构趋于合理化，但作用不明显。

表5-8　东北地区与其他地区创新要素集聚的空间结构合理化效应对比检验

地区 变量	东北地区		东部地区		中部地区		西部地区	
	(1)	(2)	(3)	(4)	(5)	(6)	(7)	(8)
rdp	-0.0761		0.4825**		0.5532		-0.6972	
	(0.6607)		(0.1960)		(0.8730)		(0.7015)	
rdf		-0.2442		0.3936		0.8129		-1.6344
		(0.8203)		(0.2480)		(1.0023)		(1.1078)
ftd	0.0349***	0.0349***	0.0366***	0.0356***	0.0349***	0.0347***	0.0346***	0.0349***
	(0.0048)	(0.0048)	(0.0048)	(0.0048)	(0.0047)	(0.0047)	(0.0048)	(0.0047)
ris	-0.0095	-0.0099	-0.0035	-0.0038	-0.0099	-0.0136	-0.0138	-0.0182
	(0.0309)	(0.0309)	(0.0308)	(0.0310)	(0.0309)	(0.0313)	(0.0312)	(0.0314)
fdl	-0.0497**	-0.0501**	-0.0414**	-0.0452**	-0.0492**	-0.0475**	-0.0516**	-0.0517**
	(0.0160)	(0.0160)	(0.0162)	(0.0161)	(0.0160)	(0.0162)	(0.0161)	(0.0160)
gdp	-0.0753***	-0.0746***	-0.0708***	-0.0776***	-0.0763***	-0.0785***	-0.0781***	-0.0764***
	(0.0203)	(0.0202)	(0.0198)	(0.0198)	(0.0198)	(0.0200)	(0.0199)	(0.0197)
urb	0.0003	0.0004	0.0003	0.0003	0.0003	0.0003	0.0003	0.0003
	(0.0004)	(0.0004)	(0.0004)	(0.0004)	(0.0004)	(0.0004)	(0.0004)	(0.0004)
sigma2_e	0.0009***	0.0009***	0.0009***	0.0009***	0.0009***	0.0009***	0.0009***	0.0009***
	(0.0001)	(0.0001)	(0.0001)	(0.0001)	(0.0001)	(0.0001)	(0.0001)	(0.0001)
N	450	450	450	450	450	450	450	450

续表

变量＼地区	东北地区		东部地区		中部地区		西部地区	
	（1）	（2）	（3）	（4）	（5）	（6）	（7）	（8）
R^2	0.113	0.113	0.124	0.117	0.113	0.113	0.113	0.115

注：括号内数字为统计的标准误差，***、**、*分别表示在1%、5%、10%的水平下显著。

第三节　创新要素空间结构优化的条件检验

一、市场化程度对创新要素空间结构优化效应的调节作用

随着市场化进程的加快和深化，要素市场和市场中介组织逐渐发育完善，法律制度环境逐渐向好，提升市场自由度并降低市场分割，将诱导创新要素更自由和更高效流动。一般地，市场化程度越低则政府对创新要素流动干预越大，越不利于资源有效配置，进而降低企业创新能力。若市场化程度越高则政府创新要素流动干预程度越低，自由环境和市场竞争将激励企业增加创新投入和提高创新效率。为此，在创新要素空间结构优化过程中，市场化程度将在其中扮演重要角色。

表5-9　东北地区市场化程度的调节作用

变量	（1）AES	（2）AES	（3）RES	（4）RES	（5）AES	（6）AES	（7）RES	（8）RES
$fp×mar$	2.2026*** (0.3712)		-0.3852** (0.1556)		0.2578*** (0.0375)		-0.0350** (0.0150)	
$fc×mar$		2.1452*** (0.5123)		-0.3483* (0.1810)		0.2233*** (0.0536)		-0.0409** (0.0172)
ftd	0.1461*** (0.0208)	0.1586*** (0.0271)	-0.0163* (0.0088)	-0.0175* (0.0095)	0.1348*** (0.0207)	0.1340*** (0.0262)	-0.0132 (0.0087)	-0.0137 (0.0087)
ris	0.1559*** (0.0330)	0.1719*** (0.0411)	-0.0122 (0.0130)	-0.0137 (0.0135)	0.1918*** (0.0349)	0.2442*** (0.0479)	-0.0153 (0.0131)	-0.0255* (0.0142)

续表

变量	(1) AES	(2) AES	(3) RES	(4) RES	(5) AES	(6) AES	(7) RES	(8) RES
fdl	−0.0883**	−0.1211***	0.0157	0.0213*	−0.0347	−0.1028**	0.0105	0.0154
	(0.0289)	(0.0355)	(0.0124)	(0.0124)	(0.0326)	(0.0377)	(0.0140)	(0.0127)
gdp	0.0186	0.0184	0.0121	0.0135	0.0620	−0.0290	0.0099	0.0194
	(0.0415)	(0.0536)	(0.0183)	(0.0195)	(0.0439)	(0.0506)	(0.0189)	(0.0175)
urb	−0.0031**	−0.0042***	0.0004	0.0006	−0.0020*	−0.0045***	0.0003	0.0005
	(0.0010)	(0.0013)	(0.0004)	(0.0004)	(0.0011)	(0.0012)	(0.0004)	(0.0004)
sigma2_e	0.0000***	0.0000***	0.0000***	0.0000***	0.0000***	0.0000***	0.0000***	0.0000***
	(0.0000)	(0.0000)	(0.0000)	(0.0000)	(0.0000)	(0.0000)	(0.0000)	(0.0000)
R^2	0.002	0.049	0.173	0.203	0.477	0.129	0.150	0.239

注：括号内数字为统计的标准误差，***、**、*分别表示在1%、5%、10%的水平下显著。

表5-9为东北地区市场化程度在创新要素结构优化中的作用条件回归结果，使用的是创新要素流动、集聚与市场化程度指标（mar）交互项的形式引入模型。列（1）至列（4）为市场化程度在创新要素流动的结构优化效应中的作用结果，列（5）至列（8）为市场化程度在创新要素集聚的结构优化效应中的作用结果。其中，列（1）和列（3）为研发人员流动与市场化程度交互作用的结果，列（2）和列（4）为研发资本流动与市场化程度交互作用的结果，列（5）和列（7）为研发人员集聚与市场化程度交互作用的结果，列（6）和列（8）为研发资本集聚与市场化程度交互作用的结果。其中列（1）、列（2）和列（5）、列（6）被解释变量是创新要素结构高级化指数（AES），列（3）、列（4）和列（7）、列（8）被解释变量是创新要素结构合理化指数（RES）。表5-9结果显示，无论对创新要素流动还是对创新要素集聚，市场化程度均有利于提升创新要素结构的高级化水平，即随着市场化水平的提升，其能盘活已有创新要素存量，并促进增量创新要素的持续投入，增加创新要素积累，从而激励创新要素结构向高级化方向发展。而从创新要素合理化角度来看，市场化进程加快和市场化程度加深，可能会使创新优势产业抑或优势区域更快更好发展，从而使创新要素流向并集中在特定行业或区域，不利于创新要素空间结构的合理化。

二、知识产权保护制度对创新要素空间结构优化效应的调节作用

通常技术创新存在较强公共品属性与外部价值，他人使用也不影响创新者自身使用，但会损害创新者的研发积极性。因此，只有建立完善的知识产权保护制度，规避创新者与使用者之间的矛盾，才能保护创新的原动力与提升创新效率。一般而言，知识产权保护程度较高，创新者易通过技术垄断方式获取创新收益，提高技术创新的积极性。而较低的知识产权保护制度会促进技术的模仿与复制，加速技术扩散与改变技术的空间分布。因此，地区知识产权保护程度可能会影响创新要素流动与集聚的空间结构优化效应。本节考虑知识产权保护程度对创新要素空间结构优化的调节作用，参考杨志江和朱桂龙（2017）以及董直庆等（2020）的方式，引入知识产权保护与创新要素流动的交互项，探讨东北地区创新要素空间流动的作用条件。以各地区立法强度与执法强度之积表征，由于各地区立法强度一致，因此知识产权保护主要由执法强度决定，其主要包含的细分指标有地区律师占比、人均 GDP、立法时间、专利侵权审结率等。回归结果如表 5-10 所示。

表 5-10 东北地区知识产权保护的调节作用

变量	(1) AES	(2) AES	(3) RES	(4) RES	(5) AES	(6) AES	(7) RES	(8) RES
$fp×ipp$	2.1009** (0.7785)		-0.1449 (0.2530)		0.2580*** (0.0317)		-0.0395** (0.0149)	
$fc×ipp$		-0.6097 (0.5267)		0.4576** (0.2232)		0.0803** (0.0378)		-0.0306** (0.0122)
ftd	0.0731** (0.0320)	0.1128*** (0.0222)	-0.0080 (0.0107)	-0.0124 (0.0091)	0.0293 (0.0201)	0.0925*** (0.0252)	0.0017 (0.0112)	-0.0035 (0.0091)
ris	0.1493** (0.0455)	0.1380*** (0.0356)	-0.0127 (0.0144)	-0.0141 (0.0137)	0.1422*** (0.0303)	0.1994*** (0.0483)	-0.0062 (0.0150)	-0.0301** (0.0146)
fdl	-0.2186*** (0.0389)	-0.1484*** (0.0313)	0.0351** (0.0118)	0.0217* (0.0122)	-0.1040*** (0.0242)	-0.1745*** (0.0311)	0.0164 (0.0131)	0.0308** (0.0104)
gdp	-0.1784** (0.0625)	-0.0759* (0.0427)	0.0372* (0.0208)	0.0247 (0.0179)	-0.1288*** (0.0345)	-0.1434** (0.0526)	0.0338* (0.0194)	0.0505** (0.0187)
urb	-0.0083*** (0.0013)	-0.0057*** (0.0010)	0.0012** (0.0003)	0.0008** (0.0003)	-0.0039*** (0.0008)	-0.0071*** (0.0011)	0.0004 (0.0004)	0.0012*** (0.0003)

续表

变量	(1) AES	(2) AES	(3) RES	(4) RES	(5) AES	(6) AES	(7) RES	(8) RES
sigma2_e	0.0001*** (0.0000)	0.0000*** (0.0000)	0.0000*** (0.0000)	0.0000*** (0.0000)	0.0000*** (0.0000)	0.0000*** (0.0000)	0.0000*** (0.0000)	0.0000*** (0.0000)
R^2	0.700	0.653	0.252	0.260	0.403	0.609	0.285	0.283

注：括号内数字为统计的标准误差，***、**、*分别表示在1%、5%、10%的水平下显著。

表5-10为东北地区知识产权保护在创新要素流动集聚空间结构优化中的调节作用回归结果。列（1）至列（4）为知识产权保护制度在创新要素流动的结构优化效应中的作用结果，列（5）至列（8）为知识产权保护在创新要素集聚的结构优化效应中的作用结果。其中，列（1）和列（3）为研发人员流动的作用结果，列（2）和列（4）为研发资本流动的作用结果，而列（5）和列（7）为研发人员集聚的作用结果，列（6）和列（8）为研发资本集聚的作用结果。列（1）、列（2）和列（5）、列（6）被解释变量是创新要素结构高级化指数（AES），列（3）、列（4）和列（7）、列（8）被解释变量是创新要素结构合理化指数（RES）。结果显示，知识产权保护在东北地区的创新要素流动的结构优化效应中产生差异化影响。即知识产权保护在研发人员流动与集聚，研发资本集聚促进创新要素结构高级化中产生激励作用；而创新要素空间结构合理化中，除了列（4）是正向显著作用外，其他研发人员流动与集聚、研发资本集聚中，知识产权保护均不利于通过创新要素流动集聚实现空间结构合理化。可能的原因在于，知识产权保护将诱使创新要素流动、相互融合与集聚，推动创新活动向新的高度发展，进而促进创新要素空间结构高级化。而知识产权保护程度的提高，对于创新人员流动与集聚的空间结构合理化效应，并未发挥积极的作用，即知识产权保护对创新要素空间合理配置不具备调节作用。

三、研发补贴政策对创新要素空间结构优化效应的调节作用

政府研发补贴作为缓解企业融资困境的重要手段，已然成为激励企业提升创新水平的重要推动力。事实上，研发补贴对创新的实际作用效果，并未达成一致意见，研发补贴对企业的创新产出产生的激励作用与挤出作用并存，促进论与抑制论，莫衷一是（章元等，2018；白旭云等，2019）。为此，从要素空间结构优

化的视角，探讨在东北地区研发补贴对创新要素结构优化的调节作用。参考董直庆等（2020）的处理方法，选择研发资金中政府资金占比表征政府研发补贴。

表 5-11 为东北地区政府研发补贴在创新要素结构优化中的调节作用回归结果。列（1）至列（4）为政府研发补贴在创新要素流动的结构优化效应中的作用结果，其中，列（1）和列（3）为研发人员流动的作用结果，列（2）和列（4）为研发资本流动的作用结果，而其中列（5）至列（8）为政府研发补贴在创新要素集聚的结构优化效应中的作用结果，其中，列（5）和列（7）为政府研发人员集聚的作用结果，列（6）和列（8）为研发资本集聚的作用结果。列（1）、列（2）和列（5）、列（6）被解释变量是创新要素结构高级化指数（AES），列（3）、列（4）和列（7）、列（8）被解释变量是创新要素结构合理化指数（RES）。

表 5-11　东北地区研发补贴的调节作用

变量	(1) AES	(2) AES	(3) RES	(4) RES	(5) AES	(6) AES	(7) RES	(8) RES
fpbt	24.5844 **		-6.1189 *		8.0030 ***		-1.0934 **	
	(9.2413)		(3.2648)		(1.6656)		(0.4999)	
fcbt		16.6781 *		-4.1871		4.4201 **		-1.1094 *
		(9.6187)		(3.5694)		(1.8644)		(0.6063)
ftd	0.1321 ***	0.1287 ***	-0.0158 *	-0.0152	0.1230 ***	0.1132 ***	-0.0115	-0.0108
	(0.0244)	(0.0256)	(0.0092)	(0.0098)	(0.0249)	(0.0242)	(0.0087)	(0.0089)
ris	0.1044 **	0.1216 **	-0.0019	-0.0075	0.0591	0.1442 ***	0.0042	-0.0104
	(0.0384)	(0.0388)	(0.0147)	(0.0149)	(0.0432)	(0.0393)	(0.0153)	(0.0135)
fdl	-0.1267 ***	-0.1442 ***	0.0206	0.0261 **	-0.0908 **	-0.1386 ***	0.0168	0.0224 *
	(0.0319)	(0.0322)	(0.0126)	(0.0127)	(0.0353)	(0.0328)	(0.0127)	(0.0122)
gdp	-0.0125	-0.0311	0.0120	0.0170	0.0319	-0.0599	0.0133	0.0236
	(0.0511)	(0.0543)	(0.0199)	(0.0215)	(0.0526)	(0.0471)	(0.0186)	(0.0178)
urb	-0.0051 ***	-0.0056 ***	0.0007 **	0.0009 **	-0.0043 ***	-0.0061 ***	0.0006	0.0009 **
	(0.0010)	(0.0010)	(0.0004)	(0.0004)	(0.0011)	(0.0010)	(0.0004)	(0.0003)
sigma2_e	0.0000 ***	0.0000 ***	0.0000 ***	0.0000 ***	0.0000 ***	0.0000 ***	0.0000 ***	0.0000 ***
	(0.0000)	(0.0000)	(0.0000)	(0.0000)	(0.0000)	(0.0000)	(0.0000)	(0.0000)
R^2	0.581	0.622	0.196	0.225	0.008	0.532	0.215	0.256

注：括号内数字为统计的标准误差，***、**、*分别表示在1%、5%、10%的水平下显著。

表 5-11 结果显示，政府研发补贴在研发资本与研发人员对创新要素结构优化的影响中产生非对称性影响。具体来说，政府研发补贴与创新要素流动以及创新要素集聚的交互项对提升创新要素结构高级化的影响，至少保持 10% 的显著性为正，而对创新要素结构合理化的影响为负。可能的原因在于，研发补贴会与企业自有的研发资本形成良好的补充，激励企业创新，加快提升创新要素结构的高级化。而地方政府的研发补贴作为一种政府的转移支付形式，适用的范围具有局域性，因而不利于提升创新要素结构的合理化。

四、基础设施建设对创新要素空间结构优化效应的调节作用

完善的基础设施是要素空间流动与集聚的前提（张学良，2012）。不可否认，基础设施建设增强区域间的交通可达性，有利于加快要素跨区域流动，形成集聚与扩散效应，助力区域核心竞争力提升。为此，进一步探究基础设施建设在促进创新要素结构优化中发挥的调节作用，为此本节参考董直庆等（2020）的做法，采用各省铁路、公路与内河航道里程占土地面积的比重表征地区基础设施建设。

表 5-12 为东北地区基础设施在创新要素结构优化中的作用条件回归结果。列（1）至列（4）为基础设施在创新要素流动的结构优化效应中的作用结果，列（1）和列（3）为研发人员流动的作用结果，列（2）和列（4）为研发资本流动的作用结果。而列（5）至列（8）为基础设施在创新要素集聚的结构优化效应中的作用结果，其中列（5）和列（7）为研发人员集聚的作用结果，列（6）和列（8）为研发资本集聚的作用结果。列（1）、列（2）和列（5）、列（6）被解释变量是创新要素结构高级化指数（AES），列（3）、列（4）和列（7）、列（8）被解释变量是创新要素结构合理化指数（RES）。表 5-12 结果显示，基础设施建设在创新要素空间结构高级化与合理化的影响中产生了不同的影响。具体来说，基础设施与创新要素流动的交互项对创新要素结构高级化水平的影响，至少保持 5% 的水平下显著为负。而与之相反，基础设施建设与创新要素流动的交互项对创新要素结构合理化的影响，至少在 1% 的水平下显著为正。原因在于，东北地区交通基础设施改善加快创新要素外流，创新资源流失降低地区创新的核心竞争力，削弱区域创新要素高级化水平。而在合理的创新要素分配格局中，基础设施建设有利于推动要素流动与优化配置，从而加快创新要素向空间结构合理化方向发展。而基础设施建设无论在创新资本集聚还是在创新人员集聚的结构优化效应中，均未发挥积极的作用，即基础设施建设的作用主要体现在促

进创新要素流动上。

表 5-12　东北地区基础设施的调节作用

变量	(1) AES	(2) AES	(3) RES	(4) RES	(5) AES	(6) AES	(7) RES	(8) RES
fpjcss	-30.3291**		16.0527***		1.0088		0.3386	
	(12.6447)		(4.7883)		(1.0682)		(0.3348)	
fcjcss		-56.8963***		17.9836***		-1.5655*		0.3140
		(14.0835)		(3.6096)		(0.8012)		(0.2505)
ftd	0.1082***	0.0867**	-0.0098	-0.0015	0.1228***	0.1072***	-0.0090	-0.0090
	(0.0230)	(0.0269)	(0.0094)	(0.0079)	(0.0299)	(0.0292)	(0.0095)	(0.0093)
ris	0.2546***	0.3439***	-0.0653**	-0.0620***	0.1625***	0.1388**	-0.0160	-0.0078
	(0.0624)	(0.0666)	(0.0218)	(0.0157)	(0.0480)	(0.0485)	(0.0140)	(0.0146)
fdl	-0.1386***	-0.0942**	0.0104	-0.0034	-0.1689***	-0.1845***	0.0396**	0.0319**
	(0.0311)	(0.0382)	(0.0124)	(0.0110)	(0.0435)	(0.0373)	(0.0130)	(0.0113)
gdp	-0.0771*	-0.0866*	0.0214	0.0260*	-0.0698	-0.0681	0.0382**	0.0266
	(0.0436)	(0.0496)	(0.0181)	(0.0147)	(0.0598)	(0.0558)	(0.0194)	(0.0182)
urb	-0.0057***	-0.0053***	0.0005	0.0002	-0.0066***	-0.0071***	0.0013***	0.0010***
	(0.0010)	(0.0011)	(0.0003)	(0.0003)	(0.0015)	(0.0012)	(0.0004)	(0.0003)
sigma2_e	0.0000***	0.0001***	0.0000***	0.0000***	0.0001***	0.0001***	0.0000***	0.0000***
	(0.0000)	(0.0000)	(0.0000)	(0.0000)	(0.0000)	(0.0000)	(0.0000)	(0.0000)
R^2	0.721	0.682	0.228	0.228	0.555	0.741	0.251	0.238

注：括号内数字为统计的标准误差，***、**、*分别表示在1%、5%、10%的水平下显著。

第六章 东北地区创新激励政策对创新效率的影响

现阶段"新东北现象"表明，要素驱动下的传统经济增长动力逐渐弱化，经济发展迫切需要转向创新驱动。然而，东北地区创新要素稀缺且配置效率低下，经济转型出现困难。东北地区振兴若完全依靠自身力量很难快速摆脱困境，政策干预可以有效推动创新要素流入东北地区并形成集聚，能够为东北经济创造更多的增长空间。为此，政府政策激励成为经济振兴的必要手段。为推动东北地区创新和经济平稳发展，实现东北全面振兴，利用创新激励政策促进创新效率提高尤为关键。本章重点关注"选择支持型"和"自由裁量型"创新激励政策和政府创新关注强度对东北地区创新效率的影响，并探究政府关注对企业创新的作用机制。

第一节 选择支持型创新激励政策对创新效率的影响

陈强远等（2020）认为选择支持型创新激励政策不仅能够激励创新数量的增加，也能提高创新质量，在我国技术追赶进程中发挥了重要的作用。本节以选择型创新激励政策对创新效率的影响为研究对象，基于东北地区上市公司的微观数据，实证检验选择支持型创新激励政策对企业创新效率的影响，剖析我国东北地区实施选择支持型创新激励政策的有效性。

一、选择支持型创新政策的内涵

选择支持型创新政策指政府为鼓励新兴产业和基础产业创新行为，优化产业间资源配置效率，选择性给予特定产业税收、土地利用、市场交易等方面的优惠政策，其实质上是一种选择性产业政策。选择性产业政策起源于日本，我国于20世纪80年代引入选择性产业政策，其理论基础是"赶超理论"，通过政府直接干预弥补市场失灵以缩短新兴产业发展周期，后发国家由此可以实现对先发国家经济的追赶和超越。具体而言，当前我国整体技术水平与发达国家仍存在一定差距，新兴产业的发展容易被发达国家的垄断挤出，在国际竞争中处于不利地位，政府选择性的产业扶持政策有助于保护国内新兴技术产业。而且技术创新本身具有较强的高投入、高风险和外部性，这些特征会导致市场失灵。政府通过对重点领域研发公司进行补偿和保护，能够激励企业创新行为，推动研发成果孵化。

2000年以来，我国出台一系列选择性产业政策，鼓励新兴产业和基础产业的技术创新。如《国务院关于发布实施〈促进产业结构调整暂行规定〉的决定》（国发〔2005〕40号），2011年和2013年调整后，2019年再次发布《产业结构调整指导目录（2019年本）》，旨在指引社会投资方向，加快传统产业改造和发展新兴产业，推动我国产业向全球价值链高端迈进。财税部和税务总局发布系列文件，出台具体财税政策给予创新型企业优惠政策，2014年发布《财政部关于完善固定资产加速折旧税收政策有关问题的通知》（财税〔2014〕75号），允许生物药品制造业，专用设备制造业，铁路、船舶、航空航天和其他运输设备制造业、计算机、通信和其他电子设备制造业，仪器仪表制造业，以及信息传输、软件和信息技术服务业六个行业在较早的会计期间内计提应在未来会计期间计提的固定资产折旧部分。2015年发布的《关于进一步完善固定资产加速折旧企业所得税政策的通知》（财税〔2015〕106号）增加轻工、纺织、机械、汽车四个领域重点行业。2019年发布的《国家税务总局关于扩大固定资产加速折旧优惠政策适用范围的公告》（财税〔2019〕66号）规定固定资产加速折旧优惠的行业范围，扩大至全部制造业领域。由于技术进步较快的产业产品更新换代较快，加速创新型企业计提固定资产折旧，可以减少企业缴纳所得税，有效缓解企业现金流压力，激励企业增加前期研发投入。

本节以固定资产加速折旧政策作为代表性"选择型创新激励政策"，从创新质量与生产率两个维度评估创新激励政策对上市企业创新效率的作用效果。

二、模型设定与变量说明

固定资产加速折旧政策相当于增加了相关企业前期应税所得，有效缓解了企业现金流压力，激励企业增加前期研发投入。使用东北地区 A 股上市企业 2003～2017 年数据，将计量模型设定如下：

$$innov\_qua_{it} = \alpha_0 + \alpha_1 ac\_depre_{it} + \alpha_j X_{it} + \varepsilon_{it} \tag{6-1}$$

其中，$innov\_qua_{it}$ 为东北地区上市公司 i 第 t 年创新产出水平，分别用企业发明专利授权数 pa_{it} 与企业全要素生产率（tfp_{it}）两种指标表示。发明专利授权数一直是衡量创新产出的重要指标，与实用新型和外观设计专利相比，发明专利更能实质性反映企业创新质量与技术竞争力；全要素生产率为去除要素生产率以外的综合生产率，可以反映企业创新成果转化为生产力的效率，也能反映创新的生产能力与经济效益，实质性表征创新效率。ac_depre_{it} 表示政府为促进企业创新所实施的"选择支持型创新激励政策"，以固定资产加速折旧政策表征。X_{it} 为控制变量，包括用企业开发支出金额表征的企业研发投入（rd_{it}），以企业劳动力人数表征的企业规模（$labor_{it}$），以企业所处地区的 GDP 水平表示的经济环境水平（gdp_{it}），以企业总资产增长率表示的企业盈利能力（kt_{it}），以企业董事人数表示的企业决策能力（di_{it}）。各变量指标含义与数据来源如表 6-1 所示。

表 6-1　各变量指标含义及数据来源

	含义	符号	指标	数据来源
被解释变量	创新产出	pa	发明专利授权数	国泰安数据库
	生产率	tfp	企业全要素生产率	作者计算
解释变量	选择支持型	ac_depre	企业是否获得固定资产加速	国家税务总局
	激励政策		折旧政策	网站
控制变量	研发投入	rd	企业开发支出金额	国泰安数据库
	企业规模	$labor$	企业员工人数	国泰安数据库
	经济环境水平	gdp	企业所处省份 GDP	中国统计年鉴
	盈利能力	kt	企业总资产增长率	国泰安数据库
	决策能力	di	企业董事人数	国泰安数据库

各变量描述性统计结果如表 6-2 所示。根据表 6-2 变量描述性统计结果，东

北地区上市企业创新产出（pa）均值为 5.2787，但标准差为 16.2163，最大值与最小值之间差距较大，表明东北地区上市企业创新产出水平差异较大，创新能力参差不齐。企业全要素生产率（tfp）均值为 12.1035，标准差为 7.9300，表明虽然企业间创新产出数量差异较大，但创新产出转化引起的效率差别不大，企业创新的最终目的是经济效益，在经济效益最大化前提下制定创新计划，进行创新活动。选择支持型创新激励政策（ac_ depre）均值为 0.3705，表明东北地区大约37%的上市企业获得固定资产加速折旧政策，有利于将节约的资金投入创新活动中。由于各企业经营策略、创新能力与面临创新环境不同，其创新投入（rd）差异很大，标准差为 3.3102。企业规模（labor）与企业盈利能力（kt）变异系数分别为 1.50 和 3.76，差异性较大。企业所处经济环境（gdp）与企业董事结构表征的企业决策能力（di）差异相对较小。

表 6-2　变量的描述性统计

变量	样本量	均值	标准差	最小值	最大值
pa	556	5.2787	16.2163	0.0000	160.0000
tfp	556	12.1035	7.9300	−0.2397	21.3549
ac_ depre	556	0.3705	0.4834	0.0000	1.0000
rd	556	1.0865	3.3102	0.0000	28.6803
labor	556	5.1707	7.7428	0.1790	50.7020
gdp	556	1.7973	0.7015	0.3620	2.8669
kt	556	0.1594	0.5986	−0.6502	6.5888
di	556	8.6871	1.8510	0.0000	18.0000

三、选择支持型创新激励政策对创新效率影响的基准回归

根据国家税务总局公告，2014 年固定资产加速折旧政策适用范围为生物药品制造业，专用设备制造业，铁路、船舶、航空航天和其他运输设备制造业，计算机、通信和其他电子设备制造业，仪器仪表制造业，信息传输、软件和信息技术服务业六个行业，2015 年加计了轻工、纺织、机械、汽车四个领域重点行业，2019 年又将适用范围扩大至全部制造业领域。本节选取 2003~2017 年作为样本期间，固定资产加速折旧政策主要在 10 个领域内实施，这些行业均为技术密集型行业，技术及设备更新换代较为频繁，选择性地对这些行业施行固定资产加速

折旧政策，更能激励相关企业在较早阶段将节省的资金投入技术创新与设备更替中，起好技术创新带头作用，再通过产业关联促进上下游产业的技术提升。根据上文计量模型，选择支持型创新激励政策对东北地区 A 股上市企业创新效率作用，回归结果如表 6-3 所示。

由表 6-3 可知，列（1）和列（2）中 *ac_ depre* 系数在 1% 水平下显著，分别为 1.472 和 3.030，表明选择支持型创新激励政策可以有效提高东北地区 A 股上市企业创新效率。根据选择支持型创新激励政策特点，选择支持型创新激励政策主要专注于对高技术行业进行激励，由于该行业企业对技术先进水平要求较高，企业倾向于将多余资金用于技术研发中，可以有效促进创新效率的提高。此外，企业能否享受选择支持型激励政策具有明确的标准，固定资产加速折旧政策所涉及的十个行业中企业可以在较早时期拥有充足的现金流，有利于促进生产规模扩张，同时促进其上游产业产品生产扩张与利润增长，产生一系列乘数效应。选择支持型创新激励政策相当于减少了被支持企业的生产成本，但相对提高了其他行业中企业的生产成本，其他企业为保持盈利需要加大技术创新力度，才可以在与被支持企业的竞争中获益，更进一步促进经济整体创新质量的提高。

表 6-3　东北地区"选择支持型"创新激励政策对创新效率的影响

变量	（1） *pa*	（2） *tfp*
ac_ depre	1.472 ***	3.030 ***
	（0.162）	（0.327）
rd	0.096 *	0.571 ***
	（0.051）	（0.075）
labor	0.568 ***	−0.120 ***
	（0.055）	（0.032）
gdp	0.894 ***	4.604 ***
	（0.167）	（0.284）
kt	−0.430 ***	−0.694 **
	（0.149）	（0.341）
di	−0.567 ***	0.125
	（0.061）	（0.080）

续表

变量	(1)	(2)
	pa	tfp
Cons	3.273***	2.342**
	(0.610)	(0.946)
时间效应	控制	控制
个体效应	控制	控制
样本数	556	556
企业数	119	119

注：括号内数字为统计的标准误差，***、**、*分别表示在1%、5%、10%的显著性水平下显著。

四、选择支持型创新激励政策对创新效率影响的异质性检验

上市企业所有制、企业规模、股权集中度等性质存在异质性，会影响企业风险承受能力与发展路径，因此各类企业面对创新激励政策会做出不同反应。

1. 企业所有制异质性

将东北地区上市公司按照国有企业与民营企业进行分类，实证研究选择支持型创新激励政策对不同所有制企业异质性作用效果，回归结果如表6-4所示。

表6-4　东北地区支持型创新激励政策对不同所有制企业异质性

变量	国有企业		民营企业	
	(1)	(2)	(3)	(4)
	pa	tfp	pa	tfp
ac_ depre	1.476***	4.647***	0.290*	0.825***
	(0.454)	(0.648)	(0.153)	(0.277)
rd	0.023	0.632***	0.280***	0.444***
	(0.063)	(0.082)	(0.078)	(0.156)
labor	0.498***	-0.045	0.0419	-0.053
	(0.070)	(0.035)	(0.050)	(0.059)
gdp	1.642***	5.186***	0.451***	1.752***
	(0.382)	(0.424)	(0.160)	(0.184)

续表

变量	国有企业		民营企业	
	（1）	（2）	（3）	（4）
	pa	tfp	pa	tfp
kt	−0.588***	−1.158**	−0.239	0.568
	（0.215）	（0.454）	（0.203）	（0.365）
di	−0.623***	0.322***	0.008	−0.09
	（0.126）	（0.100）	（0.059）	（0.089）
Cons	2.240*	−3.034**	0.854	12.566***
	（1.266）	（1.183）	（0.659）	（0.932）
时间效应	控制	控制	控制	控制
个体效应	控制	控制	控制	控制
样本数	320	320	218	218
企业数	62	62	52	52

注：括号内数字为统计的标准误差，***、**、*分别表示在1%、5%、10%的显著性水平下显著。

表6-4回归结果显示，对高科技行业实施选择性支持的固定资产加速折旧政策，对国有企业创新产出与生产率的促进效果均大于民营企业。表明在选择支持型创新激励政策下，东北地区国有企业不仅增加了高质量创新数量，而且能够促进生产力提升，科技成果转化效率较高，而民营企业科技成果转化效率相对较低。究其原因，东北地区国有企业在能源、建筑、铁路、航空等领域占据重要地位，选择支持型创新激励政策所涉及行业中的领头企业多为国有企业，具有雄厚的资金、较高的科技创新实力与科技成果转化能力，企业固定资产比重较高，对国有企业施行固定资产加速折旧政策能够激励企业更好地发挥创新优势，并将创新成果有效转化为经济生产效益。相较而言，民营企业在轻工业与服务业中更具优势，整体而言东北地区民营企业创新基础较为薄弱，将科技成果转化为经济效益的能力也相对较弱。

2. 企业规模异质性

表6-5将东北地区上市公司按照企业规模分为小规模与大规模两类，分类考察创新激励政策对创新效率的提高效果。

表6-5　东北地区创新激励政策对企业规模异质性

变量	小规模企业		大规模企业	
	（1） pa	（2） tfp	（3） pa	（4） tfp
ac_ depre	−0.332 **	1.446 ***	2.445 ***	5.405 ***
	（0.145）	（0.344）	（0.478）	（0.590）
rd	0.275 ***	0.410 *	0.002	0.621 ***
	（0.075）	（0.222）	（0.058）	（0.067）
labor	0.840 ***	0.622 *	0.636 ***	−0.034
	（0.170）	（0.332）	（0.076）	（0.032）
gdp	1.183 ***	3.229 ***	1.528 ***	4.967 ***
	（0.105）	（0.366）	（0.206）	（0.384）
kt	−0.078	−0.147	−0.404	−0.545 *
	（0.099）	（0.553）	（0.274）	（0.299）
di	−0.074	0.092	−0.683 ***	0.344 ***
	（0.055）	（0.126）	（0.144）	（0.099）
Cons	−0.609	6.473 ***	1.651	−3.488 ***
	（0.514）	（1.443）	（1.380）	（1.258）
时间效应	控制	控制	控制	控制
个体效应	控制	控制	控制	控制
样本数	267	267	289	289
企业数	68	68	68	68

注：括号内数字为统计的标准误差，＊＊＊、＊＊、＊分别表示在1%、5%、10%的显著性水平下显著。

由表6-5回归结果可知，选择支持型创新激励政策能够显著提升大规模上市企业创新产出与生产率，但抑制了小规模企业创新效率。由于小规模企业资金实力较弱，科技创新能力不足，且其一般不属于选择支持型创新激励政策所涉及行业，因此，选择支持型创新激励政策对特定行业的扶持降低了该行业中企业的创新成本，在竞争市场中就相当于增加了小规模企业相对成本，故会抑制小规模企业创新效率。反观大规模企业，在选择支持型创新激励政策下其创新产出与生产率均提升明显，这是由于大规模企业一般研发基础好，会根据自身生产与发展需要进行针对性的高质量创新，研发部门与生产部门间衔接性较高，创新产出能够在较短时间内转化为生产效益，提高企业全要素生产率。

3. 企业股权集中度异质性

企业股权集中度对企业决策与企业风险偏好具有重要影响，因此，本书将东北地区上市企业按照股权集中度大小分为两组，分别考察选择支持型创新激励政策对异质性股权集中度企业创新效率的作用差异，回归结果如表6-6所示。

表6-6　东北地区支持型创新激励政策对企业股权集中度异质性

变量	低股权集中度		高股权集中度	
	（1）	（2）	（3）	（4）
	pa	tfp	pa	tfp
ac_ depre	-0.568***	4.160***	2.290***	2.450***
	(0.148)	(0.550)	(0.291)	(0.326)
rd	0.512***	0.563***	-0.012	0.611***
	(0.067)	(0.129)	(0.066)	(0.059)
labor	0.236***	-0.287***	0.696***	-0.099***
	(0.026)	(0.074)	(0.087)	(0.030)
gdp	1.520***	4.432***	1.167***	5.088***
	(0.123)	(0.376)	(0.278)	(0.310)
kt	0.399**	-0.014	-0.611**	-0.601**
	(0.159)	(0.732)	(0.270)	(0.279)
di	-0.121***	0.471***	-0.807***	-0.166***
	(0.043)	(0.081)	(0.111)	(0.031)
Cons	-0.442	-0.717	4.361***	4.074***
	(0.372)	(1.049)	(0.970)	(0.891)
时间效应	控制	控制	控制	控制
个体效应	控制	控制	控制	控制
样本数	264	264	292	292
企业数	69	69	85	85

注：括号内数字为统计的标准误差，***、**、*分别表示在1%、5%、10%的显著性水平下显著。

由表6-6回归结果可知，选择支持型创新激励政策对股权集中度小的企业创新产出作用系数在1%的水平下显著性为-0.568，抑制了其创新产出，而对股权集中度较高企业的创新产出具有促进作用。虽然选择支持型创新激励政策对股权集中度较小企业的创新产出作用为负，但对其生产率的提高作用远大于股权集中度较高的企业。究其原因，股权集中度较低的企业创新决策权力分散，由于创新活动需要前期进行较大投入，且其创新收益具有较大的不确定性，股权集中度较低的企业需要保证大部分股东利益不受损失，创新决策倾向于保守策略，施行较谨慎的创新决策，企业会将固定资产加速折旧政策节省的资金投入能够实质性提高全要素生产率的创新项目中，因此企业 *tfp* 提升效果较好。而股权集中度较高企业的创新策略与大股东决策偏好一致性较高，少数大股东拥有较大决策权，可能偏好于增加高质量创新投入的激进型创新策略。

五、创新环境对选择支持型创新激励政策效果的影响

创新激励政策对上市企业创新效率的提高效果可能受到企业所处创新环境的影响，其中政府干预力度与基础设施建设强度会影响创新激励政策的发挥。本书将政府干预力度与基础设施建设强度进行分组，分别考察在不同创新环境下，选择支持创新激励政策对东北地区上市企业创新效率的作用效果。政府干预力度与基础设施建设强度数据来自 2017 年的《中国分省份企业经营环境指数》。

1. 政府干预

表 6-7 东北地区政府干预对选择支持型创新激励政策效果的影响

变量	低政府干预度		高政府干预度	
	（1） *pa*	（2） *tfp*	（3） *pa*	（4） *tfp*
ac_ depre	-0.414	-0.657	1.016***	2.524***
	(0.340)	(0.776)	(0.287)	(0.339)
rd	-0.016	0.402***	0.392***	0.549***
	(0.049)	(0.107)	(0.114)	(0.125)
labor	0.498***	-0.008	0.418***	-0.169***
	(0.078)	(0.028)	(0.082)	(0.029)
gdp	1.225**	15.796***	0.919***	4.482***
	(0.510)	(0.820)	(0.235)	(0.356)
kt	-0.373**	-1.144**	-0.257	-0.031
	(0.184)	(0.504)	(0.274)	(0.515)
di	-0.414***	0.098	-0.231**	0.210**
	(0.068)	(0.097)	(0.112)	(0.096)

续表

变量	低政府干预度		高政府干预度	
	（1） *pa*	（2） *tfp*	（3） *pa*	（4） *tfp*
Cons	2.526*** （0.889）	−7.923*** （1.126）	0.517 （1.110）	2.01 （1.258）
时间效应	控制	控制	控制	控制
个体效应	控制	控制	控制	控制
样本数	151	151	405	405
企业数	32	32	87	87

注：括号内数字为统计的标准误差，***、**、*分别表示在1%、5%、10%的显著性水平下显著。

由表6-7回归结果可知，政府干预力度大的情况下选择支持型创新激励政策对企业创新效率的影响系数显著为正，而在政府干预力度小的情况下，政策效果则不显著。政府干预能够刺激与引导东北地区企业技术创新投入，改善技术创新投入结构和提高投入效率，如运用合理的政府采购合同刺激市场需求进而引导技术创新方向。若政府干预力度不足，则选择支持型创新激励政策难以发挥作用。可以看出，在当前东北地区经济亟须转型阶段，地理区位优势不足，资本、技术和人才匮乏，单纯的去政府干预并推行市场化并不能解决东北地区创新乏力问题，而是需要辅之以强有效的政府干预，引导东北地区创新要素合理配置，为东北地区创造富有竞争力的创新环境，促使选择支持型创新激励政策能够达到激发企业创新活力、推动产业结构转型升级的目标。

2. 基础设施建设

由表6-8回归结果可知，对于选择支持型创新激励政策，基础设施建设能够有效提升政策的创新绩效。在基础设施建设度较高的环境下，选择支持型创新政策对企业创新产出与生产率回归系数分别显著为0.859和2.318，而在基础设施建设度较低的环境下则系数不显著。可见，企业创新能力需要依赖一定的基础设施建设才能够发挥出来，良好的基础设施建设能够优化创新环境，促进创新要素流动，是企业创新的催化剂。例如，充足的电力、煤气与水的供应能够为企业生产与研发提供能源保证；发达的交通网络能够促进研发人员流动与研发设备运输，促进水平关联与垂直关联行业创新要素集聚，有利于实现创新知识外溢，企业可以从其他企业创新成果中获得经验；环保防灾设施能提高企业生产安全性与节能性。这些基础设施均可以营造出良好的企业创新环境，提高政策创新绩效。

表6-8　东北地区基础设施建设对选择支持型创新激励政策效果的影响

变量	低基础设施建设度		高基础设施建设度	
	（1） pa	（2） tfp	（3） pa	（4） tfp
ac_ depre	−0. 135	−0. 227	0. 859 *	2. 318 ***
	（0. 224）	（0. 457）	（0. 441）	（0. 434）
rd	0. 086 *	0. 422 ***	0. 580 **	0. 431 ***
	（0. 052）	（0. 085）	（0. 236）	（0. 122）
labor	0. 476 ***	0. 001	0. 368 ***	−0. 067 **
	（0. 065）	（0. 027）	（0. 119）	（0. 033）
gdp	2. 231 ***	17. 110 ***	1. 612 **	8. 638 ***
	（0. 388）	（0. 543）	（0. 672）	（0. 268）
kt	−0. 366 ***	−1. 279 ***	−0. 027	1. 008 **
	（0. 135）	（0. 329）	（0. 602）	（0. 436）
di	−0. 113	0. 087	−0. 393 **	−0. 102
	（0. 077）	（0. 109）	（0. 155）	（0. 080）
Cons	−1. 141	−10. 507 ***	0. 226	−5. 807 ***
	（0. 826）	（1. 040）	（1. 905）	（1. 156）
时间效应	控制	控制	控制	控制
个体效应	控制	控制	控制	控制
样本数	269	269	287	287
企业数	55	55	64	64

注：括号内数字为统计的标准误差，***、**、*分别表示在1%、5%、10%的显著性水平下显著。

六、东北地区与其他地区选择支持型创新激励政策的绩效对比

中国八大综合经济区资源禀赋、产业结构、创新能力各异，所承担的职能也不同，处于不同地理经济区的上市企业对选择支持型创新激励政策的反应可能存在差异。本节考察东北地区与其他综合经济区选择支持型创新激励政策对创新效率的作用差异，回归结果如表6-9所示。

表6-9　东北地区与其他地区选择支持型创新激励政策绩效对比

地区 ＼ 变量	pa	tfp	样本数	企业数
东北	1.472*** (0.162)	3.030*** (0.327)	556	119
北部沿海	3.712*** (0.205)	3.076*** (0.141)	2764	549
东部沿海	1.138*** (0.057)	2.018*** (0.055)	4690	1005
南部沿海	-0.860*** (0.033)	1.373*** (0.073)	3015	657
黄河中游	1.278*** (0.207)	2.379*** (0.333)	980	165
长江中游	-0.489** (0.188)	1.659*** (0.136)	1620	304
西南	-0.419*** (0.157)	3.417*** (0.216)	1146	220
西北	0.219* (0.129)	2.968*** (0.485)	354	87

注：括号内数字为统计的标准误差，***、**、*分别表示在1%、5%、10%的显著性水平下显著。由于篇幅限制，控制变量回归系数未列出。

由表6-9回归结果可知，绝大多数地区在选择支持型创新激励政策作用下，创新产出和生产率均有所提升，仅南部沿海地区、长江中游地区与西南地区选择支持型创新政策对创新产出的影响系数显著为负。固定资产加速折旧政策对东北地区创新产出具有显著提升作用，其中，创新产出回归系数为1.472，生产率系数为3.030。东北地区作为老工业基地，具有扎实的重工业基础，汽车及零部件、装备制造、电子信息与医药化工等是其优势产业，固定资产加速折旧政策对这些产业进行扶持，有助于东北地区尽快实现转型，促进创新产出提升和创新产出转化，极大提高了东北地区企业生产率。选择支持型创新激励政策对北部和东部沿海地区创新效率的提高效果较明显。北部沿海地区包括京津冀经济圈以及山东省，东部沿海地区包括江浙沪地区，均为中国重要高新技术研发与制造中心，对高新产业进行选择性扶持的固定资产加速折旧政策更能发挥其创新效率提高作用。南部沿海地区选择支持型创新激励政策对创新产出作用为负，而对生产率作用显著为正，这是由于南部沿海地区作为中国最重要对外开放基地，主要功能为消化吸收国外先进技术，快速生产产品并出口，对本土创新质量要求不高。因此，南部沿海地区施行创新激励政策，可能将创新资源用于模仿国外技术，而不是自主创新，因此其创新产出下降，而模仿引起生产率提升。黄河中游地区是重要矿产基地，固定资产加速折旧政策对创新效率提高具有显著激励效果。对于长江中游地区与西南地区，其产业类型多为科技含量不高的农业、重工业与轻工业，高科技产业发展水平较为落后，施行选择性支持政策，企业可能会将因政策支持而节省的资金用于扩大生产，虽降低了地区的创新产出，但企业生产率却得以提升。西北地区为中国重要能源战略基地，政府对高科技产业选择性支持有助于提高西北地区的创新效率，进而推动地区产业升级与经济结构转型。

第二节　自由裁量型创新激励政策
对创新效率的影响

本节关注另一种创新激励政策即自由裁量型创新激励政策在东北地区的实施效果，检验其对微观企业创新产出与生产率的影响，并与选择性支持创新激励政策的创新效应进行对比分析，识别提高我国东北地区创新效率的有效政策。

一、自由裁量型创新激励政策的内涵

自由裁量型创新激励政策通常对企业创新激励没有具体类别、门槛标准、支持额度等方面的统一标准，政府职能部门的政策实施具有较高的自由裁量权。与选择支持型创新激励政策不同的是，自由裁量型创新激励政策没有统一的标准，地方政府根据自身财政状况对企业创新项目进行资助，对何种创新项目进行资助、全额资助或是部分资助、资助额度和资助标准等均没有统一规定。相较于选择支持型创新激励政策，自由裁量型创新激励政策对创新企业的激励形式和额度均具有更大的自由灵活性，地方职能部门可以根据地方情况选择适宜的行业和技术领域对企业进行激励。但由于缺乏统一标准和低透明性等特征，企业是否享受政策优惠更多地依赖政府职能部门和专家团队的评估和裁量，地方政府之间的竞

争可能使其将激励政策偏向于地方保护的企业或重点扶持的企业，可能会导致创新资源的配置偏离帕累托最优路径。

自由裁量型创新激励政策的典型是"来自政府的科技活动经费"，我国每年财政支出中会划拨一定比例经费用于科技活动支出，鼓励企业开展技术创新活动。数据显示，2009~2019 年我国科技经费支出占财政支出比重均值为 2.35%，呈逐年增长的趋势，至 2019 年我国科技经费支出达 5954.61 亿元，占财政支出的 2.92%。相较于全国平均水平，东北地区财政支出中科技活动经费支出占比远远不足，且呈逐年下降的趋势。具体而言，辽宁、吉林与黑龙江财政支出中科技经费支出的份额依次递减，2009~2019 年平均科技经费支出份额分别为 1.81%、1.15% 与 1.07%，三个省份科技经费支出份额下降趋势明显，分别从 2009 年的 2.14%、1.28% 与 1.06% 下降至 2019 年的 1.29%、1% 与 0.84%，辽宁下降幅度最为明显（见图 6-1）。

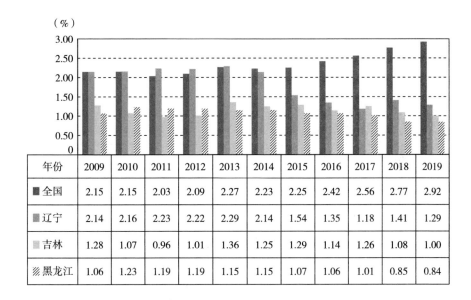

年份	2009	2010	2011	2012	2013	2014	2015	2016	2017	2018	2019
■全国	2.15	2.15	2.03	2.09	2.27	2.23	2.25	2.42	2.56	2.77	2.92
■辽宁	2.14	2.16	2.23	2.22	2.29	2.14	1.54	1.35	1.18	1.41	1.29
▥吉林	1.28	1.07	0.96	1.01	1.36	1.25	1.29	1.14	1.26	1.08	1.00
▨黑龙江	1.06	1.23	1.19	1.19	1.15	1.15	1.07	1.06	1.01	0.85	0.84

图 6-1　东北地区和全国科技经费支出占财政支出比重

资料来源：根据历年《中国统计年鉴》整理。

二、模型设定与变量说明

本节以政府补贴表征自由裁量型创新激励政策，从创新产出与生产率两个维度评估创新激励政策对上市企业创新效率的作用效果。使用东北地区 A 股上市企业 2003~2017 年数据，将计量模型设定如下：

$$innov\_qua_{it} = \alpha_0 + \alpha_1 sub_{it} + \alpha_j X_{it} + \varepsilon_{it} \tag{6-2}$$

其中，$innov\_qua_{it}$ 为东北地区上市公司 i 第 t 年创新产出水平，与第一节相同，分别用企业发明专利授权数（pa_it）与企业全要素生产率（tfp_it）两种指标表示。sub_it 表示政府为促进企业创新效率提升，所实施政府补贴政策为代表的"自由裁量型创新激励政策"。各变量指标含义与数据来源如表 6-10 所示。

表 6-10　各变量指标含义及数据来源

	含义	符号	指标	数据来源
被解释变量	创新产出	pa	发明专利授权数	国泰安数据库
	生产率	tfp	企业全要素生产率	作者计算
政策变量	自由裁量型激励政策	sub	企业获得政府补助金额	国泰安数据库
控制变量	研发投入	rd	企业开发支出金额	国泰安数据库
	企业规模	$labor$	企业员工人数	国泰安数据库
	经济环境	gdp	企业所处省份 GDP	中国统计年鉴
	盈利能力	kt	企业总资产增长率	国泰安数据库
	决策能力	di	企业董事人数	国泰安数据库

各变量描述性统计结果如表 6-11 所示。根据表 6-11 变量的描述性统计结果，自由裁量型创新政策（sub）均值 3.0565，标准差为 5.0381，表明各企业所获政府补助资金额差异较大，地方政府对企业发放的补助金额需要综合考虑企业经营能力、所有制与规模等因素，具有较大异质性。其他控制变量与表 6-2 相同。

表 6-11　变量的描述性统计

变量	样本量	均值	标准差	最小值	最大值
pa	556	5.2787	16.2163	0.0000	160.0000
tfp	556	12.1035	7.9300	-0.2397	21.3549

续表

变量	样本量	均值	标准差	最小值	最大值
sub	556	3.0565	5.0381	0.0000	54.0684

三、自由裁量型创新激励政策对创新效率影响的基准回归

根据上文计量模型，自由裁量型创新激励政策对东北地区 A 股上市企业创新效率影响的回归结果如表 6-12 所示。

表 6-12 中，列（1）和列（2）中 *sub* 系数分别为 0.046 和 0.054，但东北地区自由裁量型创新激励政策无论对创新产出增长还是对生产率均没有显著作用。究其原因，与选择支持型创新激励政策不同，自由裁量型创新激励政策对企业所属行业不进行设限，企业具有创新活动即可申报，但是政府补贴对象与补贴金额不具有统一标准，政府根据企业申报情况进行裁量和审批，可能在提供补贴时效率不高，企业创新积极性不如选择支持型创新激励政策。

表 6-12 东北地区"自由裁量型"创新激励政策对创新效率的影响检验

变量	（1） *pa*	（2） *tfp*
sub	0.046	0.054
	(0.038)	(0.046)
rd	0.091*	0.597***
	(0.047)	(0.081)
labor	0.583***	-0.125***
	(0.053)	(0.037)
gdp	1.321***	4.810***
	(0.149)	(0.246)
kt	-0.196	-0.373
	(0.136)	(0.304)
di	-0.259***	0.087
	(0.071)	(0.077)
Cons	-0.127	3.353***
	(0.543)	(0.967)

续表

变量	(1) pa	(2) tfp
时间效应	控制	控制
个体效应	控制	控制
样本数	556	556
企业数	119	119

注：括号内数字为统计的标准误差，***、**、*分别表示在1%、5%、10%的显著性水平下显著。

四、自由裁量型创新激励政策对创新效率影响的企业异质性检验

与第一节对应，本节东北地区上市企业所有制、企业规模、企业股权集中度三个方面，检验自由裁量型创新激励政策对不同类型企业创新效率的差异性影响。

1. 企业所有制异质性

将上市公司按照国有企业与民营企业进行分类，实证研究自由裁量型创新激励政策对不同所有制企业异质性作用效果，回归结果如表6-13所示。

表6-13 东北地区自由裁量型创新激励政策对不同所有制企业异质性

变量	国有企业		民营企业	
	(1) pa	(2) tfp	(3) pa	(4) tfp
sub	0.109 (0.075)	0.017 (0.056)	0.037 (0.038)	0.161** (0.065)
rd	0.006 (0.043)	0.688*** (0.088)	0.275*** (0.078)	0.21 (0.171)
labor	0.578*** (0.070)	−0.079* (0.047)	−0.045 (0.052)	0.0958 (0.086)
gdp	1.731*** (0.335)	6.812*** (0.407)	0.287* (0.158)	1.025*** (0.267)
kt	−0.121 (0.150)	−0.871** (0.426)	−0.096 (0.176)	0.242 (0.276)

续表

变量	国有企业		民营企业	
	（1） *pa*	（2） *tfp*	（3） *pa*	（4） *tfp*
di	−0.602 ***	0.255 *	0.016	0.014
	（0.125）	（0.149）	（0.065）	（0.083）
Cons	2.063 **	−3.287 **	1.104	13.525 ***
	（1.007）	（1.645）	（0.686）	（0.938）
时间效应	控制	控制	控制	控制
个体效应	控制	控制	控制	控制
样本数	320	320	218	218
企业数	62	62	52	52

注：括号内数字为统计的标准误差，***、**、*分别表示在1%、5%、10%的显著性水平下显著。

回归结果显示，在自由裁量型的政府补贴政策下，东北地区仅有民营企业生产率的提高效果显著，政府补贴对 *tfp* 作用系数为0.161，而对民营企业创新产出以及国有企业创新产出与生产率的作用均不显著。究其原因，可能在于东北地区针对国有企业的创新激励政策，由政府自由裁量以决定资助对象与资助金额，具有较大的寻租空间，降低了国有企业之间的竞争公平性与创新效率，而对于民营企业的资助则会相对充分地考察民营企业的创新潜力与创新实力，因此对民营企业资助有利于其研发成果的转化，促进生产率的提升。

2. 企业规模异质性

将东北地区上市公司按照企业规模分为小规模与大规模两类，分类考察创新激励政策对创新效率的提高效果，回归结果如表6-14所示。由表6-14回归结果可知，对于自由裁量型政府补贴政策，大规模企业在政府补贴作用下创新产出与生产率均无明显提高，但小规模企业创新产出与生产率提高幅度明显。原因可能在于，大规模企业在政府自由裁量的创新补贴下会产生寻租行为，导致其创新活力不足。同时，大规模企业寻租提高了小规模企业的竞争力，在优胜劣汰机制下，小规模企业只有通过提高自身全要素生产率的实质性创新才能获得政府补贴，因此自由裁量型创新激励政策对小规模企业激励作用更大。

表 6-14　东北地区企业规模异质性

变量	小规模企业		大规模企业	
	(1)	(2)	(3)	(4)
	pa	*tfp*	*pa*	*tfp*
sub	0.107*	0.315***	0.049	−0.001
	(0.055)	(0.104)	(0.079)	(0.005)
rd	0.267***	0.272	0.123*	0.771***
	(0.074)	(0.222)	(0.069)	(0.081)
labor	0.682***	−0.073	0.566***	−0.065
	(0.178)	(0.430)	(0.076)	(0.045)
gdp	0.892***	2.908***	1.915***	6.838***
	(0.121)	(0.347)	(0.305)	(0.368)
kt	−0.099	−0.429	−0.203	−0.278
	(0.095)	(0.403)	(0.295)	(0.395)
di	−0.083	0.218	−0.688***	0.313*
	(0.057)	(0.135)	(0.095)	(0.162)
Cons	−0.264	6.947***	1.989**	−4.214**
	(0.537)	(1.430)	(0.858)	(1.832)
时间效应	控制	控制	控制	控制
个体效应	控制	控制	控制	控制
样本数	267	267	289	289
企业数	68	68	68	68

注：括号内数字为统计的标准误差，***、**、*分别表示在1%、5%、10%的显著性水平下显著。

3. 企业股权集中度异质性

将东北地区上市企业按照股权集中度大小分为两组，回归结果如表6-15所示。由回归结果可知，对于创新产出即发明专利授权数量而言，政府补贴（*sub*）对股权集中度低与股权集中度高的企业创新专利产出的影响系数分别为0.140和0.011，其中对股权集中度低的企业作用系数在5%的水平上显著，而对股权集中度高的企业作用系数不显著。这一结论与王浩林（2020）的研究相一致，由于专利是原始类创新，政府补助可以有效缓解高新技术企业进行原始创新面临的融资约束问题，激励企业的专利产出。但对于股权集中度高的企业，掌握公司股权的大股东未必会愿意将补贴资金用于具有较高投资风险的发明创新上，故弱化了政府补贴的激励效应。对于生产率（*tfp*）而言，政府补贴对股权集中度高的影响系数大于对股权集中度低的企业，但两类企业的影响系数均不显著。

表 6-15　东北地区企业股权集中度异质性

变量	低股权集中度		高股权集中度	
	（1） *pa*	（2） *tfp*	（3） *pa*	（4） *tfp*
sub	0.140**	0.083	0.011	0.111
	(0.055)	(0.071)	(0.080)	(0.070)
rd	0.445***	0.663***	−0.027	0.664***
	(0.069)	(0.130)	(0.070)	(0.087)
labor	0.157***	−0.288***	0.729***	−0.106***
	(0.024)	(0.090)	(0.083)	(0.037)
gdp	1.206***	5.056***	1.952***	5.130***
	(0.067)	(0.381)	(0.249)	(0.345)
kt	0.315**	−0.299	−0.218	−0.373
	(0.157)	(0.598)	(0.289)	(0.311)
di	−0.045	0.423***	−0.423***	−0.131
	(0.051)	(0.120)	(0.137)	(0.123)
Cons	−0.6996*	−0.1949	0.001	4.367***
	(0.4103)	(1.2778)	(0.101)	(1.430)
时间效应	控制	控制	控制	控制
个体效应	控制	控制	控制	控制
样本数	264	264	292	292
企业数	69	69	85	85

注：括号内数字为统计的标准误差，***、**、*分别表示在1%、5%、10%的显著性水平下显著。

五、创新环境对自由裁量型创新激励政策效果的影响

本节从政府干预与基础设施建设两个层面，考察东北地区创新环境对自由裁量型创新激励政策效果的影响，检验结果如表 6-16 和表 6-17 所示。

1. 政府干预

由表 6-16 结果可知，在政府干预力度较小时，自由裁量型创新激励政策对

东北地区创新产出的提升作用大于政府干预力度较大时。这是由于政府干预较大会影响自由裁量型创新激励政策实施的公平性，使地方政府倾向于将补贴发放给政企关联度高的企业，企业真实创新潜力可能并不是能否获得政府资助以及资助金额大小的决定因素。这表明东北地区自由裁量型创新激励政策的实施效果依赖于其市场化程度，只有在政府干预较小即市场化程度较高的环境下，政府创新补贴才能发挥创新激励作用。

表6-16   东北地区政府干预对自由裁量型创新激励政策效果的影响

变量	低政府干预度		高政府干预度	
	（1）	（2）	（3）	（4）
	pa	tfp	pa	tfp
sub	0.279***	0.076	0.096*	0.057
	（0.096）	（0.187）	（0.055）	（0.055）
rd	−0.029	0.403***	0.298***	0.599***
	（0.046）	（0.109）	（0.096）	（0.129）
labor	0.408***	−0.038	0.384***	−0.167***
	（0.074）	（0.068）	（0.080）	（0.043）
gdp	0.863**	15.206***	1.064***	4.534***
	（0.389）	（0.522）	（0.227）	（0.302）
kt	−0.330**	−1.184**	−0.113	0.028
	（0.145）	（0.500）	（0.271）	（0.329）
di	−0.312***	0.111	−0.267***	0.125
	（0.083）	（0.107）	（0.100）	（0.094）
Cons	1.753*	−7.677***	0.642	3.597***
	（0.896）	（0.965）	（0.955）	（1.113）
时间效应	控制	控制	控制	控制
个体效应	控制	控制	控制	控制
样本数	151	151	405	405
企业数	32	32	87	87

注：括号内数字为统计的标准误差，***、**、*分别表示在1%、5%、10%的显著性水平下显著。

2. 基础设施建设

由表6-17回归结果可知，当基础设施建设度较高时，自由裁量型政策对企业创新产出和企业生产率的作用显著，且远大于基础设施条件较低时的作用。同时，基础设施建设度较低时，创新激励政策也难以提高企业生产率。这一结果与表6-17选择支持型创新激励政策效果检验结果一致，即为企业配备完善的基础设施更有利于发挥政策的创新激励效果。

表6-17 东北地区基础设施建设对自由裁量型创新激励政策效果的影响

变量	低基础设施建设度		高基础设施建设度	
	（1） pa	（2） tfp	（3） pa	（4） tfp
sub	0.112* （0.063）	−0.076 （0.060）	0.859* （0.441）	2.318*** （0.434）
rd	0.101* （0.053）	0.428*** （0.085）	0.531** （0.212）	0.340** （0.133）
labor	0.444*** （0.065）	0.029 （0.035）	0.383*** （0.110）	−0.106*** （0.026）
gdp	1.662*** （0.281）	17.007*** （0.344）	1.208* （0.637）	8.178*** （0.390）
kt	−0.306** （0.133）	−1.361*** （0.351）	−0.787* （0.457）	1.749*** （0.579）
di	−0.141* （0.080）	0.066 （0.114）	−0.543*** （0.144）	0.038 （0.118）
Cons	−0.46 （0.799）	−10.293*** （0.998）	2.37 （1.892）	−6.578*** （1.620）
时间效应	控制	控制	控制	控制
个体效应	控制	控制	控制	控制
样本数	269	269	287	287
企业数	55	55	64	64

注：括号内数字为统计的标准误差，***、**、*分别表示在1%、5%、10%的显著性水平下显著。

六、东北地区与其他地区自由裁量型创新激励政策绩效对比

本节进一步考察对比东北地区自由裁量型创新激励政策效果与其他综合经济区政策效果的差异，回归结果如表6-18所示。

表 6-18　东北地区与其他地区自由裁量型创新激励政策绩效对比

变量	pa	tfp	样本数	企业数
东北	0.046	0.054	556	119
	(0.038)	(0.046)		
北部沿海	0.375***	0.035***	2764	549
	(0.033)	(0.007)		
东部沿海	0.165***	0.053***	4690	1005
	(0.016)	(0.006)		
南部沿海	−0.033	0.020*	3015	657
	(0.024)	(0.011)		
黄河中游	0.189***	0.070***	980	165
	(0.047)	(0.022)		
长江中游	0.459***	0.034***	1620	304
	(0.046)	(0.010)		
西南	0.245***	0.050*	1146	220
	(0.043)	(0.027)		
西北	0.020	0.042	354	87
	(0.025)	(0.036)		

　　注：括号内数字为统计的标准误差，***、**、*分别表示在1%、5%、10%的显著性水平下显著。由于篇幅限制，控制变量回归系数未列出。

　　由表6-18回归结果可知，绝大多数地区在自由裁量型创新激励政策的作用下，无论是高质量创新产出还是生产率均有所提高。具有自由裁量特点的政府补贴政策对东北地区创新产出提升作用并不显著。究其原因，地方政府对企业创新行为进行补贴并没有统一标准，存在较大寻租空间，加之东北地区面临着市场化程度不高、经济效率不高、官僚主义突出、计划经济残留等问题，导致东北地区企业为获得政府补贴进行策略性创新活动，仅增加创新数量而不重视创新质量提升，将过多资源用于"寻租"而非实质性创新活动，这样会使自由裁量型创新激励政策绩效较低。南部沿海地区自由裁量型创新激励政策对创新产出作用不显著，而对生产率作用显著为正，这是由于南部沿海地区作为中国最重要对外开放阵地，更依赖于消化吸收国外先进技术，并快速生产用于出口的产品，因此创新产出不高。南部沿海地区施行创新激励政策，诱使当地企业将创新资源用于模仿转化国外技术，而不是本土创新，因此其发明专利方面的创新产出下降，但模仿创新引起生产率提升。对于东部沿海地区、黄河中游地区、长江中游地区和西南地区，自由裁量型的政府补贴政策能够较为合理地分配创新资源，促进创新产出和生产率提升。西北地区为中国重要能源战略基地，其自由裁量型创新激励政策效果不明显。

第三节　政府创新关注对创新效率的影响

前两节考察选择支持型与自由裁量型创新激励政策对东北地区创新效率的影响。本节从 2005~2017 年的地方政府工作报告中提取信息，构建中国各地区政府创新关注强度指标，进一步结合中国上市公司专利数据，探究政府关注对企业技术创新的作用及其影响机制；并重点剖析东北地区政府创新关注对创新效率的影响及其与全国的差异，探寻差异形成的原因。

一、政府创新关注的内涵

政府创新关注指地方政府对当地科技创新活动的关注程度，通常体现在政府工作报告中。自创新驱动发展战略实施以来，各级政府皆针对地区创新提出一系列政策规划，2020 年国务院政府工作报告更是指出，未来一段时间将"稳定支持基础研究和应用基础研究作为未来新动能发展的首选目标，进一步提出通过引导企业增加研发投入，促进产学研融通创新以及加快建设国家实验室，重组国家重点实验室体系等措施，加强关键核心技术攻关"，这都表明政府对于创新驱动发展的关注上升到了一定高度。2021 年国务院政府工作报告强调，"依靠创新推动实体经济高质量发展，培育壮大新动能。促进科技创新与实体经济深度融合，更好发挥创新驱动发展作用"。政府对创新的关注最终会体现在具体政策的制定与实施，以提高企业创新积极性和激发创新活力。但中国长期唯 GDP 论的考核机制致使地方政府广泛存在"标尺竞争"现象。地方政府的经济发展目标转嫁给企业，加之企业研发固有的高风险、长效投资、收益见效慢等天然劣势，企业往往为完成经济产出任务形成短期化经营目标，加剧了企业研发的难度。伴随经济高质量增长目标的提出，传统绩效考核模式逐步转变，创新驱动发展开始被纳入地区考核目标。现有关于政府行为与创新关系的文献主要关注政府政策的创新激励作用，却普遍忽视政府创新关注对企业技术创新的考察。

基于此，本节采用 R 语言文本分析方法构建政府创新关注指标，借以探究政府创新关注对企业创新的作用及其影响机制。具体而言，采用文本分析方法创新性地构建政府创新关注指标，从政府关注这一行为出发探究其对企业创新的作用，并进一步从企业创新资金来源的视角探究政府创新关注影响企业创新的机制。

二、模型设定与变量说明

在不同的约束条件下，政府创新关注度对企业创新可能存在激励作用，但也可能存在研发挤出效应，这种作用可能是线性，也可能是非线性。为此，分别建立政府创新关注与创新产出的线性模型（6-3）以及二次曲线模型（6-4），计量模型设定如下：

$$INOV_{et} = \delta_0 + \beta_1 CXZC_{it} + \beta_i X_{it} + \beta_e X_{et} + \vartheta_t + \mu_e + \varepsilon_{eit} \qquad (6-3)$$

$$INOV_{et} = \delta_0 + \beta_1 CXZC_{it} + \beta_2 CXZC2_{it}^2 + \beta_i X_{it} + \beta_e X_{et} + \vartheta_t + \mu_e + \varepsilon_{eit} \qquad (6-4)$$

其中，被解释变量 $INOV_{et}$ 为企业 e 第 t 年的创新产出，核心解释变量 $CXZC_{it}$ 为地区 i 第 t 年的创新关注强度，X_{it} 为控制变量的集合。δ_0 为不随个体变化的截距项，β_i 与 β_e 为各解释变量的估计系数，ϑ_t 为时间固定效应，μ_e 为企业固定效应，ε_{eit} 为计量模型的随机误差项。

主要指标与数据说明如下：①$INOV_{et}$ 为企业 e 第 t 年的创新产出，分别采用发明专利、实用新型专利以及外观设计专利授权量的自然对数，以及各类型专利授权量占总授权量的比值衡量，其中，相较于实用新型与外观设计专利，发明专利所蕴含的质量更高（Liu et al.，2015；张陈宇等，2020），因此各企业发明专利的授权量与占比从一定程度代表中国各企业的创新质量。②$CXZC_{it}$ 为第 i 个省份在 t 年的政府创新关注强度，针对各地区政府创新关注强度的构建，本节使用词表法筛选政策文本中特定文本（Baker et al.，2016；Hassan et al.，2019），即如果文本中出现特定词语，就把相关文本定义为具有某些特定含义的文本。首先仔细阅读各年份各地区的政府工作报告，从中提取涉及创新的词汇，例如，创新、研发、技术、科技、成果转化、知识、科研、技能人才、高新技术、高层次人才等。进而根据从历年政府工作报告获取的创新词汇，采用 R 语言文本分析方法，获取地区年度工作报告中有关创新词汇的文本数量，进一步参照聂辉华等（2020）的方法，剔除"了""的"等缺乏实际表征意义的字词以及标点符号，获取各地区年度政府工作报告的总文本数量，采用创新类词汇占政府工作报告总词汇的比例表征地方政府创新关注度，该指标值越大，表明政府创新关注强度越高。

其他控制变量设计如下：企业规模采用企业年均员工数的对数（$LNLQ$）表征；股权集中度采用第一大股东持股比例（GQ）表征；盈利能力分别采用营业收入增长率（$YLSP$）与营业收入与固定资产的比重（$GDZC$）表征；资产结构采用无形资产占总资产的比重（$WXZC$）表征；研发投入采用研发人员占总劳动投入的比重（$YFZB$）表征；外商直接投资采用实际使用外资额占 GDP 的比重（$FDIB$）表征；经济发展水平采用 GDP 的对数值（$LNED$）表征；产业结构采用第二产业产值占 GDP 的比重（$CYJG$）表征。此外，企业研发资金来源分别采用企业自有研发资金占研发投入总额的比重（$QYZB$）、企业研发信贷资金占研发投入总额的比重（$FIZB$）、政府补贴占研发投入总额的比重（$SUZB$）以及国外研发资金投入占研发投入总额的比重（$WYZB$）表征。基于数据的可得性，本书企业层面专利数据以及企业运营变量数据来自国泰安数据库，政府创新关注度指标来自各地区年度政府工作报告，地区层面控制变量来自《中国统计年鉴》，表6-19 为本节使用变量的描述性统计结果。

表6-19　变量描述性统计

变量	观测值	均值	标准差	最小值	最大值
$LNFM$	12610	1.022	1.133	0.000	8.207
$LNSY$	12610	1.738	1.356	0.000	7.805
$LNWG$	12610	0.669	1.166	0.000	6.526
$FMZB$	11931	0.270	0.329	0.000	1.000
$SYZB$	11931	0.579	0.363	0.000	1.000
$WGZB$	11931	0.151	0.283	0.000	1.000
$CXZC$（%）	15125	0.513	0.130	0.000	0.795
$LNLQ$	15125	7.703	1.170	2.197	11.405
GQ	15125	0.352	0.146	0.003	0.891
$GDZC$	15125	0.462	0.527	0.000	14.096
$WXZC$	15125	0.045	0.048	0.000	0.864
$YLSP$	15125	0.169	0.393	−0.975	7.705
$XSFY$	15125	0.168	0.340	−1.000	2.493

续表

变量	观测值	均值	标准差	最小值	最大值
YFZB	15125	0.007	0.005	0.000	0.022
LNED	15125	19.487	0.752	15.628	20.615
FDIB	15125	0.082	0.060	0.007	0.750
CYJG	15125	0.451	0.086	0.190	0.590
QYZB	14628	0.938	0.039	0.726	0.978
WYZB	14628	0.005	0.007	0.000	0.061
SUZB	14628	0.041	0.032	0.008	0.237
FIZB	14628	0.016	0.022	0.001	0.209

三、政府创新关注对创新效率影响的基准回归

1. 政府创新关注对创新产出的影响

根据上述计量模型设定，本节利用 2005~2017 年面板数据实证检验政府创新关注度（*CXZC*）对创新产出的影响。结果如表 6-20 所示，其中创新产出采用三类专利授权数量表征，包括发明专利（*LNFM*）、实用新型专利（*LNSY*）、外观设计专利（*LNWG*）。

表 6-20　东北地区政府创新关注对创新产出的影响

变量	发明专利		实用新型专利		外观设计专利	
	（1）	（2）	（3）	（4）	（5）	（6）
	LNFM	*LNFM*	*LNSY*	*LNSY*	*LNWG*	*LNWG*
CXZC	−0.261**	−0.844**	0.077	−0.307	−0.170**	−0.024
	（0.086）	（0.363）	（0.090）	（0.378）	（0.077）	（0.323）
CXZC2		0.582*		0.384		−0.146
		（0.352）		（0.367）		（0.313）
LNLQ	0.120***	0.120***	0.174***	0.174***	0.129***	0.129***
	（0.021）	（0.021）	（0.022）	（0.022）	（0.018）	（0.018）
GQ	−0.388**	−0.382**	0.096	0.100	0.379**	0.378**
	（0.151）	（0.151）	（0.157）	（0.157）	（0.134）	（0.134）
GDZC	−0.026	−0.026	0.013	0.013	−0.001	−0.001
	（0.027）	（0.027）	（0.028）	（0.028）	（0.024）	（0.024）

续表

变量	发明专利		实用新型专利		外观设计专利	
	(1)	(2)	(3)	(4)	(5)	(6)
	LNFM	*LNFM*	*LNSY*	*LNSY*	*LNWG*	*LNWG*
WXZC	−0.091	−0.094	0.019	0.017	−0.637**	−0.636**
	(0.302)	(0.302)	(0.314)	(0.314)	(0.268)	(0.268)
YLSP	−0.048*	−0.048**	−0.093***	−0.093***	−0.074***	−0.074***
	(0.025)	(0.025)	(0.026)	(0.026)	(0.022)	(0.022)
XSFY	0.010	0.010	0.068**	0.068**	0.043*	0.043*
	(0.025)	(0.025)	(0.026)	(0.026)	(0.022)	(0.022)
YFZB	−4.953	−3.722	−0.436	0.375	0.652	0.344
	(9.527)	(9.555)	(9.917)	(9.947)	(8.469)	(8.496)
LNED	0.143	0.140	−0.582**	−0.584**	−0.579***	−0.578***
	(0.188)	(0.188)	(0.196)	(0.196)	(0.167)	(0.167)
FDIB	−2.533***	−2.632***	−0.331	−0.397	0.225	0.250
	(0.445)	(0.449)	(0.463)	(0.468)	(0.396)	(0.399)
CYJG	1.516**	1.515**	3.107***	3.107***	1.388**	1.388**
	(0.527)	(0.527)	(0.549)	(0.549)	(0.469)	(0.469)
Cons	−3.053	−2.875	8.990**	9.108**	9.614**	9.569**
	(3.308)	(3.310)	(3.444)	(3.446)	(2.941)	(2.943)
时间效应	控制	控制	控制	控制	控制	控制
企业效应	控制	控制	控制	控制	控制	控制
N	12610	12610	12610	12610	12610	12610
R^2	0.318	0.318	0.083	0.083	0.011	0.011

注：括号内数字为统计的标准误差，***、**、*分别表示在1%、5%、10%的水平下显著。

结果显示，政府创新关注对企业不同专利授权量产生差异化影响，从线性回归结果来看，政府创新关注度对企业发明专利授权和外观设计专利授权量发挥负向显著的作用，但政府创新关注度对企业实用新型专利的影响并不显著。具体而言，政府创新关注每提高1个单位，发明专利授权量将下降26.1%，而外观设计专利授权量将下降17%，表明当前中国各地区的政府创新关注无法有效激励企业创新产出。但事实上，政府创新关注对创新产出可能存在两方面的影响：一是政府对创新的关注能够规范企业的研发活动，政府补贴以及税收政策的实施能够减轻企业的研发负担，从而激励企业增加研发投入，进行持续创新；二是随着政府创新关注强度的增加，逐步实施创新政策，尤其是研发补贴等政策的实施可能挤出企业自身研发投入，因此从整体效果上看并不一定能够起到有效的激励作用，企业可能会采取策略性创新活动，不利于企业研发创新。政府创新关注与创新产出的非线性关系检验显示，政府创新关注对企业发明专利授权量呈现显著的非线性影响，对实用新型专利与外观设计专利并不存在非线性作用。具体而言，随着地区政府创新关注强度的提升，其对发明专利存在先减后增的 U 形作用，经过测算这一 U 形趋势的拐点为 0.72。但当前政府创新关注强度均值为 0.513，尚未达到拐点，表明当前政府创新关注并不能有效发挥创新激励作用，只有政府关注度超过拐点才能起到正向作用。

2. 政府创新关注对创新质量的影响对比

相对于发明专利，实用新型专利只对产品的形状、构造等研发出的实用技术方案，外观设计专利则只是对产品的形状、图案以及色彩等做出富有美感的新设计，在专利法中对二者的要求明显低于发明专利。本节接下来进一步检验政府创新关注对专利质量的影响，以发明专利授权量比重衡量专利质量，并与其他两种类型的专利进行比较。表 6-21 回归结果是对不同类型专利授权量占比的影响。

从线性回归结果来看，政府创新关注显著抑制企业发明专利授权占比，而显著提高企业实用新型专利的占比，对外观设计专利授权占比并没有显著的作用。表明当前中国各地区对政府创新关注无法有效提高专利质量，政府创新关注更多地提高了质量不高的实用新型专利的占比。进一步关于政府创新关注与不同专利授权占比的非线性关系检验显示，政府创新关注对企业发明专利授权量呈现显著的 U 形作用，且 U 形拐点为 0.634，但同政府创新关注对专利授权质量的影响一样，当前政府创新关注均值尚未达到拐点，无法发挥提高创新质量的激励作用，这与 Tong 等（2014）的研究结果一致。

表 6-21　政府创新关注对创新质量的影响对比

变量	发明专利		实用新型专利		外观设计专利	
	（1）	（2）	（3）	（4）	（5）	（6）
	FMZB	*FMZB*	*SYZB*	*SYZB*	*WGZB*	*WGZB*
CXZC	-0.065**	-0.302**	0.075**	0.157	-0.011	0.146
	(0.027)	(0.111)	(0.028)	(0.117)	(0.022)	(0.093)

续表

变量	发明专利		实用新型专利		外观设计专利	
	(1)	(2)	(3)	(4)	(5)	(6)
	FMZB	*FMZB*	*SYZB*	*SYZB*	*WGZB*	*WGZB*
CXZC2		0.238**		-0.081		-0.156*
		(0.108)		(0.114)		(0.090)
LNLQ	-0.003	-0.004	-0.004	-0.004	0.007	0.007
	(0.006)	(0.006)	(0.007)	(0.007)	(0.005)	(0.005)
GQ	-0.090**	-0.088*	-0.034	-0.034	0.124**	0.122**
	(0.046)	(0.046)	(0.049)	(0.049)	(0.038)	(0.038)
GDZC	-0.009	-0.009	0.006	0.006	0.003	0.003
	(0.008)	(0.008)	(0.009)	(0.009)	(0.007)	(0.007)
WXZC	-0.099	-0.100	0.121	0.121	-0.021	-0.021
	(0.092)	(0.092)	(0.097)	(0.097)	(0.077)	(0.077)
YLSP	0.006	0.006	0.006	0.006	-0.013*	-0.012*
	(0.008)	(0.008)	(0.008)	(0.008)	(0.006)	(0.006)
XSFY	-0.016**	-0.016**	0.006	0.006	0.010	0.010
	(0.008)	(0.008)	(0.008)	(0.008)	(0.007)	(0.007)
YFZB	-1.500	-1.051	0.949	0.796	0.551	0.256
	(2.926)	(2.932)	(3.088)	(3.095)	(2.444)	(2.449)
LNED	0.078	0.077	-0.015	-0.014	-0.063	-0.063
	(0.058)	(0.058)	(0.062)	(0.062)	(0.049)	(0.049)
FDIB	-0.620***	-0.662***	0.210	0.225	0.410***	0.438***
	(0.142)	(0.143)	(0.150)	(0.151)	(0.118)	(0.119)
CYJG	-0.032	-0.034	-0.012	-0.012	0.044	0.045
	(0.162)	(0.162)	(0.171)	(0.171)	(0.135)	(0.135)
Cons	-0.990	-0.912	0.739	0.713	1.251	1.200
	(1.030)	(1.031)	(1.087)	(1.088)	(0.860)	(0.861)
时间效应	控制	控制	控制	控制	控制	控制
企业效应	控制	控制	控制	控制	控制	控制
N	11931	11931	11931	11931	11931	11931
R²	0.179	0.179	0.126	0.126	0.025	0.026

注：括号内数字为统计的标准误差，***、**、*分别表示在1%、5%、10%的水平下显著。

四、政府创新关注对创新效率影响的企业异质性检验

为考察政府创新关注对企业层面创新的异质性影响，接下来本节从企业所有制性质与企业盈利能力角度检验政府创新关注对异质性企业创新的作用。

1. 企业所有制异质性

表6-22为区分企业所有制性质的回归结果，其中列（1）至列（6）为国有企业回归结果，列（7）至列（12）为民营企业回归结果。

表6-22　企业所有制异质性

国有企业变量	（1）	（2）	（3）	（4）	（5）	（6）
	LNFM	LNFM	FMZB	FMZB	SYZB	SYZB
CXZC	−0.416**	−1.406**	−0.087**	−0.371**	0.119**	0.182
	(0.139)	(0.527)	(0.042)	(0.159)	(0.043)	(0.161)
CXZC2		1.065*		0.306*		−0.068
		(0.547)		(0.165)		(0.168)
Cons	−3.541	−3.143	−3.986**	−3.877**	3.813**	3.789**
	(4.698)	(4.700)	(1.429)	(1.429)	(1.451)	(1.453)
N	4336	4336	4141	4141	4141	4141
R²	0.346	0.347	0.183	0.184	0.138	0.138
民营企业变量	（7）	（8）	（9）	（10）	（11）	（12）
	LNFM	LNFM	FMZB	FMZB	SYZB	SYZB
CXZC	0.029	0.445	−0.012	−0.020	0.046	−0.022
	(0.116)	(0.571)	(0.037)	(0.179)	(0.040)	(0.193)
CXZC2		−0.392		0.007		0.065
		(0.528)		(0.165)		(0.178)
Cons	10.317**	10.323**	4.739**	4.739**	−4.687**	−4.686**
	(5.076)	(5.076)	(1.645)	(1.645)	(1.773)	(1.774)
N	7581	7581	7141	7141	7141	7141
R²	0.309	0.309	0.181	0.181	0.124	0.124

注：括号内数字为统计的标准误差，***、**、*分别表示在1%、5%、10%的水平下显著。表中对控制变量、时间效应和企业效应均进行了控制。

回归结果显示，政府创新关注度对国有企业与民营企业创新影响的差异性十

分明显，一方面政府创新关注对国有企业发明专利授权量与发明专利占比的影响皆存在显著的 U 形作用，但当前政策并未突破拐点，政府创新关注依然无法有效激励国有企业创新，并且显著抑制了国有企业的发明专利占比。此外，政府创新关注提高了国有企业实用新型专利的占比，具体而言政府创新关注强度提升 1 个单位，实用新型专利占比提高 0.119 个单位，明显高于全国层面回归样本结果。另一方面，政府创新关注对民营企业创新的回归结果皆不显著，表明当前阶段政府的创新关注只对国有企业产生影响。原因在于政府创新关注主要集中在补贴与信贷优惠等层面，而国有企业相较于民营企业往往更能获得政府补贴资金以及信贷方面的优惠。但我们也发现，政府创新关注对国有企业创新的影响并未表现出激励作用，这与中国特殊产业政策背景下，国有企业由于天然的资源优势，更可能出现为寻求扶持而做出迎合政策的行为，而"寻扶持"的策略性创新行为，无法真正提高创新能力。

2. 企业盈利能力异质性

创新行为具有失败率高、风险大的特点，需要企业长期持续投入大量资金维持（Hottenrott and Peters，2012），因此企业的盈利能力是创新的重要影响因素，为此，接下来本节以营业收入增长率的均值为划分依据，将研究样本划分为盈利能力较高的企业，与盈利能力较低的企业，探究政府创新关注对不同盈利能力企业创新效率的差异化影响。

表 6-23 为区分企业盈利能力的回归结果，列（1）至列（6）为盈利能力较强的企业回归结果，列（7）至列（12）为盈利能力较弱的回归结果。回归结果显示，政府创新关注对不同盈利能力企业创新影响存在显著的差异性，一方面，政府创新关注对盈利能力较强的企业发明专利授权量与发明专利占比的影响皆存在显著的 U 形作用，但当前政策并未突破拐点，政府创新关注尚未对盈利能力强的企业创新质量提升起到积极的作用。此外，政府创新关注提高了盈利能力较强企业实用新型专利的占比，具体而言，政府创新关注强度提升 1 个单位，实用新型专利占比提高 0.101 个单位。另一方面，政府创新关注对盈利能力较弱企业创新的回归结果皆不显著，表明当前阶段政府的创新关注只对盈利能力较强的企业存在影响。由于中国普遍存在信贷担保政策，盈利能力弱的企业往往较难获得政府的信贷优惠，而补贴也往往会倾向于具有优势的企业，因此相对于盈利能力较强的企业，政府创新关注对盈利能力较弱的企业影响可能并不明显。

表 6-23　企业盈利能力异质性

强盈利能力变量	(1)	(2)	(3)	(4)	(5)	(6)
	LNFM	LNFM	FMZB	FMZB	SYZB	SYZB
CXZC	-0.209*	-1.203**	-0.099**	-0.548***	0.101**	0.325**
	(0.117)	(0.474)	(0.037)	(0.148)	(0.039)	(0.158)
CXZC2		1.003**		0.453**		-0.226
		(0.463)		(0.145)		(0.154)
Cons	-3.411	-3.236	-2.927**	-2.847**	1.754	1.714
	(4.362)	(4.361)	(1.388)	(1.387)	(1.479)	(1.479)
N	7650	7650	7235	7235	7235	7235
R^2	0.288	0.289	0.151	0.153	0.107	0.108
弱盈利能力变量	(7)	(8)	(9)	(10)	(11)	(12)
	LNFM	LNFM	FMZB	FMZB	SYZB	SYZB
CXZC	-0.235	-0.965	-0.007	0.113	0.042	-0.207
	(0.165)	(0.718)	(0.047)	(0.203)	(0.049)	(0.210)
CXZC2		0.725		-0.119		0.247
		(0.693)		(0.196)		(0.203)
Cons	-13.764**	-13.317**	-1.400	-1.481	1.367	1.533
	(6.482)	(6.496)	(1.861)	(1.866)	(1.931)	(1.936)
N	4960	4960	4696	4696	4696	4696
R^2	0.352	0.352	0.220	0.220	0.169	0.169

注：括号内数字为统计的标准误差，***、**、*分别表示在1%、5%、10%的水平下显著。表中对控制变量、时间效应和企业效应均进行了控制。

五、政府创新关注创新效率影响的机制检验

政府创新关注强度的改变之所以可以对企业创新产生影响，可能源于政府创新关注引发的企业研发行为的改变，而企业研发行为主要体现在研发投入资金的来源，企业研发资金主要有四种来源：分别是企业的自有研发资金、政府研发补贴、研发贷款以及国外研发资金投入。为此，本节通过构建中介效应回归模型，从企业研发资金来源的角度出发，检验政府创新关注对企业创新的影响机制。

$$Y_{it} = \delta_0 + \beta_1 CXZC_{it} + \beta_2 CXZC2_{it} + \beta_i X_{it} + \vartheta_t + \mu_i + \varepsilon_{it} \tag{6-5}$$

$$Med_{it} = \delta_0 + \alpha_1 CXZC_{it} + \beta_i X_{it} + \vartheta_t + \mu_i + \varepsilon_{it} \tag{6-6}$$

$$Y_{it}=\delta_0+\gamma_1 CXZC_{it}+\gamma_2 CXZC2_{it}+\theta_1 Med_{it}+\beta_i X_{it}+\vartheta_t+\mu_i+\varepsilon_{it} \tag{6-7}$$

其中，i 代表所在地区，t 代表时间，Med 代表机制变量，在此以企业自有研发投入、研发补贴、研发贷款以及国外研发投入四条主要途径表征，α_1 为政府创新关注对机制变量的偏效应参数，θ_1 为机制变量对创新的偏效应参数，γ_1 和 γ_2 为引入机制变量之后，政府创新关注对企业创新的偏效应参数，其余参数同回归模型（6-3）。前述回归结果显示，政府创新关注对企业创新的作用，主要存在于国有企业与盈利能力较高的企业，为此以下机制检验将主要针对国有企业以及盈利能力较高的企业展开。本节使用企业研发资金来源中企业资金占四种研发资金的比例表征企业自有研发资金来源，来探究政府创新关注如何通过改变企业自有研发资金投入影响企业创新。

1. 企业自有研发资金途径

表 6-24 为企业自有研发资金的机制检验，其中列（1）至列（7）为针对国有企业的回归结果，列（8）至列（14）为针对盈利能力较强企业的回归结果。

表 6-24　企业自有研发资金途径的机制检验

国有企业变量	（1） QYZB	（2） LNFM	（3） LNFM	（4） FMZB	（5） FMZB	（6） SYZB	（7） SYZB
CXZC	-0.009**	-0.352**	-1.397**	-0.096**	-0.386**	0.118**	0.218
	(0.004)	(0.145)	(0.562)	(0.043)	(0.168)	(0.044)	(0.170)
CXZC2			1.114*		0.310*		-0.106
			(0.579)		(0.173)		(0.175)
QYZB		1.766**	1.683**	0.268	0.245	-0.354*	-0.347*
		(0.607)	(0.608)	(0.181)	(0.182)	(0.183)	(0.184)
Cons	-0.251*	-5.316	-4.558	-3.684**	-3.472**	3.656**	3.584**
	(0.132)	(5.014)	(5.028)	(1.519)	(1.523)	(1.536)	(1.541)
N	4940	4093	4093	3906	3906	3906	3906
R²	0.396	0.353	0.353	0.190	0.190	0.144	0.144
高盈利企业变量	（8） SYZB	（9） QYZB	（10） LNFM	（11） LNFM	（12） FMZB	（13） FMZB	（14） SYZB
CXZC	-0.004*	-0.176	-0.954*	-0.101**	-0.513***	0.101**	0.362**
	(0.003)	(0.120)	(0.500)	(0.037)	(0.155)	(0.040)	(0.165)

续表

高盈利 企业变量	(8) SYZB	(9) QYZB	(10) LNFM	(11) LNFM	(12) FMZB	(13) FMZB	(14) SYZB
CXZC2			0.777		0.412 **		-0.261
			(0.485)		(0.150)		(0.161)
QYZB		1.130 *	1.069 *	0.090	0.056	-0.137	-0.115
		(0.618)	(0.619)	(0.193)	(0.193)	(0.206)	(0.206)
Cons	-0.233 **	-7.663 *	-7.308	-3.351 **	-3.155 **	1.562	1.438
	(0.097)	(4.619)	(4.623)	(1.467)	(1.467)	(1.564)	(1.566)
N	8863	7436	7436	7036	7036	7036	7036
R^2	0.455	0.292	0.292	0.154	0.155	0.109	0.110

注：括号内数字为统计的标准误差，＊＊＊、＊＊、＊分别表示在1%、5%、10%的水平下显著。表中对控制变量、时间效应和企业效应均进行了控制。

表6-24列（1）和列（8）的回归结果显示，无论国有企业还是盈利能力较强的企业，政府创新关注与企业自有研发资金占比的回归系数皆显著为负，表明政府创新关注挤出了企业自有研发资金投入，这与部分学者的研究结果一致，即政府补贴挤出了企业自有研发资金的投入（许治等，2012）。具体而言，政府创新关注每提高1个单位，国有企业以及盈利能力较强的企业自有研发资金占比分别下降0.009个单位和0.004个单位。列（2）、列（3）和列（9）、列（10）的回归结果显示，无论是否加入政府创新关注的二次项，企业自有研发资金投入均显著增加了企业发明专利授权量，表明政府创新关注确实通过挤出企业自有研发资金投入降低了企业的发明专利产出。企业自有研发资金对发明专利占比的回归结果为正，但当前阶段并不显著，表明企业自有研发资金对发明专利占比并未产生明显影响，但对国有企业来说显著降低了企业实用新型专利占比。通过对自有研发资金途径的检验，可以发现当前阶段政府创新关注确实通过挤出企业自有研发资金，抑制了企业创新能力的提升。

2. 企业研发信贷资金途径

企业另一种获得研发资金的途径就是通过信贷的方式，为此，接下来本节进一步检验政府创新关注如何通过影响企业研发信贷，进而影响企业创新的，结果如表6-25所示。其中列（1）至列（7）为针对国有企业的回归结果，列（8）至列（14）列为针对盈利能力较强企业的回归结果。表6-25结果显示，列（1）

和列（8）中政府创新关注与企业研发信贷资金占比的回归系数皆为正，且分别在1%和5%的水平上显著，表明政府创新关注提高了企业研发信贷资金的比例，其中对国有企业来说，政府创新关注每提高1个单位，企业研发信贷资金占比提高0.013个单位，而对盈利能力较强的企业来说，企业研发信贷资金占比则提高0.005个单位。且无论国有企业还是盈利能力较强的企业，研发信贷资金占比均显著抑制了企业发明专利授权量，但企业研发信贷资金对实用新型专利占比的影响为正，对国有企业来说显著提高了企业实用新型专利占比，但对盈利能力强的企业作用不显著。通过对企业研发信贷资金途径的检验，可以发现当前阶段政府创新关注确实能够增加企业研发信贷资金投入，但国有企业研发信贷资金虽然提高了实用新型专利占比，却降低了企业发明专利产出，不利于企业创新质量的提升。

表6-25　企业研发信贷资金途径的机制检验

国有企业变量	(1) FIZB	(2) LNFM	(3) LNFM	(4) FMZB	(5) FMZB	(6) SYZB	(7) SYZB
CXZC	0.013*** (0.003)	-0.336** (0.145)	-1.307** (0.564)	-0.093** (0.043)	-0.375** (0.169)	0.116** (0.044)	0.205 (0.171)
CXZC2			1.034* (0.581)		0.300* (0.174)		-0.095 (0.176)
FIZB		-2.691*** (0.810)	-2.537** (0.814)	-0.394 (0.241)	-0.351 (0.242)	0.464* (0.244)	0.450* (0.245)
Cons	0.902*** (0.099)	-3.340 (5.056)	-2.753 (5.065)	-3.406** (1.532)	-3.233** (1.535)	3.337** (1.549)	3.282** (1.553)
N	4940	4093	4093	3906	3906	3906	3906
R²	0.611	0.353	0.354	0.190	0.190	0.144	0.144
高盈利企业变量	(8) FIZB	(9) LNFM	(10) LNFM	(11) FMZB	(12) FMZB	(13) SYZB	(14) SYZB
CXZC	0.005** (0.002)	-0.167 (0.120)	-0.839* (0.503)	-0.100** (0.037)	-0.510** (0.156)	0.100** (0.040)	0.356** (0.167)
CXZC2			0.671 (0.487)		0.409** (0.151)		-0.255 (0.161)
FIZB		-2.522** (0.909)	-2.364** (0.916)	-0.183 (0.280)	-0.089 (0.282)	0.236 (0.299)	0.177 (0.301)

续表

高盈利企业 变量	（8） *FIZB*	（9） *LNFM*	（10） *LNFM*	（11） *FMZB*	（12） *FMZB*	（13） *SYZB*	（14） *SYZB*
Cons	0.964 ***	−5.581	−5.409	−3.205 **	−3.091 **	1.382	1.310
	(0.067)	(4.692)	(4.693)	(1.491)	(1.490)	(1.590)	(1.591)
N	8863	7436	7436	7036	7036	7036	7036
R²	0.680	0.293	0.293	0.154	0.155	0.109	0.110

注：括号内数字为统计的标准误差，＊＊＊、＊＊、＊分别表示在1%、5%、10%的水平下显著。表中对控制变量、时间效应和企业效应均进行了控制。

3. 政府研发资金补贴途径

表6-26检验了政府创新关注如何通过影响企业获得的研发补贴，进而影响企业创新，其中列（1）至列（7）为国有企业的回归结果，列（8）至列（14）为盈利能力较强企业的回归结果。表6-26结果显示，列（1）和列（8）中政府创新关注对企业研发补贴资金占比的回归系数皆显著为负，更多的是以研发信贷的方式助力企业创新，表明政府创新关注并未提高企业的研发补贴强度。结合表6-25研发信贷资金的回归结果来看，当前政府创新关注并非以直接给予企业研发补贴的方式，且无论国有企业还是盈利能力较强的企业，研发补贴资金并未对企业创新产出产生明显的影响，这与当前部分研究结果一致，企业从政府获得的科技活动经费无法激励企业创新（唐清泉和罗党论，2007；陈强远等，2020）。

表6-26　政府研发资金补贴途径的机制检验

国有企业 变量	（1） *SUZB*	（2） *LNFM*	（3） *LNFM*	（4） *FMZB*	（5） *FMZB*	（6） *SYZB*	（7） *SYZB*
CXZC	−0.008 ***	−0.378 **	−1.529 **	−0.099 **	−0.404 **	0.125 **	0.246
	(0.002)	(0.145)	(0.561)	(0.043)	(0.168)	(0.044)	(0.170)
CXZC2			1.228 **		0.326 *		−0.129
			(0.578)		(0.173)		(0.175)
SUZB		−0.912	−0.914	−0.003	−0.004	0.349	0.349
		(0.999)	(0.998)	(0.299)	(0.299)	(0.303)	(0.303)
_Cons	0.385 ***	−5.230	−4.382	−3.738 **	−3.510 **	3.586 **	3.496 **
	(0.080)	(5.032)	(5.045)	(1.524)	(1.528)	(1.541)	(1.546)

续表

国有企业 变量	(1) SUZB	(2) LNFM	(3) LNFM	(4) FMZB	(5) FMZB	(6) SYZB	(7) SYZB
N	4940	4093	4093	3906	3906	3906	3906
R²	0.202	0.351	0.352	0.189	0.190	0.143	0.143
高盈利企业 变量	(8) SUZB	(9) LNFM	(10) LNFM	(11) FMZB	(12) FMZB	(13) SYZB	(14) SYZB
CXZC	-0.005** (0.002)	-0.180 (0.120)	-1.007** (0.500)	-0.101** (0.037)	-0.517*** (0.155)	0.103** (0.040)	0.377** (0.165)
CXZC2			0.826* (0.484)		0.415** (0.150)		-0.273* (0.160)
SUZB		0.186 (0.945)	0.120 (0.946)	0.005 (0.298)	-0.028 (0.298)	0.279 (0.318)	0.301 (0.318)
_Cons	0.245*** (0.062)	-8.003* (4.627)	-7.589 (4.633)	-3.388** (1.469)	-3.165** (1.470)	1.510 (1.567)	1.363 (1.569)
N	8863	7436	7436	7036	7036	7036	7036
R²	0.171	0.292	0.292	0.154	0.155	0.109	0.110

注：括号内数字为统计的标准误差，***、**、*分别表示在1%、5%、10%的水平下显著。表中对控制变量、时间效应和企业效应均进行了控制。

4. 国外研发资金进入途径

表6-27检验了政府创新关注如何通过影响企业来自国外研发资金投入，进而影响企业创新的。列（1）至列（7）为国有企业的回归结果，列（8）至列（14）列为盈利能力较强企业的回归结果。结果显示，列（1）和列（8）中政府创新关注对企业国外研发资金占比的回归系数为正，且皆在1%的水平下显著，表明政府创新关注显著增加了企业的国外研发资金投入。具体而言，政府创新关注每提高1个单位，国有企业与盈利能力较强的企业国外研发资金占比均提高0.004个单位。这可能源于政府创新关注一方面鼓励企业进行自主创新，另一方面鼓励中国企业"走出去"，通过学习国外的先进技术，同时引进国外的资本，通过"引进来"的方式提高自身的创新能力。但企业国外研发资金仅降低了盈利能力较强企业的实用新型专利占比，对国有企业影响并不显著，这表明当前国外研发投入资金虽能有效降低盈利能力较强企业的实用新型专利占比，但并未有

效提高质量更高的发明专利的占比，创新质量提高效果依旧有限。

表6-27　国外研发资金进入途径的机制检验

国有企业变量	(1) GWZB	(2) LNFM	(3) LNFM	(4) FMZB	(5) FMZB	(6) SYZB	(7) SYZB
CXZC	0.004***	-0.379**	-1.518**	-0.095**	-0.406**	0.126**	0.241
	(0.001)	(0.145)	(0.561)	(0.044)	(0.168)	(0.044)	(0.170)
CXZC2			1.216**		0.332*		-0.124
			(0.579)		(0.173)		(0.175)
GWZB		1.605	1.400	-0.831	-0.879	-0.699	-0.681
		(2.662)	(2.662)	(0.792)	(0.792)	(0.801)	(0.801)
Cons	-0.036	-5.485	-4.654	-3.777**	-3.548**	3.696**	3.611**
	(0.030)	(5.021)	(5.034)	(1.519)	(1.523)	(1.537)	(1.542)
N	4940	4093	4093	3906	3906	3906	3906
R^2	0.141	0.351	0.352	0.189	0.190	0.143	0.143
高盈利企业变量	(8) GWZB	(9) LNFM	(10) LNFM	(11) FMZB	(12) FMZB	(13) SYZB	(14) SYZB
CXZC	0.004***	-0.178	-1.006**	-0.101**	-0.516***	0.107**	0.380**
	(0.001)	(0.120)	(0.499)	(0.037)	(0.155)	(0.040)	(0.165)
CXZC2			0.827*		0.415**		-0.273*
			(0.484)		(0.150)		(0.160)
GWZB		-0.652	-0.592	-0.080	-0.039	-1.285*	-1.312*
		(2.332)	(2.332)	(0.722)	(0.722)	(0.770)	(0.770)
Cons	0.024	-7.944*	-7.550	-3.385**	-3.175**	1.641	1.503
	(0.025)	(4.618)	(4.623)	(1.465)	(1.466)	(1.562)	(1.564)
N	8863	7436	7436	7036	7036	7036	7036
R^2	0.207	0.292	0.292	0.154	0.155	0.110	0.110

注：括号内数字为统计的标准误差，***、**、*分别表示在1%、5%、10%的水平下显著。表中对控制变量、时间效应和企业效应均进行了控制。

六、东北地区政府创新关注对创新效率影响的机制检验

不同地区由于区位、资源禀赋以及制度环境等因素差异，创新能力存在非同

速和非均衡发展趋势。东北省域经济发展水平不高，正处于从粗放型经济增长模式向集约型经济增长模式转型过程中，创新重视程度不强。本节聚焦检验我国东北地区政府创新关注对创新能力的影响，及其与全国平均水平的差异。

1. 东北地区政府创新关注对创新效率影响的基准检验

鉴于基准回归中政府创新关注对外观设计专利的影响并不明显，本节只呈现政府创新关注对发明及实用新型专利的回归结果。检验结果如表 6-28 所示。结果显示，①从线性检验回归结果来看，在东北地区，政府创新关注减少了企业发明专利授权量，对发明专利占比的回归结果为负，对实用新型专利占比的回归结果为正，且系数绝对值均大于全国平均水平。表明在东北地区政府创新关注的提高降低了发明专利的占比，无法有效提高创新质量，但提高了实用新型专利的占比。②从政府创新关注与专利的非线性检验回归结果来看，东北地区政府创新关注与发明专利授权以及发明专利占比不存在显著的 U 形关系，表明随着政府创新关注强度的提高，东北地区企业可能更倾向于研发实用新型专利。③控制变量结果显示，企业员工数量对企业发明专利授权数量占比存在显著正向影响，即员工数量增加有利于提升创新质量，而近年来东北地区人口严重流失不利于创新质量提升。股权集中度的增加不利于发明专利授权数量占比增加，而东北地区企业以国有企业为主，股权集中度相对较高，阻碍了创新质量的提升。

表 6-28　东北地区创新关注对创新效率影响的回归结果

	变量	(1) LNFM	(2) FMZB	(3) SYZB	(4) LNFM	(5) FMZB	(6) SYZB
东北地区	CXZC	-0.367 (0.629)	-0.473** (0.234)	0.501** (0.221)	-2.487 (2.892)	-1.346 (1.024)	0.960 (0.968)
	CXZC2				2.655 (3.536)	1.093 (1.249)	-0.575 (1.180)
	LNLQ	0.071 (0.133)	0.105** (0.050)	-0.117** (0.047)	0.075 (0.133)	0.107** (0.050)	-0.118** (0.047)
	GQ	-0.936 (0.815)	-0.514* (0.290)	0.842** (0.273)	-0.875 (0.819)	-0.490* (0.291)	0.829** (0.275)
	GDZC	-0.067 (0.119)	-0.002 (0.047)	0.010 (0.044)	-0.071 (0.119)	-0.005 (0.047)	0.011 (0.044)

	变量	（1） LNFM	（2） FMZB	（3） SYZB	（4） LNFM	（5） FMZB	（6） SYZB
东北地区	WXZC	-2.007 (1.951)	0.529 (0.721)	-0.181 (0.680)	-1.838 (1.965)	0.606 (0.726)	-0.221 (0.686)
	YLSP	0.028 (0.104)	0.027 (0.036)	-0.012 (0.034)	0.019 (0.105)	0.023 (0.037)	-0.010 (0.035)
	XSFY	-0.025 (0.129)	-0.066 (0.049)	0.048 (0.046)	-0.016 (0.130)	-0.063 (0.049)	0.046 (0.046)
	YFZB	-89.341 (316.830)	93.660 (111.248)	-43.145 (105.006)	-14.372 (332.395)	122.502 (116.073)	-58.322 (109.665)
	LNED	0.090 (1.571)	0.781 (0.591)	0.117 (0.558)	0.811 (1.843)	1.075 (0.680)	-0.038 (0.643)
	FDIB	-4.841 (7.071)	3.790 (2.789)	0.585 (2.632)	-3.208 (7.403)	4.415 (2.879)	0.256 (2.721)
	CYJG	0.779 (2.707)	-1.566 (1.016)	0.103 (0.959)	-0.309 (3.072)	-2.024* (1.143)	0.345 (1.080)
	Cons	-0.104 (27.754)	-13.623 (10.443)	-1.393 (9.857)	-12.483 (32.296)	-18.643 (11.919)	1.248 (11.261)
	N	429	395	395	429	395	395
	R²	0.319	0.219	0.216	0.320	0.221	0.216
全国	CXZC	-0.261** (0.086)	-0.065** (0.027)	0.075** (0.028)	-0.844** (0.363)	-0.302** (0.111)	0.157 (0.117)
	CXZC2				0.582* (0.352)	0.238** (0.108)	-0.081 (0.114)

注：括号内数字为统计的标准误差，＊＊＊、＊＊、＊分别表示在1%、5%、10%的水平下显著。表中对控制变量、时间效应和企业效应均进行了控制。

2. 东北地区政府创新关注对创新效率影响的机制检验

进一步考察东北地区政府创新关注对企业创新效率的影响机制，由表6-28显示，可知东北地区政府创新关注对企业创新效率不存在显著的非线性影响，因此在机制检验时仅对政府创新关注的线性影响进行机制检验。四种机制检验结果如表6-29所示。

根据表6-29可以看出：①企业自有研发资金途径的机制检验结果显示，东北地区政府创新关注度的提高将显著激励企业使用自有资金进行研发，企业自有研发资金的增加在一定程度上能够促进企业发明专利授权数量的增加，但未通过显著性检验。②企业研发信贷资金途径的机制检验结果显示，东北地区政府创新关注会通过增加企业研发信贷资金提高创新产出和创新质量，但这一作用机制回归结果都不显著。③政府研发资金补贴途径的机制检验结果显示，东北地区政府创新关注并未增加政府研发资金补贴，反而显著降低了研发补贴，而研发补贴对企业发明专利和实用新型专利的作用都不显著。④国外研发资金途径的检验结果显示，政府创新关注有利于提高企业研发资金中国外资金的使用，但国外资金的使用却不利于创新产出和创新效率。由东北地区的机制检验结果可以看出，政府创新关注有利于提高企业创新资金中企业自有资金比例和国外资金比例，降低政府研发补贴，而且各类资金的投入对于创新产出和创新效率均没有产生显著的影响。由东北地区企业研发资金来源结构90%的研发资金来自企业自有资金，可知东北地区政府工作报告中对创新的关注并未增加对企业的研发补贴和信贷资金，也未能有效提高企业创新效率。

表6-29 东北地区创新关注对创新效率影响的机制检验

机制1 企业自有研发资金途径变量	(1)	(2)	(3)	(4)
	QYZB	*LNFM*	*FMZB*	*SYZB*
CXZC	0.037**	−0.399	−0.597**	0.326
	(0.013)	(0.815)	(0.289)	(0.271)
QYZB		1.942	−0.326	−0.826
		(3.320)	(1.149)	(1.079)
N	504	401	372	372
R²	0.762	0.305	0.243	0.245
机制2 企业研发信贷资金途径变量	(5)	(6)	(7)	(8)
	FIZB	*LNFM*	*FMZB*	*SYZB*
CXZC	0.007	−0.409	−0.638**	0.326
	(0.004)	(0.818)	(0.290)	(0.273)
FIZB		5.447	3.121	−1.596
		(9.829)	(3.416)	(3.214)
N	504	401	372	372

续表

机制2 企业研发信贷资金途径变量	(5)	(6)	(7)	(8)
	FIZB	*LNFM*	*FMZB*	*SYZB*
R²	0.804	0.305	0.246	0.244
机制3 政府研发资金补贴途径变量	(9)	(10)	(11)	(12)
	SUZB	*LNFM*	*FMZB*	*SYZB*
CXZC	−0.051***	−0.465	−0.592**	0.361
	(0.011)	(0.825)	(0.292)	(0.274)
SUZB		−2.867	0.306	1.355
		(3.923)	(1.362)	(1.278)
N	504	401	372	372
R²	0.804	0.305	0.246	0.244
机制4 国外研发资金进入途径变量	(13)	(14)	(15)	(16)
	WYZB	*LNFM*	*FMZB*	*SYZB*
CXZC	0.006**	−0.259	−0.556*	0.300
	(0.002)	(0.820)	(0.290)	(0.273)
WYZB		−15.600	−7.356	1.272
		(18.325)	(6.294)	(5.931)
N	504	401	372	372
R²	0.553	0.306	0.247	0.244

注：***、**、*分别表示在1%、5%、10%的水平下显著，括号内数字为统计的标准误差。表中对控制变量、时间效应和企业效应均进行了控制。

第七章 基本结论与政策建议

第一节 基本结论

东北地区作为"新中国工业的摇篮",为我国形成完善的工业体系奠定了基础。20世纪90年代初,东北地区在体制转轨和市场化过程中,经济效益从升转降并出现严重衰退现象。为缓解资源枯竭和传统工业衰落引致的"东北现象"困境,2003年我国实施振兴东北地区战略,在历经近10年经济高增长后,东北经济再次陷入滞后发展困境,出现"新东北经济现象"。事实上,东北地区创新资源较为稀缺,创新要素结构分布不均衡,人力资本、物质资本等外流,致使东北地区创新驱动不足。为此,本书从创新要素视角入手,首先,对东北地区人力资本、创新资本、技术等创新要素空间流动变迁轨迹进行分析,总结各种创新要素流动与集聚的特征性事实。其次,以机器设备、交通网络为创新要素的载体,从创新集聚数量和创新集聚质量两个视角,考察东北地区创新要素流动的载体及其创新集聚效应。再次,进一步探究东北地区创新要素集聚对区域创新产出的影响,分析创新的空间溢出效应,识别创新要素集聚发挥作用的依赖条件。复次,从要素空间结构合理化和高级化两个层面考察创新要素流动对要素空间结构的优化效应。最后,聚焦东北地区政府对创新的关注度以及所实施的选择支持型和自由裁量型创新政策,检验创新激励对地区创新效率的作用效果。基本结论为:

第一,通过对历年东北地区创新人员、创新资本、技术等创新要素空间流动变迁轨迹进行分析,总结东北地区的各种创新要素流动与集聚的变化特征。结果发现：①从创新要素的分布来看，全国创新要素主要分布在东部沿海地区、南部沿海地区和北部沿海地区，东北地区创新要素所占比例较小。无论是创新人员、创新资本还是技术要素，东北地区均低于全国平均水平，创新要素结构与分布均有待优化。②从创新要素的流动来看，创新人员主要流向东部沿海、南部沿海等经济发达地区，创新资本主要流向北部沿海地区和东部沿海地区，技术要素主要流向北部沿海地区和长江中游地区。东北地区近年来创新人员流出现象较为严重，创新资本流入速度放缓，技术流动规模较小。③从创新要素集聚来看，创新资本与创新人员主要集聚在北部沿海地区、东部沿海地区和南部沿海地区，技术主要由经济发达地区向发展滞后地区扩散。东北地区创新人员和创新资本总体集聚度较低，主要表现为高技术产业和工业企业创新人员难以集聚；而技术集聚水平虽有所提升，但辽宁和黑龙江技术集聚水平偏低。

第二，构建空间面板数据模型检验创新要素流动对区域创新效率的影响，探究不同区域创新资本流动的创新集聚效应，检验机器设备在其中的载体作用；对于创新人员流动的创新集聚效应，考察不同类型和等级交通网络密度在其中发挥作用的差异；从技术势差和技术相似度视角构建关联权重矩阵，探究技术流动创新效应的选择性偏好特征，识别技术流动是否存在最优的技术势差和技术相似区间，并进一步考察不同技术流动方式创新效应的差异。结果发现：①从全国层面来看，区域创新能力的提升不仅依赖于本地的研发人员，也依赖于外地研发人员与研发资本的流入。但东北地区研发人员的流出严重抑制其创新能力的提升，政府可通过较低户籍进入壁垒吸引研发人员流入，以及推进市场化进程，促进创新要素空间流动和优化配置，进而激励创新。②研发资本流动的创新集聚效应明显，但区域之间存在较大差异，东北地区研发资本流动对创新具有抑制作用，而东部地区和中部地区研发资本流动有助于提高区域创新集聚水平，机器设备投资的载体作用在全国层面、东北地区、东部地区以及中部地区均成立。③全国层面创新人员流动对创新集聚具有很强的促进作用，高铁和普通铁路均表现出显著的载体作用，且高铁网络所发挥的载体作用强度较普通铁路网络更大。对于东北地区而言，创新人员外流抑制了创新集聚，交通网络对于研发人员流动的创新集聚并没有发挥出载体的作用。④技术流动既可以促进本地区创新产出，也会对其他关联地区产生正向影响。东北地区技术流动在技术势差为 5%~7%，技术相似度为 96.25%~97.5% 时，技术流动的本地创新效应最大。从技术流动方式来看，东北地区主要通过技术开发和技术咨询的技术流动方式，形成了较强的本地创新效应，而通过技术转让方式对其他地区产生外溢效应。

第三，分析东北地区创新要素集聚对创新产出的影响及其空间溢出效应。基于2006~2017年286个地级市面板数据，利用空间计量模型，检验创新人员集聚和创新资本集聚的空间溢出效应及作用范围，对比分析不同城市群的作用差异，并分析不同技术集聚程度、市场化程度、知识产权保护程度下技术聚集空间溢出效应的差异性。结果发现：①创新人员集聚有助于本地和关联地区创新产出水平的提升，且存在最优的作用范围，创新人员集聚还会促进创新质量提升和协同创新，但不同城市群间作用效果存在差异，相比于京津冀、长三角、珠三角与成渝城市群，东北地区创新人员集聚的空间溢出效应及协同创新效应均不明显。②创新资本集聚对本地与关联地区创新产出均存在显著正向作用，这种空间溢出效应相比于创新人员表现出更小的半径。对于不同城市群而言，创新资本集聚在长三角和珠三角城市群推动本地创新产出的同时，也对关联地区创新产出产生正向溢出作用，京津冀的本地与关联地区协同创新效应最为明显；而东北地区创新资本集聚无论对关联地区的创新产出、创新质量还是协同创新均未产生明显的积极作用。③技术集聚存在空间技术溢出效应，但地区间存在异质性，东北地区技术集聚并未对空间关联地区创新效率提升形成助力，但对空间关联地区的创新质量具有正向溢出作用。此外，技术集聚的创新效率存在条件依赖性，因技术集聚度、市场化程度和知识产权保护程度不同而存在显著差异。

第四，构建创新要素结构高级化和合理化指标，采用空间计量模型探究创新要素空间流动与集聚的空间结构优化效应，并分析市场化程度、知识产权保护、政府研发补贴以及基础设施建设在其中扮演的角色。研究发现：①从全国层面上看，创新要素流动存在空间结构优化效应，其中研发人员流动有利于创新要素空间结构高级化与合理化，而研发资本流动有利于空间结构合理化。但东北地区研发人员与研发资本流动并未形成显著的空间结构优化效应，可能的原因在于东北地区经济发展水平与区位都存在劣势，特别是近些年创新要素流出态势明显，抑制了创新要素空间结构朝高级化与合理化方向发展。②从全国层面来看，研发人员的地理集聚通过近距离的交流、协作、示范与学习，必然催生新知识、新技术和新工艺，并在集聚地内竞相模仿与扩散，进一步提升研发人员的专业素养与研发能力，促进创新要素结构朝高级化和合理化方向发展。东北地区研发人员与研发资本集聚有助于推动创新要素空间结构高级化，但未对合理化产生积极影响。③市场化程度越高，越能通过促进增量要素的投入和盘活已有的存量要素，增加创新要素积累，推动东北地区创新要素结构高级化；知识产权保护将推动创新活动向新的高度发展，促进创新要素空间结构高级化；政府的研发补贴会与企业自有的研发资本形成良好的补充，激励企业创新，加快提升创新要素结构的高级化。而东北地区交通基础设施建设有利于推动创新要素流动与优化配置，从而加快创新要素空间结构朝合理化方向发展。

第五，检验东北地区政府创新激励政策与政府创新关注度对企业创新效率的影响。将政府创新激励政策划分为选择支持型创新政策与自由裁量型创新政策，基于 R 语言关键词搜索法从政府工作报告中提取关键词并构建政府创新关注强度指标，检验不同创新政策与创新关注强度下企业创新效率的变化，对比分析异质性企业与不同外部创新环境下政策绩效的差异。结果发现：①东北地区不同创新激励政策对于企业创新效率提高效果差异明显，选择支持型创新激励政策可以有效提高东北地区企业创新效率，而自由裁量型创新激励政策成效甚微，在东北地区政府创新关注有助于激励实用新型专利的研发，但未能提升发明专利类高质量创新。②东北地区政府创新激励政策对不同特征企业创新效率存在异质性影响，其中选择支持型创新激励政策对国有企业、大规模企业、高股权集中度企业的创新效率促进作用突出，自由裁量型政策对民营企业、小规模企业、低股权集中度企业创新效率的正向作用明显，且基础设施建设有利于创新激励政策效果发挥。政府创新关注对国有企业和高盈利企业创新效率影响存在显著 U 形特征，但当前并未突破拐点。③政府创新关注会通过影响企业研发资金渠道作用于创新效率，但东北地区政府创新关注虽然提高了企业创新资金中自有资金比例和国外资金比例，却会降低政府研发补贴，但各类来源资金均未对创新效率产生显著影响。

第二节　政策建议

根据前文的研究结论，针对供给侧结构性改革下东北地区创新要素流动聚集与空间结构优化问题，提出以下政策建议：

第一，政府应构建完善的投融资以及区域间信息交流平台，破除阻碍地区间研发资本流动的障碍与壁垒，合理引导研发资金向东北地区的转移。东北地区经济"振而不兴"的事实表明，长期郁结的结构性和体制性问题已形成内生均衡，很难通过自身力量打破。这种长期积累形成的低水平均衡，需要借助于来自全国各地的人力、物力和技术等创新要素，才能实现东北地区经济的再次振兴。首先，借助于投融资与信息平台，吸引研发资本的流入，发挥研发资本创新集聚效应，提高东北地区的创新能力。其次，有针对性地引导研发资金流向实质性创新活动中，通过实施差异化的创新激励政策，引导研发资本流动逐步实现"因需而流"和"因地制宜"，高质量的研发资本流入集聚必将提升地区创新能力。最后，重视研发资本流动的物质形态，鼓励研发资金投资于蕴含前沿技术水平的机器设备，实现资本和技术的相互融合，提高机器设备投资品质量，以物化型技术进步提升创新质量，实现创新集聚数量和质量的同步发展。

第二，充分发挥创新人员流动对创新集聚效应的促进作用，同时重视交通网络在其中所扮演的关键角色。日益延伸的交通网络为劳动力出行带来了便捷，与普通劳动力相比，研发人员作为知识和技术的主要载体，其借助交通网络在地区间自由流动有助于知识和技术的交换和共享，易产生空间知识溢出，进一步促进创新集聚水平的提升。东北地区未来应重视高速铁路和高速公路的建设，尤其是高铁网络的建设。高铁网络能够显著缩短城市间时空距离，提高创新人才跨地区流动的可能性和频率，为创新人才流动提供方便快捷的渠道。经验性知识会借助高铁网络，突破城市间地理距离的限制，在城市间快速充分地扩散和流动，有效发挥其创新集聚效应，为提升城市创新集聚水平注入持续动力。

第三，消除地区间技术市场的交易壁垒，促进技术的空间溢出。首先，为提高地区间技术流动，政府应积极投入并引导民间投资加大新基础设施建设规模、加大知识产权保护力度以营造良好的市场交易环境，减少不必要的财政干预、弱化市场进出壁垒以促进技术市场的合理竞争。其次，结合技术流动的偏好特性，重视不同城市间的要素禀赋、生产环境和技术结构差异，正确选择适合本地区生产条件的技术，才能高效地实现引进技术的快速落地应用，避免盲目跟风引入与本地区技术结构不匹配的前沿技术而导致创新效率降低。最后，重视并引导高质量技术的跨区域流动，实现地区间技术流动方式的多元化。相关部门应积极制定鼓励发明专利的资助政策，完善专利质量的评估标准，促进各城市自主创新能力的提升。同时，采取技术转让、技术咨询或技术服务等方式，引入高质量技术。

第四，通过"与发达地区对接和合作共建模式"等策略推动创新要素流动和集聚，促进创新要素空间结构优化。通过"与发达地区对接和合作共建模式"等方式可以让外部创新资本、人才和技术流入东北地区，成为东北经济振兴的突破口。2016 年 11 月，《国务院关于深入推进实施新一轮东北振兴战略加快推动东北地区经济企稳向好若干重要举措的意见》中，提出组织辽宁、吉林、黑龙江三省与江苏、浙江、广东三省，沈阳、大连、长春、哈尔滨四市与北京、上海、天津、深圳四市建立对口合作机制，通过市场化合作方式积极吸引项目和投资在东北地区落地。通过地区对口支援和项目对接，可以积极引导创新资本、技术和高科技人才流向东北地区，充分发挥发达地区创新空间溢出作用，促进创新要素空间结构优化，重新驱动东北地区的经济增长。

第五，合理搭配自由裁量型和选择支持型创新政策，激励东北地区企业创新，驱动经济增长。首先，各创新激励政策对不同所有制、不同规模与股权集中度企业具有异质性作用效果，需"因地制宜、因行业制宜、因企业制宜"选择不同创新激励政策与制定政策执行力度，以提高东北地区企业创新效率。其次，完善东北地区自由裁量型创新激励政策标准。虽然自由裁量型创新激励政策实施范围比选择支持型政策广泛，但由于其没有统一政策实施标准，政策执行随意性较高，导致其对企业创新积极性提升效果弱于选择支持型政策。东北地区应针对当地经济目标与企业发展特征制定层次性较强的创新补助标准，并加强监管，杜绝寻租行为，提高政府资助的公平性与标准性以提高资助效率。最后，针对地区异质性以及企业异质性制定差异化的创新激励政策，在加大对国有企业和盈利能力较强企业扶持力度的同时，尤其应重视民营企业和暂时盈利能力较弱企业的创新激励，防止出现政策激励影响此消彼长的状况，减弱企业创新差距扩大。

第六，从创新人才、创新资金、创新制度等方面，积极营造良好的创新环境。首先，结合地区自身需求制定有针对性创新人才的引进方案，并积极完善创新人才落户和住房等保障政策，为创新人才引进提供优质服务。合理规划城市发展方向，结合城市承载力和吸引力，制定落户政策，并构建包含公租房、廉租房与经济适用房在内的住房保障体系，使商品房与政策性住房相互搭配，为不同收入、不同职业和不同需求创新人才提供相对应的住房选择，吸引创新人才流入。其次，要发挥政府部门在投融资市场的调节作用，引导资金流向重大、关键、前沿研究领域，同时构建安全有效的资金监管体系，创设良好的投融资环境。最后，完善科研项目评审、人才考核、科研成果评价等制度，通过体制与机制的创新构筑良好的科研创新环境，为研发人员松绑从而潜心工作，积极攻克关键、核心、"卡脖子"技术，通过创新驱动东北地区发展，服务于国家战略。

参考文献

［1］ Acemoglu D. , Zilibotti F. Productivity differences ［J］. Quarterly Journal of Economics, 2001, 116 (2): 563-606.

［2］ Aghion P. , Bloom N. , Blundell R. , et al. Competition and innovation: An inverted U relationship ［J］. Quarterly Journal of Economics, 2005, 120 (2): 701-728.

［3］ Aoki S. A simple accounting framework for the effect of resource misallocation on aggregate productivity ［J］. Journal of the Japanese and International Economies, 2012, 26 (4): 473-494.

［4］ Arrow K. J. The economic implications of learning by doing ［J］. Review of Economic Studies, 1971, 29 (3): 155-173.

［5］ Audretsch D. B. , Feldman M. P. Knowledge spillovers and the geography of innovation ［J］. Handbook of Regional and Urban Economics, 2003, 4 (3): 2713-2739.

［6］ Audretsch D. B. , Feldman M. P. R&D spillovers and the geography of innovation and production ［J］. American Economic Review, 1996, 86 (3): 630-640.

［7］ Baker S. R. , Bloom N. , Davis S. J. Measuring economic policy uncertainty ［J］. Quarterly Journal of Economics, 2016, 131 (4): 593-1636.

［8］ Belloc F. Innovation in state-owned enterprises: Reconsidering the conventional wisdom ［J］. Journal of Economic Issues, 2014, 48 (3): 821-848.

［9］ Beneito P. Choosing among alternative technological strategies: An empirical analysis of formal sources of innovation ［J］. Research Policy, 2003, 32 (4): 693-713.

［10］Berliant M. , Fujita M. The dynamics of knowledge diversity and economic growth ［J］. Southern Economic Journal, 2011, 77 (4): 856-884.

［11］Berliant M. , Fujita M. Culture and diversity in knowledge creation ［J］. Regional Science and Urban Economics, 2012, 42 (4): 648-662.

［12］Berliant M. , Reed R. R. , Wang P. Knowledge exchange, matching, and agglomeration ［J］. Journal of Urban Economics, 2006, 60 (1): 69-95.

［13］Bernini C. , Pellegrini G. How are growth and productivity in private firms affected by public subsidy? evidence from a regional policy ［J］. Regional Science and Urban Economics, 2011, 41 (3): 253-265.

［14］Catozzlee A. , Vivarelli M. Beyond additionality: Are innovation subsidies counterproductive? ［Z］. IZA Discussion Paper, 2011.

［15］Coe D. T. , Helpman E. , Hoffmaister A. W. North-south R&D spillovers ［J］. The Economic Journal, 1997, 107 (440): 134-149.

［16］Cusolito A. , Lederman D. Technology adoption and factor proportions in open economies: Theory and evidence from the global computer industry ［Z］. Policy Research Working Paper, 2009.

［17］De Noni I. , Orsi L. , Belussi F. , et al. The role of collaborative networks in supporting the innovation performances of lagging - behind European regions ［J］. Research Policy, 2018, 47 (1): 1-13.

［18］During A. , Schnabel H. Imputed interindustry technology flows-A comparative SMFA analysis ［J］. Economic Systems Research, 2000, 12 (3): 363-375.

［19］Farhadi M. Transport infrastructure and long-run economic growth in OECD countries ［J］. Transportation Research Part A: Policy and Practice, 2015, 74: 73-90.

［20］Fernald J. G. Roads to prosperity? Assessing the link between public capital and productivity ［J］. American Economic Review, 1999, 89 (3): 619-638.

［21］Fleisher B. M. , Zhou M. Are patent laws harmful to developing countries? Evidence from China? ［Z］. Working Paper, 2010.

［22］Francis J. , Smith A. Agency costs and innovation some empirical evidence ［J］. Journal of Accounting and Economics, 1995, 19 (2-3): 383-409.

［23］Fu Y. , Gabriel S. A. Labor migration, human capital agglomeration and regional development in China [J]. Regional Science and Urban Economics, 2012, 42 (3): 473-484.

[24] Gill I., Huang Y., Kharas H. East Asian visions: Perspectives on economic development [R]. World Bank Publications, 2007.

[25] Gilliam T. A., Heflin F., Paterson J. S. Evidence that the Zero-earnings Discontinuity Has Disappeared [J]. Journal of Accounting and Economics, 2015, 60 (1): 117-132.

[26] Grossman G. M., Helpman E. Trade, knowledge spillovers, and growth [J]. European Economic Review, 1991, 35 (3): 517-526.

[27] Haeussler C., Harhoff D., Mueller E. How patenting informs VC investors—the case of biotechnology [J]. Research Policy, 2014 (8): 1286-1298.

[28] Hall B. H., Harhoff and D. Recent research on the economics of patents [J]. Annual Review of Economics, 2012 (1): 541-565.

[29] Hassan T. A., Hollander S., van Lent L., et al. Firm-level political risk: Measurement and effects [J]. The Quarterly Journal of Economics, 2019, 134 (4): 2135-2202.

[30] Hornych C., Schwartz M. Industry concentration and regional innovative performance: Empirical evidence for Eastern Germany [J]. Post Communist Economies, 2009, 21 (4): 513-530.

[31] Hulten C. R., Bennathan E., Srinivasan S. Infrastructure, externalities, and economic development: A study of the Indian manufacturing industry [J]. The World Bank Economic Review, 2006, 20 (2): 291-308.

[32] Hus Y. H., Fang W. Intellectual capital and new product development performance: The meditating role of organizational learning capability [J]. Technological Forecasting and Social Change, 2009, 76 (5): 664-677.

[33] Jaffe A. B. Technological opportunity and spillovers of R&D: Evidence from firms' patents, profits and market value [J]. The American Economic Review, 1986, 76 (5): 984-1001.

[34] Kaiser U., Kongsted H. C., Rønde T. Does the mobility of R&D labor increase innovation? [J]. Journal of Economic Behavior & Organization, 2015, 110: 91-105.

［35］Keller W. International Technology Diffusion［J］. Journal of Economic Literature, 2004, 42（3）: 752-782.

［36］Keller W., YeapleS. Multinational enterprises, international trade and productivity growth: Firm-level evidence from the United States［J］. Review of Economics and Statistics, 2009（4）: 821-831.

［37］Kumbhakar S. C., Denny M., Fuss M. Estimation and decomposition of productivity change when production is not efficient: A panel data approach［J］. Econometric Reviews, 2000, 19（4）: 312-320.

［38］Landry P. F., LüX., Duan H. Does performance matter? Evaluating political selection along the Chinese administrative ladder［J］. Comparative Political Studies, 2017（51）: 1074-1105.

［39］Lee J. M., Joo S. H., Kim Y. The complementary effect of intellectual property protection mechanisms on product innovation performance［J］. R&D Management, 2017, 48（1）: 55-83.

［40］Lee N., Nathan M. Does cultural diversity help innovation in cities: Evidence from London firms［D］. LSE Research Online Documents on Economics, 2011.

［41］Liu Q. and Qiu L. D. Intermediate input imports and innovations: evidence from Chinese firms' patent filings［J］. Journal of International Economics, 2016（103）: 166-183.

［42］Liu Q., Lu R. S., Lu Y., et al. Is free trade good or bad for innovation?［Z］. Working Paper, 2015.

［43］Mamuneas T. P., Nadiri M. I. Public R&D policies and cost behavior of the U. S. manufacturing industries［J］. Journal of Public Economics, 1996（1）: 57-81.

［44］Mansfiled E., Switzer L. Effects of federal support on company-finances R&D: The case of energy［J］. Management Science, 2017, 30（5）: 562-571.

［45］McCallum J. T. National borders matter: Canada-U. S. regional trade patterns［J］. American Economic Review, 1995, 85（3）: 615-623.

［46］Munari F., Oriani R. Privatization and economic returns to R&D investments［J］. Industrial and Corporate Change, 2005, 14（1）: 61-91.

［47］Ottaviano G. I. P., Peri G. The economic value of cultural diversity: Evidence from US cities [J]. Journal of Economic Geography, 2006, 6 (1): 9-44.

[48] Xu P. Y., Zhang M. Q., Gui M. How R&D financial subsidies, regional R&D input, and intellectual property protection affect the sustainable patent output of SMEs: Evidence from China [J]. MDPI, 2020, 12 (3): 1207.

[49] Scherer F. M. Inter - industry technology flows and productivity growth [J]. The Review of Economics and Statistics, 1982, 64 (4): 627-634.

[50] Scherer F. M. Inter - industry technology flows in the United States [J]. Research Policy, 1993, 22 (2): 227-245.

[51] Schott P. K. One size fits all? Heckscher-Ohlin specialization in global production [J]. American Economic Review, 2001, 93 (3): 686-708.

[52] Shleifer A., Vishny R. W. A survey of corporate governance [J]. The Journal of Finance, 1997, 52 (2): 737-783.

[53] Sissoko A. R&D subsidies and firm - level productivity: Evidence from France [R]. Louvain-la-Neuve: Université Catholique de Louvain, Institut de Recherches Economiques et Sociales (IRES), 2013.

[54] Sun Y. The structure and dynamics of intra-and inter-regional research collaborative networks: The case of China (1985-2008) [J]. Technological Forecasting and Social Change, 2016 (108): 70-82.

[55] Tan Y. X., Tian X., Zhang X. D., et al. Privatization and innovation: Evidence from a quasi-natural experiment in China [R]. Kelley School of Business Research Paper, 2015.

[56] Tappeiner G, Hauser C, Walde J. Regional knowledge spillovers: Fact or artifact? [J]. Research Policy, 2008, 37 (5): 861-874.

[57] Tong T., He W., He Z. L., et al. Patent regime shift and firm innovation: Evidence from the second amendmentto China's patent law [J]. Academy of Management Proceedings, 2014 (1): 14174.

[58] Tour A. D. L., Glachant M., Yann Ménière. Innovation and international technology transfer: The case of the Chinese photovoltaic industry [J]. Energy Policy, 2011, 39 (2): 761-770.

[59] Vandenbussche J., Aghion P., Meghir C. Growth, distance to frontier and composition of human capital [J]. Journal of Economic Growth, 2006, 11 (2):

97-127.

［60］Xu B. Multinational enterprises, technology diffusion, and host country productivity growth ［J］. Journal of Development Economics, 2000, 62（2）: 477-493.

［61］Yang C. H., Lin H. L., Li H. Y. Influences of production and R&D agglomeration on productivity: Evidence from Chinese electronics firms ［J］. China Economic Review, 2013（27）: 162-178.

［62］Zhang Y. F., Ji S. Infrastructure, externalities and regional industrial productivity in China: A spatial econometric approach ［J］. Regional Studies, 2019, 53（8）: 1112-1124.

［63］Zhao S. L., Cacciolatti L., Lee S. H., et al. Regional collaborations and indigenous innovation capabilities in China: A multivariate method for the analysis of regional innovation systems ［J］. Technological Forecasting and Social Change, 2015, 94（1）: 202-220.

［64］白俊红，卞元超. 要素市场扭曲与中国创新生产的效率损失 ［J］. 中国工业经济，2016（11）: 39-55.

［65］白俊红，蒋伏心. 协同创新、空间关联与区域创新绩效 ［J］. 经济研究，2015，50（7）: 174-187.

［66］白俊红，王钺，蒋伏心，等. 研发要素流动、空间知识溢出与经济增长 ［J］. 经济研究，2017，52（7）: 109-123.

［67］白俊红，王钺. 研发要素的区际流动是否促进了创新效率的提升 ［J］. 中国科技论坛，2015（12）: 27-32.

［68］白俊红. 中国的政府R&D资助有效吗？来自大中型工业企业的经验证据 ［J］. 经济学（季刊），2011，10（4）: 1375-1400.

［69］鲍宗客，施玉洁，钟章奇. 国家知识产权战略与创新激励——"保护创新"还是"伤害创新"？［J］. 科学学研究，2020，38（5）: 843-851.

［70］卞元超，吴利华，白俊红. 高铁开通、要素流动与区域经济差距 ［J］. 财贸经济，2018，39（6）: 147-161.

［71］曹亚军. 要素市场扭曲如何影响了资源配置效率：企业加成率分布的视角 ［J］. 南开经济研究，2019（6）: 18-36.

［72］陈劲，梁靓，吴航. 开放式创新背景下产业集聚与创新绩效关系研

究——以中国高技术产业为例 [J]. 科学学研究, 2013, 31 (4): 623-629.

[73] 陈强远, 林思彤, 张醒. 中国技术创新激励政策: 激励了数量还是质量 [J]. 中国工业经济, 2020 (4): 79-96.

[74] 陈颂, 卢晨. 基于行业技术相似度的FDI技术溢出效应研究 [J]. 国际贸易问题, 2019 (1): 106-118.

[75] 陈钊, 熊瑞祥. 比较优势与产业政策效果——来自出口加工区准实验的证据 [J]. 管理世界, 2015 (8): 67-80.

[76] 迟景明, 任祺. 基于赫芬达尔—赫希曼指数的我国高校创新要素集聚度研究 [J]. 大连理工大学学报 (社会科学版), 2016, 37 (4): 5-9.

[77] 仇怡. 城镇化的技术创新效应——基于1990~2010年中国区域面板数据的经验研究 [J]. 中国人口科学, 2013 (1): 26-35.

[78] 董直庆, 胡晟明. 创新要素空间错配及其创新效率损失: 模型分解与中国证据 [J]. 华东师范大学学报 (哲学社会科学版), 2020, 52 (1): 162-178.

[79] 董直庆, 王辉. 环境规制的"本地—邻地"绿色技术进步效应 [J]. 中国工业经济, 2019 (1): 100-118.

[80] 董直庆, 赵星. 要素流动方向、空间集聚与经济增长异地效应检验 [J]. 东南大学学报 (哲学社会科学版), 2018, 20 (6): 57-67.

[81] 董直庆, 胡晟明, 王林辉. 创新要素错配: 空间溢出视角的对比检验 [J]. 浙江学刊, 2020 (2): 136-145.

[82] 董直庆, 王辉. 城镇化、经济集聚与区域经济增长异质性——基于空间面板杜宾模型的经验证据 [J]. 学术月刊, 2019, 51 (10): 54-66.

[83] 樊纲, 王小鲁, 马光荣. 中国市场化进程对经济增长的贡献 [J]. 经济研究, 2011, 46 (9): 4-16.

[84] 樊纲, 王小鲁, 张立文, 朱恒鹏. 中国各地区市场化相对进程报告 [J]. 经济研究, 2003 (3): 9-18.

[85] 范丹, 刘宏. 技术势差、OFDI逆向技术溢出与母国技术进步 [J]. 云南财经大学学报, 2015, 31 (2): 20-27.

[86] 范欣. 市场分割、创新要素流动与自主创新能力 [J]. 社会科学战线, 2021 (8): 59-69.

[87] 方远平, 谢蔓. 创新要素的空间分布及其对区域创新产出的影响——

基于中国省域的 ESDA-GWR 分析 [J]. 经济地理, 2012, 32 (9): 8-14.

[88] 冯南平, 陈思宇, 司家兰. 基于 ESDA-GWR 的安徽省创新产出空间分布及影响因素分析 [J]. 科技管理研究, 2017, 37 (11): 78-85.

[89] 冯伟, 徐康宁. 外商直接投资对提升地区生产率存在溢出效应吗——来自我国省级动态面板数据的实证分析 [J]. 财经科学, 2014 (2): 114-121.

[90] 付丽娜, 彭甲超, 易明. 基于共同前沿生产函数的区域创新资源配置效率研究 [J]. 宏观经济研究, 2020 (4): 85-102.

[91] 干春晖, 郑若谷, 余典范. 中国产业结构变迁对经济增长和波动的影响 [J]. 经济研究, 2011, 46 (5): 4-16.

[92] 高丽娜, 蒋伏心. 创新要素集聚与扩散的经济增长效应分析——以江苏宁镇扬地区为例 [J]. 南京社会科学, 2011 (10): 30-36.

[93] 顾露露, 岑怡, 郭三, 等. 股权结构、价值链属性与技术创新——基于中国信息技术企业的实证分析 [J]. 证券市场导报, 2015 (10): 27-35.

[94] 顾元媛, 沈坤荣. 地方政府行为与企业研发投入——基于中国省际面板数据的实证分析 [J]. 中国工业经济, 2012 (10): 77-88.

[95] 郭庆宾, 张中华. 长江中游城市群要素集聚能力的时空演变 [J]. 地理学报, 2017, 72 (10): 1746-1761.

[96] 韩先锋, 宋文飞, 李勃昕. 互联网能成为中国区域创新效率提升的新动能吗 [J]. 中国工业经济, 2019 (7): 119-136.

[97] 胡春阳, 余泳泽. 政府补助与企业全要素生产率——对 U 型效应的理论解释及实证分析 [J]. 财政研究, 2019 (6): 72-85.

[98] 胡书金, 陈正其, 刘濛. 京津冀技术势差与技术转移的内在机理分析 [J]. 宏观经济研究, 2018 (5): 149-159.

[99] 黄凌云, 张宽. 贸易开放提升了中国城市创新能力吗?——来自产业结构转型升级的解释 [J]. 研究与发展管理, 2020, 32 (1): 64-75.

[100] 黄先海, 金泽成, 余林徽. 要素流动与全要素生产率增长: 来自国有部门改革的经验证据 [J]. 经济研究, 2017, 52 (12): 62-75.

[101] 黄臻, 肖良武, 严军. 产业集聚、要素流动与空间工资差异研究——基于中国 28 省市面板数据的实证研究 [J]. 经济问题, 2013 (8): 103-108.

[102] 吉亚辉, 祝凤文. 技术差距、"干中学"的国别分离与发展中国家的技术进步 [J]. 数量经济技术经济研究, 2011, 28 (4): 49-63.

［103］江小涓．跨国投资、市场结构与外商投资企业的竞争行为［J］．经济研究，2002（9）：31-38.

［104］江志鹏，樊霞，朱桂龙，等．技术势差对企业技术能力影响的长短期效应——基于企业产学研联合专利的实证研究［J］．科学学研究，2018，36（1）：131-139.

［105］蒋天颖，谢敏，刘刚．基于引力模型的区域创新产出空间联系研究——以浙江省为例［J］．地理科学，2014，34（11）：1320-1326.

［106］金刚，于斌斌，沈坤荣．中国研发全要素生产率的溢出效应［J］．科研管理，2016，37（1）：68-76.

［107］康志勇．政府补贴促进了企业专利质量提升吗？［J］．科学学研究，2018，36（1）：69-80.

［108］孔翔．势差—廊道模型与中国技术流通网络的构建［J］．科技管理研究，2003（1）：73-75.

［109］寇宗来，刘学悦．中国企业的专利行为：特征事实以及来自创新政策的影响［J］．经济研究，2020，55（3）：83-99.

［110］雷钦礼．偏向性技术进步的测算与分析［J］．统计研究，2013，30（4）：83-91.

［111］黎文靖，郑曼妮．实质性创新还是策略性创新？——宏观产业政策对微观企业创新的影响［J］．经济研究，2016，51（4）：60-73.

［112］李春涛，宋敏．中国制造业企业的创新活动：所有制和 CEO 激励的作用［J］．经济研究，2010，45（5）：55-67.

［113］李谷成，尹朝静，吴清华．农村基础设施建设与农业全要素生产率［J］．中南财经政法大学学报，2015（1）：141-147.

［114］李昊洋，程小可，高升好．税收激励影响企业研发投入吗？——基于固定资产加速折旧政策的检验［J］．科学学研究，2017，35（11）：1680-1690.

［115］李婧，谭清美，白俊红．中国区域创新生产的空间计量分析——基于静态与动态空间面板模型的实证研究［J］．管理世界，2010（7）：43-55.

［116］李苗苗，肖洪钧，傅吉新．财政政策、企业 R&D 投入与技术创新能力——基于战略性新兴产业上市公司的实证研究［J］．管理评论，2014，26（8）：135-144.

［117］李平．国际技术扩散的路径和方式［J］．世界经济，2006（9）：

85-93.

[118] 李琳, 曾伟平. 高新技术产业集聚提升中国绿色技术创新效率了吗? [J]. 当代经济管理, 2021, 43 (2): 48-56.

[119] 李拓, 李斌, 余曼. 财政分权、户籍管制与基本公共服务供给——基于公共服务分类视角的动态空间计量检验 [J]. 统计研究, 2016, 33 (8): 80-88.

[120] 李维安, 李浩波, 李慧聪. 创新激励还是税盾? ——高新技术企业税收优惠研究 [J]. 科研管理, 2016, 37 (11): 61-70.

[121] 李小平, 陈勇. 劳动力流动、资本转移和生产率增长——对中国工业"结构红利假说"的实证检验 [J]. 统计研究, 2007 (7): 22-28.

[122] 李勇, 郭丽丽. 国有企业的就业拖累效应及其门槛特征 [J]. 财经研究, 2015, 41 (2): 135-144.

[123] 梁彤缨, 雷鹏, 陈修德. 管理层激励对企业研发效率的影响研究——来自中国工业上市公司的经验证据 [J]. 管理评论, 2015, 27 (5): 145-156.

[124] 梁文群, 牛冲槐, 杨春艳. 基于异质性随机前沿模型的人力资本创新效应研究 [J]. 科技进步与对策, 2016, 33 (15): 145-150.

[125] 梁云, 郑亚琴. FDI、技术创新与全要素生产率——基于省际面板数据的实证分析 [J]. 经济问题探索, 2015 (9): 9-14.

[126] 林春. 中国金融业全要素生产率影响因素及收敛性研究——基于省际面板数据分析 [J]. 华中科技大学学报 (社会科学版), 2016, 30 (6): 112-120.

[127] 林毅夫, 张鹏飞. 适宜技术、技术选择和发展中国家的经济增长 [J]. 经济学 (季刊), 2006 (3): 985-1006.

[128] 林原, 马荣康, 刘凤朝. 技术流动对区域技术专业化的影响研究 [J]. 科学学与科学技术管理, 2018, 39 (7): 13-23.

[129] 刘秉镰, 武鹏, 刘玉海. 交通基础设施与中国全要素生产率增长——基于省域数据的空间面板计量分析 [J]. 中国工业经济, 2010 (3): 54-64.

[130] 刘承良, 殷美元, 黄丽. 基于多中心性分析的中国交通网络互补性的空间格局 [J]. 经济地理, 2018, 38 (10): 21-28.

[131] 刘凤朝, 林原, 马荣康. 技术交易对区域间技术相似性的影响研究 [J]. 管理学报, 2018, 15 (8): 1161-1167.

［132］刘锦怡，刘纯阳．财政分权对农业要素流动及其结构变迁的影响——基于 1994—2017 年省际面板数据的实证检验［J］．湖南农业大学学报（社会科学版），2020，21（2）：8-19.

［133］刘生龙，胡鞍钢．基础设施的外部性在中国的检验：1988—2007［J］．经济研究，2010，45（3）：4-15.

［134］刘备，王林辉．创新要素空间流动对区域创新能力的影响：外地吸引与本地依赖［J］．求是学刊，2020，47（5）：66-75.

［135］刘文革，周文召，仲深等．金融发展中的政府干预、资本化进程与经济增长质量［J］．经济学家，2014（3）：64-73.

［136］刘志迎，单洁含．技术距离、地理距离与大学—企业协同创新效应——基于联合专利数据的研究［J］．科学学研究，2013，31（9）：1331-1337.

［137］陆铭，陈钊．就业体制转轨中的渐进改革措施——国有企业二层次内部劳动力市场的效率改进［J］．经济研究，1998（11）：43-48.

［138］逯东，朱丽．市场化程度、战略性新兴产业政策与企业创新［J］．产业经济研究，2018（2）：65-77.

［139］罗良文，潘雅茹，陈峥．基础设施投资与中国全要素生产率——基于自主研发和技术引进的视角［J］．中南财经政法大学学报，2016（1）：30-37.

［140］罗雯雯，中国研发要素空间流动对创新效率的影响研究［D］．上海：华东师范大学，2020.

［141］罗思平，于永达．技术转移、"海归"与企业技术创新——基于中国光伏产业的实证研究［J］．管理世界，2012（11）：124-132.

［142］吕海萍，化祥雨，池仁勇，等．研发要素空间联系及其对区域创新绩效的影响——基于浙江省的实证研究［J］．华东经济管理，2018，32（5）：20-26.

［143］马凌远，李晓敏．科技金融政策促进了地区创新水平提升吗？——基于"促进科技和金融结合试点"的准自然实验［J］．中国软科学，2019（12）：30-42.

［144］马伟，王亚华，刘生龙．交通基础设施与中国人口迁移：基于引力模型分析［J］．中国软科学，2012（3）：69-77.

［145］马文聪，侯羽，朱桂龙．研发投入和人员激励对创新绩效的影响机制——基于新兴产业和传统产业的比较研究［J］．科学学与科学技术管理，

2013, 34（3）：58-68.

［146］毛德凤，李静，彭飞，等.研发投入与企业全要素生产率——基于 PSM 和 GPS 的检验［J］.财经研究，2013，39（4）：134-144.

［147］毛昊，尹志锋，张锦.中国创新能够摆脱"实用新型专利制度使用陷阱"吗［J］.中国工业经济，2018（3）：98-115.

［148］苗文龙，何德旭，周潮.企业创新行为差异与政府技术创新支出效应［J］.经济研究，2019，54（1）：85-99.

［149］聂辉华，阮睿，沈吉.企业不确定性感知、投资决策和金融资产配置［J］.世界经济，2020，43（6）：77-98.

［150］潘文卿，李子奈，刘强.中国产业间的技术溢出效应：基于 35 个工业部门的经验研究［J］.经济研究，2011，46（7）：18-29.

［151］彭向，蒋传海.产业集聚、知识溢出与地区创新——基于中国工业行业的实证检验［J］.经济学（季刊），2011，10（3）：913-934.

［152］齐讴歌，赵勇，王满仓.城市集聚经济微观机制及其超越：从劳动分工到知识分工［J］.中国工业经济，2012（1）：36-45.

［153］齐亚伟，陶长琪.环境约束下要素集聚对区域创新能力的影响——基于 GWR 模型的实证分析［J］.科研管理，2014，35（9）：17-24.

［154］任晓红，张宗益.交通基础设施、要素流动与城乡收入差距［J］.管理评论，2013，25（2）：51-59.

［155］任优生，邱晓东.政府补贴和企业 R&D 投入会促进战略性新兴产业生产率提升吗［J］.山西财经大学学报，2017，39（1）：55-69.

［156］邵汉华，钟琪.研发要素空间流动与区域协同创新效率［J］.软科学，2018，32（11）：120-123.

［157］邵帅，李欣，曹建华，等.中国雾霾污染治理的经济政策选择——基于空间溢出效应的视角［J］.经济研究，2016，51（9）：73-88.

［158］申宇，黄昊，赵玲.地方政府"创新崇拜"与企业专利泡沫［J］.科研管理，2018，39（4）：83-91.

［159］沈坤荣，金刚，方娴.环境规制引起了污染就近转移吗？［J］.经济研究，2017，52（5）：44-59.

［160］沈坤荣，孙文杰.市场竞争、技术溢出与内资企业 R&D 效率——基于行业层面的实证研究［J］.管理世界，2009（1）：38-48.

［161］施震凯，邵军，浦正宁．交通基础设施改善与生产率增长：来自铁路大提速的证据［J］．世界经济，2018，41（6）：127-151.

［162］史安娜，王绕娟，张鏊依．长江经济带高技术产业创新要素集聚的空间溢出效应［J］．河海大学学报（哲学社会科学版），2018，20（1）：62-67.

［163］苏屹，王洪彬，林周周．东三省现代化经济体系创新要素结构优化策略研究［J］．科技进步与对策，2019，36（1）：44-50.

［164］孙晓华，郭旭，王昀．产业转移、要素集聚与地区经济发展［J］．管理世界，2018，34（5）：47-62.

［165］孙玉涛，张帅，尹彤．本土研发努力和国际技术流动模式演化及效应［J］．科学学研究，2015，33（8）：1151-1160.

［166］孙早，许薛璐．前沿技术差距与科学研究的创新效应——基础研究与应用研究谁扮演了更重要的角色［J］．中国工业经济，2017（3）：5-23.

［167］谭皓方，任太增，谭征．基于城镇要素集聚能力的河南省区域发展空间非均衡性研究［J］．地域研究与开发，2019，38（6）：34-39.

［168］唐清泉，罗党论．政府补贴动机及其效果的实证研究——来自中国上市公司的经验证据［J］．金融研究，2007（6）：149-163.

［169］田俊峰，刘艳军，付占辉，等．哈大巨型城市带要素集聚分异与空间极化格局［J］．人文地理，2017，32（3）：117-123.

［170］涂圣伟．我国农业要素投入结构与配置效率变化研究［J］．宏观经济研究，2017（12）：148-162.

［171］万建香，汪寿阳．社会资本与技术创新能否打破"资源诅咒"？——基于面板门槛效应的研究［J］．经济研究，2016，51（12）：76-89.

［172］王兵，徐霞，吴福象．研发要素流动的时空特征及对中国经济高质量发展的影响［J］．经济地理，2021，41（11）：9-18.

［173］王林辉，曹章露，谭玉松．研发资本流动、机器设备投资与创新集聚效应：四大经济区的对比检验［J］．东南大学学报（哲学社会科学版），2021，23（2）：91-104.

［174］王必达，苏婧．要素自由流动能实现区域协调发展吗——基于"协调性集聚"的理论假说与实证检验［J］．财贸经济，2020，41（4）：129-143.

［175］王桂军，曹平．"营改增"对制造业企业自主创新的影响——兼议制造业企业的技术引进［J］．财经研究，2018，44（3）：4-19.

[176] 王华，赖明勇，柴江艺．国际技术转移、异质性与中国企业技术创新研究 [J]．管理世界，2010（12）：131-142.

[177] 王华，祝树金，赖明勇．技术差距的门槛与 FDI 技术溢出的非线性——理论模型及中国企业的实证研究 [J]．数量经济技术经济研究，2012，29（4）：3-18.

[178] 王建民，杨力．长三角创新要素、配置效率与创新绩效 [J]．上海经济研究，2020（1）：75-85.

[179] 王靖宇，张宏亮．债务融资与企业创新效率——基于《物权法》自然实验的经验证据 [J]．中国软科学，2020（4）：164-173.

[180] 王丽艳，杨楠，王振坡．土地产权制度、户籍制度与城乡统筹发展研究 [J]．农村经济，2017（7）：45-51.

[181] 王小鲁等．中国分省份市场化指数报告（2018）[M]．北京：社会科学文献出版社，2019.

[182] 王小鲁等．中国分省份市场化指数报告（2016）[M]．北京：社会科学文献出版社，2017.

[183] 王晓珍，邹鸿辉，高伟．产业政策有效性分析——来自风电企业产权性质及区域创新环境异质性的考量 [J]．科学学研究，2018，36（2）：228-238.

[184] 王钺，刘秉镰．创新要素的流动为何如此重要？——基于全要素生产率的视角 [J]．中国软科学，2017（8）：91-101.

[185] 温忠麟，张雷，侯杰泰，刘红云．中介效应检验程序及其应用 [J]．心理学报，2004（5）：614-620.

[186] 吴超鹏，唐菂．知识产权保护执法力度、技术创新与企业绩效——来自中国上市公司的证据 [J]．经济研究，2016，51（11）：125-139.

[187] 吴非，杜金岷，杨贤宏．财政 R&D 补贴、地方政府行为与企业创新 [J]．国际金融研究，2018（5）：35-44.

[188] 吴卫红，董姗，张爱美，等．创新要素集聚对区域创新绩效的溢出效应研究——基于门槛值的分析 [J]．科技管理研究，2020，40（5）：6-14.

[189] 吴延兵．R&D 存量、知识函数与生产效率 [J]．经济学（季刊），2006（3）：1129-1156.

[190] 夏怡然，陆铭．城市间的"孟母三迁"——公共服务影响劳动力流向的经验研究 [J]．管理世界，2015（10）：78-90.

［191］肖挺．交通设施、居民的消费区域流向与消费结构——来自我国省际层面的经验证据［J］．财贸研究，2018，29（9）：12-27.

［192］邢斐，周泰云．研发补贴、知识产权保护与企业创新［J］．中国科技论坛，2020（9）：114-124.

［193］徐鹏杰，黄少安．我国区域创新发展能力差异研究——基于政府与市场的视角［J］．财经科学，2020（2）：79-91.

［194］许治，何悦，王晗．政府 R&D 资助与企业 R&D 行为的影响因素——基于系统动力学研究［J］．管理评论，2012，24（4）：67-75.

［195］杨博，王林辉，赵景．中国经济"结构性加速"转向"结构性减速"源于产业结构吗？——基于一个随机前沿模型的研究［J］．东南大学学报（哲学社会科学版），2018，20（5）：65-79.

［196］杨国超，刘静，廉鹏，等．减税激励、研发操纵与研发绩效［J］．经济研究，2017，52（8）：110-124.

［197］杨茜，石大千．交通基础设施、要素流动与城乡收入差距［J］．南方经济，2019（9）：35-50.

［198］杨维，姚程，苏梦颖．城镇化水平影响创新产出的地区差异性和空间依赖性——基于非空间面板与空间面板模型的实证分析［J］．中国软科学，2019（7）：91-101.

［199］杨震宁，赵红．中国企业的开放式创新：制度环境、"竞合"关系与创新绩效［J］．管理世界，2020，36（2）：139-160.

［200］易靖韬，蒙双，蔡菲莹．外部 R&D、技术距离、市场距离与企业创新绩效［J］．中国软科学，2017（4）：141-151.

［201］尹静，平新乔．中国地区（制造业行业）间的技术溢出分析［J］．产业经济研究，2006（1）：1-10.

［202］尹忠明，李东坤．中国对外直接投资与国内全要素生产率提升——基于全面提高开放型经济发展水平的视角［J］．财经科学，2014（7）：21-31.

［203］余明桂，范蕊，钟慧洁．中国产业政策与企业技术创新［J］．中国工业经济，2016（12）：5-22.

［204］余泳泽，刘大勇．创新要素集聚与科技创新的空间外溢效应［J］．科研管理，2013，34（1）：46-54.

［205］余泳泽，武鹏．FDI、技术势能与技术外溢——来自我国高技术产业

的实证研究 [J]. 金融研究, 2010 (11): 60-76.

[206] 余泳泽, 庄海涛, 刘大勇, 等. 高铁开通是否加速了技术创新外溢?——来自中国 230 个地级市的证据 [J]. 财经研究, 2019, 45 (11): 20-31.

[207] 原倩. 城市群是否能够促进城市发展 [J]. 世界经济, 2016, 39 (9): 99-123.

[208] 原毅军, 郭然. 生产性服务业集聚、制造业集聚与技术创新——基于省级面板数据的实证研究 [J]. 经济学家, 2018 (5): 23-31.

[209] 曾艺, 韩峰, 刘俊峰. 生产性服务业集聚提升城市经济增长质量了吗? [J]. 数量经济技术经济研究, 2019, 36 (5): 83-100.

[210] 张陈宇, 孙浦阳, 谢娟娟. 生产链位置是否影响创新模式选择——基于微观角度的理论与实证 [J]. 管理世界, 2020, 36 (1): 45-59.

[211] 张萃. 产业集聚与创新: 命题梳理与微观机制分析 [J]. 科学管理研究, 2010, 28 (3): 1-4.

[212] 张浩然, 衣保中. 基础设施、空间溢出与区域全要素生产率——基于中国 266 个城市空间面板杜宾模型的经验研究 [J]. 经济学家, 2012 (2): 61-67.

[213] 张嘉望, 彭晖, 李博阳. 地方政府行为、融资约束与企业研发投入 [J]. 财贸经济, 2019, 40 (7): 20-35.

[214] 张杰, 陈志远, 杨连星, 新夫. 中国创新补贴政策的绩效评估: 理论与证据 [J]. 经济研究, 2015, 50 (10): 4-17.

[215] 张杰, 郑文平. 创新追赶战略抑制了中国专利质量么? [J]. 经济研究, 2018, 53 (5): 28-41.

[216] 张军, 吴桂英, 张吉鹏. 中国省际物质资本存量估算: 1952—2000 [J]. 经济研究, 2004 (10): 35-44.

[217] 张林. 中国双向 FDI、金融发展与产业结构优化 [J]. 世界经济研究, 2016 (10): 111-124.

[218] 张宓之, 朱学彦, 梁偲, 等. 创新要素空间集聚模式演进机制研究——多重效应的空间较量 [J]. 科技进步与对策, 2016, 33 (14): 10-16.

[219] 张斯琴, 张璞. 创新要素集聚、公共支出对城市生产率的影响——基于京津冀蒙空间面板的实证研究 [J]. 华东经济管理, 2017, 31 (11): 65-70.

［220］张婷婷，张新民，陈德球．产业政策、人才密度与企业创新效率——基于地区产业政策的视角［J］．中山大学学报（社会科学版），2019，59（4）：173-183.

［221］张先锋，陈琳，吴伟东．交通基础设施、人力资本分层集聚与区域全要素生产率——基于我国285个地级市面板数据的经验分析［J］．工业技术经济，2016，35（6）：92-102.

［222］张璇，刘贝贝，汪婷，等．信贷寻租、融资约束与企业创新［J］．经济研究，2017，52（5）：161-174.

［223］张营营，高煜．创新要素流动能否促进地区制造业结构优化——理论解析与实证检验［J］．现代财经（天津财经大学学报），2019，39（6）：98-113.

［224］张玉杰．技术转移势差论［J］．开放导报，1999（10）：22-24.

［225］张在冉．基于城市基础设施的劳动力流入空间溢出效应研究［J］．广东财经大学学报，2018，33（2）：42-53.

［226］张志昌，任淮秀．政府补贴、寻租与企业研发人力资本投入［J］．云南财经大学学报，2020，36（3）：92-103.

［227］赵景，董直庆．中国工业物化型技术进步测度及其就业转移效应研究［J］．产业经济研究，2019（5）：27-38.

［228］赵勇，白永秀．知识溢出测度方法研究综述［J］．统计与决策，2009（8）：132-135.

［229］赵增耀，章小波，沈能．区域协同创新效率的多维溢出效应［J］．中国工业经济，2015（1）：32-44.

［230］赵星，王林辉．异质性交通网络密度、劳动力流动与全要素生产率［J］．中国流通经济，2020，34（5）：95-107.

［231］周海波，胡汉辉，谢呈阳，等．地区资源错配与交通基础设施：来自中国的经验证据［J］．产业经济研究，2017（1）：100-113.

［232］周黎安．中国地方官员的晋升锦标赛模式研究［J］．经济研究，2007（7）：36-50.

［233］周锐波，胡耀宗，石思文．要素集聚对我国城市技术进步的影响分析——基于OLS模型与门槛模型的实证研究［J］．工业技术经济，2020，39（2）：110-118.

［234］周璇，陶长琪．要素空间集聚、制度质量对全要素生产率的影响研究

［J］．系统工程理论与实践，2019，39（4）：1051-1066.

［235］朱有为，徐康宁．中国高技术产业研发效率的实证研究［J］．中国工业经济，2006（11）：38-45.

［236］卓乘风，麦提江·阿布都哈力克，白洋，等．创新要素集聚对区域创新绩效的非线性边际效应演化分析［J］．统计与信息论坛，2017，32（10）：84-90.

［237］卓乘风，邓峰．创新要素流动与区域创新绩效——空间视角下政府调节作用的非线性检验［J］．科学学与科学技术管理，2017，38（7）：15-26.

［238］卓乘风，邓峰．创新要素区际流动与产业结构升级［J］．经济问题探索，2018（5）：70-79.

［239］邹文杰．研发要素集聚、投入强度与研发效率——基于空间异质性的视角［J］．科学学研究，2015，33（3）：390-397.